DA RAÇA O AVESSO

© Luciana Brito, 2023
© Bazar do Tempo, 2023

Todos os direitos reservados e protegidos pela lei n. 9610, de 12.2.1998.
Proibida a reprodução total ou parcial sem a expressa anuência da editora.

Este livro foi revisado segundo o Acordo Ortográfico da Língua
Portuguesa de 1990, em vigor no Brasil desde 2009.

EDIÇÃO Ana Cecilia Impellizieri Martins
COORDENAÇÃO EDITORIAL Meira Santana
ASSISTENTE EDITORIAL Olivia Lober
COPIDESQUE Joice Nunes e Pérola Paloma
REVISÃO Gabrielly Alice da Silva e Marina Montrezol
CAPA, PROJETO GRÁFICO E DIAGRAMAÇÃO Estúdio Insólito

CIP-BRASIL. CATALOGAÇÃO NA PUBLICAÇÃO
SINDICATO NACIONAL DOS EDITORES DE LIVROS, RJ

B876a
Brito, Luciana da Cruz
 O avesso da raça : escravidão, racismo e abolicionismo entre os Estados Unidos e o Brasil / Luciana da Cruz Brito. - 1. ed. - Rio de Janeiro : Bazar do Tempo, 2023.
 320 p.

 ISBN 978-65-84515-65-9

 1. Escravidão e abolição - História - Brasil. 2. Escravidão e abolição - História - Estados Unidos. 3. Escravos - Emancipação. 4. Negros - Condições sociais. 5. Brasil - Relações raciais. I. Título.

23-86378
CDD: 306.3620981
CDU: 326(09)(81)

Gabriela Faray Ferreira Lopes - Bibliotecária - CRB-7/6643

BAZAR DO TEMPO
PRODUÇÕES E EMPREENDIMENTOS CULTURAIS LTDA.

Rua General Dionísio, 53 - Humaitá
22271-050 Rio de Janeiro - RJ
contato@bazardotempo.com.br
www.bazardotempo.com.br

Luciana da Cruz Brito

O AVESSO DA RAÇA

Escravidão, racismo e abolicionismo entre os Estados Unidos e o Brasil

Para Lonan Brito Miles,
menino de uma encruzilhada
da diáspora negra

Eu, também, canto a América*

Eu, também, canto a América
Eu sou o irmão mais preto
Quando a visita chega
Eles me mandam comer na cozinha
Mas eu rio,
E eu como bem
E cresço forte

Amanhã,
Quando a visita chegar,
Estarei sentado à mesa
E ninguém vai ousar me dizer
"Vá comer na cozinha"

Além disso,
Eles verão quão bonito eu sou
E se envergonharão

Eu, também, sou a América

Langston Hughes

* Poema "I, Too, Sing America". A tradução,
assim como todas as outras, são da autora.

Sumário

Em busca de uma nova Canaã — 8

1 Ciência e viagem: a Escola Americana de Etnologia, os abolicionistas negros e o discurso científico nos Estados Unidos pré-Guerra Civil — 16

A Escola Americana de Etnologia e a consolidação do racismo científico nos Estados Unidos — 23

Ciência e viagem: o poligenismo, a miscigenação e a população do Brasil — 35

Abolicionistas negros, a descoberta de Tiedemann e a negação das diferenças raciais — 58

2 Abolicionistas afro-americanos e suas interpretações sobre escravidão, liberdade e relações raciais no Brasil do século XIX — 72

O Brasil e o discurso científico sobre amalgamação: um exemplo para os Estados Unidos — 96

A eleição do presidente Lincoln, a miscigenação e o imaginário sobre a sociedade brasileira — 100

Frederick Douglass: o olhar de um abolicionista negro estadunidense sobre a escravidão e a liberdade no Brasil — 107

3 Os usos da ciência em tempos de guerra e de   154
liberdade: a construção do imaginário sobre
o Brasil no pós-Guerra Civil

Raça, ciência e autoafirmação da comunidade negra   166
durante a Guerra Civil

O espelho da degeneração: miscigenação na América   175
Latina e a ameaça à pureza racial nos Estados Unidos

Decifrando o "*melting pot*" do Brasil: o imaginário   194
racial brasileiro na imprensa americana

4 O medo do "despotismo africano": relações   206
raciais no Sul pós-abolição e emigração
confederada para o Brasil

Rumo a um "país de selvagens": o sonho escravista   214
norte-americano no Brasil

Um paraíso (im)perfeito: escravidão, liberdade   228
e relações raciais na sociedade brasileira sob a
perspectiva dos imigrantes confederados

O contraponto brasileiro: críticas dos confederados   240
ao direito "excessivo" dos libertos e mistura racial no
Brasil escravista

O fracasso da empreitada no Brasil: o fim do sonho   249
confederado

Considerações finais   258

Agradecimentos   264

Notas   266

Referências bibliográficas e fontes consultadas   302

Créditos das imagens   318

Em busca de uma nova Canaã

Em agosto de 1866, um ano após o fim da Guerra Civil nos Estados Unidos, um autor identificado como Achilles narrou um episódio que presenciou enquanto viajava do Norte para o Sul do país, em um artigo intitulado "A Trip to Dixie: the Confederates in Brazil" [Uma viagem para o Sul: os Confederados no Brasil]. O texto foi publicado no jornal *Chicago Tribune*, um periódico de grande circulação nos Estados Unidos, de tendência abolicionista. Ao passar de trem pelo estado do Tennessee, o autor ouviu com atenção, ceticismo e indignação as impressões de um sulista que havia acabado de retornar de uma viagem ao Brasil. Pelo entusiasmo e pelas opiniões do orador, Achilles logo percebeu que se tratava de um defensor da escravidão que queria divulgar a *"Brazil fever"*, a febre brasileira, que, naquela época, motivava diversas famílias confederadas a trocarem o Sul pós-abolição pela escravidão latino-americana.[1]

Segundo Achilles, que preferiu escutar as opiniões do confederado sem manifestar sua discordância, o sulista falava com orgulho que estava deixando os Estados Unidos para fugir da "humilhação de viver sob as regras impostas por ianques nortistas e pessoas de nível social baixo", ou seja, os libertos afro-americanos. Ainda segundo o orador, a "perfeita Canaã", a qual ele também chamava de "terra da felicidade" para os sulistas derrotados, era o império escravista do Brasil. Lá, eles gozavam de liberdade civil e religiosa e, para a satisfação de sua audiência atenta, ele completava: tais liberdades incluíam o direito de "possuir e chicotear os escravos", o que Achilles, ironicamente, definiu como "o grande fim e desejo da existência humana", no caso dos confederados. Naquele momento, o propagador da "febre brasileira" já havia atraído a atenção de diversos passageiros, que o ouviam com entusiasmo e esperança de terem, finalmente, encontrado uma alternativa satisfatória e segura à nova vida que levariam no Sul após a abolição.[2]

Além da escravidão, o confederado entusiasta da realidade brasileira também apontava outros benefícios do país, como o sistema de governo estável e o clima, que "não admitia doenças ou morte". Afirmava que lá havia pessoas cuja idade variava dos 100 aos 120 anos, e ele mesmo dizia conhecer nativos brasileiros de 130 anos. Aqueles relatos eram "muito estranhos e exagerados" aos olhos de Achilles, e o grande entusiasmo dos ouvintes diante daquelas informações sobre longevidade, escravidão e castigo com "toda a crueldade que caracterizava a mente sulista" o impressionava. Achando que todos os absurdos já haviam sido ditos, Achilles se surpreendeu ao ouvir o confederado afirmar que era um "orgulhoso cidadão brasileiro" e que havia decidido abandonar a cidadania norte-americana para "escapar da humilhação de se submeter aos vândalos do Norte".[3]

Um dos ouvintes, proprietário de terras do estado da Geórgia, resolveu perguntar ao seu interlocutor se, no Brasil, o trabalho era desempenhado por "escravos". O "novo cidadão brasileiro" respondeu em tom irônico que o trabalho indígena no Brasil era tão bom quanto o realizado pelos "negros livres do Sul", fazendo uma alusão à crença de que os libertos não eram bons trabalhadores. Porém, segundo Achilles, nada chamou mais a atenção dos ouvintes do que o depoimento sobre as marcas de distinção social e racial existentes na sociedade brasileira: "Há muitos senhores de escravos ricos no Brasil" e, também, para tranquilidade dos potenciais imigrantes, existia "uma distinção perpétua entre a [raça] superior e a raça servil". Com isso, o confederado acalmou os ânimos daqueles que se questionavam se todas as sociedades atlânticas haviam vivenciado a inversão da ordem ocorrida no Sul dos Estados Unidos, onde as hierarquias sociorraciais foram abaladas pela abolição. Em resumo, para o imigrante, assim como para sua plateia durante aquela viagem de trem, o Brasil era uma alternativa promissora por adotar o regime da escravização, e provavelmente ainda por muito tempo.[4]

Por fim, o orador contou uma prática comumente adotada pelos senhores de escravos[5] brasileiros para manter os cativos em seu "devido lugar". Ele afirmou que, no Brasil, "os escravos não podiam usar sapatos", o que provocou enorme satisfação em sua plateia. Para ele, tal proibição era um marcador de distinção tão importante e necessário quanto a cor da pele, pois, no Brasil, os senhores "eram tão negros quanto os escravos". Segundo sua lógica, a imposição aos cativos de andar descalços era fruto de uma necessidade que não existia no Sul dos Estados Unidos. Para Achilles, aquela era a prova da mentalidade sulista, interessada na manutenção da escravidão e na "degradação do negro". Ele dizia não duvidar de que os sulistas cogitaram copiar o costume brasileiro e também proibir os negros do Sul de calçar sapatos – uma forma de, mesmo no pós--abolição, marcar a inferioridade e a degradação daqueles que os ex-senhores acreditavam ser seus eternos subalternos.[6]

O episódio narrado por Achilles nos revela vários aspectos que estavam em questão nos Estados Unidos no período pós-abolição: as divergências entre sulistas e nortistas a respeito da escravidão, o sentimento de derrota e revanchismo dos confederados depois da Guerra Civil e seu ressentimento em relação ao movimento abolicionista, que criticava o cativeiro e a cultura escravista do Sul. A narrativa evidencia também a resistência de ex-senhores de escravizados em aceitar a abolição, não apenas porque desejavam continuar utilizando essa mão de obra, mas também porque acreditavam que a escravização garantia a autoridade e a supremacia racial da comunidade branca sulista. Outro aspecto interessante revelado pelo artigo é como importantes eventos políticos que ocorriam nos Estados Unidos estavam conectados a uma rede internacional de acontecimentos. Nessa perspectiva, a sociedade brasileira escravista era descrita como uma nova Canaã para aqueles que sonhavam viver eternamente sob as benesses da escravidão.

Para Achilles, o abolicionista, a descrição favorável do Brasil feita por um sulista naturalizado brasileiro era a comprovação da obsessão dos confederados pelo regime escravista, a própria representação daquilo que os Estados Unidos, pelo menos a região Norte, não desejava ser dali para a frente. Para o observador nortista, a manutenção do cativeiro na sociedade brasileira denunciava o caráter atrasado do país. Já o confederado, ao trazer seus relatos sobre o Brasil, reforçava para si e para seus pares o que considerava o ideal de nação – aquela fundada sobre princípios escravistas e da supremacia branca, os quais prevaleceriam nos Estados Unidos, caso os sulistas não tivessem sido derrotados na Guerra Civil. Tais comparações e relações entre a sociedade brasileira e a norte-americana têm muito a dizer sobre os diversos projetos de nação que existiam nos Estados Unidos após a guerra e, sobretudo, após a abolição, em 1863.

Este livro busca entender de que maneira diferentes setores da sociedade norte-americana interpretaram a escravidão, a liberdade e as relações raciais no Brasil escravista. Uma vez que os debates sobre a realidade brasileira servem como o fio condutor que nos revela o pensamento tanto de setores escravistas quanto do movimento abolicionista norte-americano, investigamos como eventos acontecidos nos Estados Unidos influenciaram e orientaram a produção de determinada imagem da sociedade brasileira. Dessa forma, interessa-nos saber como esses diferentes grupos políticos produziram e se apropriaram de certos aspectos da realidade do Brasil, para defender diferentes projetos de nação nos Estados Unidos. Assim, questionamos como esse país fabricou a "nação americana", contrapondo-se a uma ideia que construiu sobre outros países – nesse caso, o Brasil. Essa discussão nos permite refletir como cada país, à sua maneira, distinguiu-se do outro ao forjar diferenças, seja pela propaganda da miscigenação, seja pela defesa da pureza racial.

Esta obra pretende aprofundar o debate em torno desse tema, em geral pouco discutido em nossa sociedade.

Ao longo desta pesquisa, foram consultadas fontes reveladoras do pensamento de cada grupo que produziu ideias, comparações e impressões sobre o Brasil, sempre em relação com a sociedade norte-americana. Como ponto de partida, os livros de viagem constituíram uma importante fonte não apenas de descrição, mas de representação e produção de ideias sobre a sociedade brasileira que viriam a ser fundamentais no discurso político e científico norte-americano sobre a alteridade. As informações fornecidas por esses viajantes em seus escritos serviram de evidência para as teses científicas produzidas nos Estados Unidos, sobretudo entre as décadas de 1840 e 1850. Essas teses, que também são fontes desta pesquisa, foram amplamente utilizadas para investigar como as citações sobre o Brasil foram apropriadas e adaptadas ao discurso científico norte-americano, cumprindo o papel de reafirmar as hierarquias das diferenças.

Notícias sobre o Brasil circulavam em toda imprensa norte-americana entre as décadas de 1840 e 1860. Analisei essas publicações para entender como elas dialogavam com os diversos interesses políticos vigentes nas regiões Norte e Sul dos Estados Unidos. Os meios de comunicação da época revelam diferentes leituras dos efeitos da escravidão, mas sobretudo da dinâmica das relações sociais vigentes na sociedade brasileira.

As publicações da imprensa negra abolicionista foram o principal material para entender como os militantes afro-americanos trabalharam a situação dos afro-brasileiros, principalmente a respeito de certos temas, como cidadania e inserção social dos libertos e dos indivíduos considerados "mulatos".[7]

Para analisar as impressões, expectativas e experiências dos confederados no Brasil, foram utilizados livros, artigos de jornais da imprensa escravista e, acima de tudo, o rico acervo das cartas produzidas por esses imigrantes, enviadas para os familiares e amigos que deixaram no Sul dos Estados Unidos.

Fazendo uso desse acervo documental, foi possível explorar como a sociedade norte-americana produziu diversos imaginários sobre o Brasil escravista na busca por um contraponto que a ajudasse e construir uma definição de si mesma. Nesse processo, os norte-americanos reproduziam certa ideia do que era o Brasil e enfatizaram o quanto a sua sociedade se distinguia da brasileira.[8]

Fazendo comparações, norte-americanos negros e brancos, escravistas e abolicionistas revelavam os distintos projetos políticos que defendiam para seu país, e por isso elas são objeto de análise e investigação nesta obra. Além disto, as comparações evidenciam que as diferenças entre o Brasil e os Estados Unidos eram, de certa forma, inventadas e necessárias para criar (ou reforçar) ideias, como a da superioridade dos povos ao norte da Linha do Equador ou a da pureza racial como fator-chave para o desenvolvimento e o progresso das nações.[9]

1

Ciência e viagem: a Escola Americana de Etnologia, os abolicionistas negros e o discurso científico nos Estados Unidos pré-Guerra Civil

Quando a crítica ao regime escravista se tornou mais contundente nos Estados Unidos, graças às abolições no Caribe e à formação de um forte movimento abolicionista no próprio país, já na década de 1830, os defensores do cativeiro na região Sul lançaram mão de um repertório científico para afirmar que a escravidão era uma condição natural das espécies ditas inferiores. Alguns dos cientistas do Norte até defendiam a abolição, desde que seguida de um processo de expatriação, sob a justificativa de que a presença negra nos Estados Unidos era prejudicial ao país. Eles acreditavam que a abolição simplesmente facilitaria a mistura racial, e isso poria em risco a pureza de sangue dos cidadãos brancos "anglo-saxões", os quais se viam como superiores, descendentes diretos dos europeus.[1] As teses científicas não buscavam apenas evidências que comprovassem as teorias deterministas sobre os povos negros e indígenas dos Estados Unidos, mas também sobre as populações de outros países, como o Brasil. Além de políticas e projetos que estavam sendo elaborados para a população não branca local, isso também revela os interesses expansionistas norte-americanos para a América Latina. O Brasil, especificamente, era conhecido pela ampla população africana, e esse era um dos motivos para os cientistas norte-americanos verem a sociedade brasileira como um imenso laboratório de raças nas suas formas mais diversas.

A Declaração de Independência dos Estados Unidos (1776), além de celebrar a autonomia e o nascimento da nação norte-americana, também foi o estopim de um debate político e moral sobre a escravidão no país. O regime escravista já vinha sendo questionado tanto por grupos religiosos quanto pela comunidade afro-americana, e a declaração de que "todos os homens foram criados iguais" e eram imbuídos de direitos inalienáveis pelo Criador fortaleceu os argumentos de grupos abolicionistas que já haviam apontado que a manutenção do cativeiro contrariava os tão propagados princípios republicanos. Assim, temas como a igualdade de direitos, a cidadania e a liberdade foram mobilizados por militantes negros e brancos que lutavam pelo fim da escravidão e, além disso, pela igualdade racial.[2]

Para frustração desses homens e mulheres, não foi o que aconteceu. A Declaração de Independência não significou o fim do cativeiro nem a cidadania dos libertos. Mais que isso, a despeito de muitos afro-americanos terem lutado como soldados na guerra pela independência do país, a suposta inferioridade deles em relação aos eurodescendentes (brancos) continuou a ser usada como argumento para manter a escravidão e as políticas de segregação. No Sul dos Estados Unidos, o cativeiro ainda era uma instituição que, segundo seus defensores, era também reconhecida pelas leis de Deus e da natureza. Entretanto, depois da Revolução Americana, a escravidão passou a ser contestada com base nos mesmos argumentos: os abolicionistas afirmavam que esse regime era contra as leis de Deus, da Bíblia, da natureza e, agora, também contra os princípios políticos da nação.[3]

Nesse mesmo período, surgiram diferentes interpretações sobre a forma como Thomas Jefferson, um dos pais fundadores da nação norte-americana e um dos autores da Declaração de Independência, entendia a condição das pessoas negras na humanidade. Na época, também se questionava se africanos e seus descendentes estavam incluídos entre os tais "todos" que eram definidos como "iguais" pela Declaração. Os grupos abolicionistas radicais defendiam que sim e enfatizavam a cidadania como direito de todas as pessoas. Já os grupos escravistas se utilizaram de declarações em que Jefferson afirmava crer na inferioridade física e intelectual dos negros, para sugerir que, obviamente, a Declaração não se referia a essa parcela da população. Certamente, escravistas valeram-se dos argumentos de Thomas Jefferson publicados no seu livro *Notes on the State of Virginia* [Notas sobre o estado da Virgínia], de 1785, no qual ele defende a escravidão, rechaça a miscigenação e menciona a impossibilidade de negros e brancos conviverem nos Estados Unidos em condições igualitárias. Portanto, nação, para Jefferson, assim como para os escravistas do Sul, era um conceito que estava condicionado a um grupo homogêneo de pessoas. Segundo sua visão, o "norte-americano típico", digno de ser considerado um cidadão, era o homem branco e de sangue puro, ou seja, o que se acreditava ser o anglo-saxão.[4]

A justificativa de Jefferson e dos escravistas para alijar os afro-americanos da cidadania era travestida de argumentos baseados na prática escravista, mas também em conclusões "científicas" que afirmavam a inferioridade e a incapacidade de autogoverno das populações negras. Para tanto, os defensores do cativeiro e da desigualdade racial buscaram exemplos em outras sociedades escravistas das Américas, sendo o Brasil a maior delas. O Império foi apropriado como um exemplo fundamental para os que desejavam provar que a escravidão era a condição natural das chamadas raças africanas.[5]

O determinismo biológico europeu forneceu o verniz científico para a defesa da escravidão e das desigualdades raciais nos Estados

Unidos. Embora justificativas científicas para o regime escravista começassem a ser produzidas no país de forma mais sistemática, foi no século XIX que os defensores do cativeiro buscaram referências na escola científica europeia, a qual, desde o século XVIII, elaborava teses que racializavam as narrativas de defesa da escravidão. Nesse mesmo período, além dos conceitos que associavam a escravidão às hierarquias raciais, são criados ideais de beleza que logo ganhariam também status científico. Assim, pele branca e determinados ângulos faciais tornam-se características indispensáveis para se atribuir beleza e intelectualidade a um indivíduo – ao mesmo tempo que as características físicas dos povos negros vão sendo aproximadas àquelas dos símios. A ideia do ângulo facial, criada na Europa no século XVIII, foi amplamente utilizada nos Estados Unidos durante o século XIX. Dentre os cientistas europeus que elaboraram esses conceitos, Cornelius de Pauw, Buffon e Johann Friedrich Blumenbach, além de Georges Cuvier, tiveram forte influência sobre os cientistas racialistas norte-americanos.[6]

As teses científicas marcavam forte presença no debate político sobre a escravidão como um todo, uma vez que os grupos escravistas utilizaram seus argumentos para justificar esse regime. Em 1833, Richard Colfax, um ferrenho defensor da escravidão do estado de Nova Jersey, atacou os abolicionistas, referindo-se a eles como "fanáticos". Para esse escravista, eles prestavam um péssimo serviço à sociedade ao reivindicarem a igualdade entre negros e brancos, o que era uma completa negação das diferenças declaradas pela "ciência". Fazendo uma associação entre fisionomia, comportamento e capacidades intelectuais, Colfax comparava brancos e negros e fazia uma descrição animalesca dos últimos, enfatizando "a cor preta dos negros, os lábios grossos, o nariz achatado, o cabelo crespo e o cheiro característico". Outros traços, como "mandíbula proeminente, queixo pra dentro, testa batida e olhos grandes" e ângulos faciais tão diferentes daqueles da raça branca eram associados a desvios de caráter, limitações intelectuais e outras mazelas desse grupo racial, considerado mais próximo de uma classe inferior de animais, como os orangotangos. Colfax ainda afirmava que essas diferenças eram insuperáveis, imutáveis, dizendo ainda que negros e brancos pertenciam a espécies distintas.[7]

À medida que o movimento escravista se fortalecia, também se consolidava na primeira metade do século XIX um movimento abolicionista organizado, que contava inclusive com a participação da população negra. Esses militantes estavam dispostos a refutar os argumentos sobre a inferioridade racial e fazer releituras sobre como as diferenças deveriam ser tratadas em termos sociais e políticos. O momento político também lhes era favorável, uma vez que o sistema escravista começava a dar sérios sinais de desgaste. A emancipação já acontecia de maneira imediata ou gradual nos estados do Norte, desde o século XVIII, e os abolicionistas (radicais ou moderados) pressionavam para que todo o país se tornasse um território livre, fosse porque a escravidão feria os princípios políticos do país, fosse porque a presença africana ameaçava o projeto de nação norte-americana branca, colocado em risco pela presença dos povos negros, então considerados degenerados e nocivos.[8]

Os abolicionistas afro-americanos usaram várias estratégias para fazer parte dessa discussão e refutar as teses científicas. Longe de serem reconhecidos como intelectuais ou cientistas, o que era um privilégio dos que gozavam da condição de homens, brancos e patriarcas (muitos deles senhores de escravos), os integrantes da comunidade afro-americana livre e liberta, que estava concentrada na região Norte do país, expuseram sua indignação quando sua humanidade e suas capacidades intelectuais foram questionadas e negadas. Esses homens e mulheres contradiziam o racismo científico com um discurso baseado no cristianismo, na ideologia republicana e na construção de uma imagem positiva da comunidade negra. Assim, buscavam na prática social exemplos de pessoas negras consideradas excepcionais nos Estados Unidos e em outras partes do continente americano. Nesse sentido, a liberdade e a cidadania dos negros brasileiros foram diversas vezes citadas como prova da humanidade e das capacidades dos africanos e seus descendentes. Apropriando-se desses exemplos, os abolicionistas negros norte-americanos mostravam que a comunidade negra também poderia ascender socialmente, caso não tivesse que enfrentar as barreiras impostas pelo preconceito racial e pelas políticas inspiradas no racismo científico.[9]

David Walker foi um desses abolicionistas negros que refutou o uso de argumentos bíblicos e supostamente científicos a fim de afirmar a inferioridade dos negros e os "benefícios" da escravidão. Revelando a tônica que caracterizaria a reação às ideias que insistiam em desprezar a humanidade e intelectualidade das populações negras, declarava o militante aos seus pares, desafiando os "senhores da ciência" da época, comprometidos com a manutenção da escravidão e com as desigualdades raciais, que os egípcios (então considerados brancos) eram negros ou pessoas de cor[10] "assim como nós somos". Combatendo as declarações científicas sobre a não humanidade dos africanos, desafiava seus adversários ao questionar em que trecho da Bíblia estava escrito que os filhos de Israel poderiam ser escravizados por não serem humanos. Em seguida, recusava com veemência as teorias de que os africanos descendiam de macacos ou orangotangos: "Meu Deus, não é possível suportar isso!", lamentava. Walker também clamava pela necessidade de se contestarem as afirmações de Thomas Jefferson sobre a inferioridade dos negros. Mais que isso, insistia que essa deveria ser uma tarefa protagonizada por membros da comunidade negra, uma vez que muitos abolicionistas brancos moderados concordavam com os escravistas sobre as limitações naturais de africanos e seus descendentes.[11]

A Escola Americana de Etnologia e a consolidação do racismo científico nos Estados Unidos

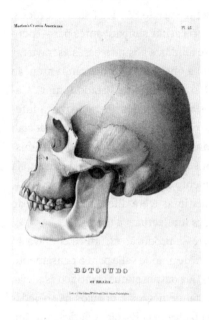

Figura 1 Imagem de crânio de Botocudo, Brasil, 1839.

A obra seguinte de Morton, *Crania Aegyptiaca* (1844), foi o resultado de uma pesquisa em colaboração realizada com crânios egípcios fornecidos pelo egiptólogo inglês George R. Gliddon. As conclusões apresentadas nesse livro possibilitaram ao pensamento poligenista norte-americano estruturar argumentos que foram muito bem recebidos nos círculos escravistas do Sul. Em sua obra, Morton afirmava que a escravidão existia na sociedade egípcia e que os egípcios não eram negros, contrariando, inclusive, o que havia dito o abolicionista negro David Walker em 1829.[12] Assim, no século XIX, Morton afirmava que, na sociedade egípcia, os negros ocupavam a mesma posição subalterna que na América, e as características dos habitantes da Antiguidade eram mantidas até a atualidade. Portanto, as influências climáticas ou condições sociopolíticas mais favoráveis não alteravam a condição natural que as raças carregavam desde a sua criação. Foi ideia de Gliddon convencer Morton da importância de divulgar *Crania Aegyptiaca* nos círculos intelectuais e escravistas do Sul dos Estados Unidos. Ele acreditava que a obra poderia atrair simpatizantes para o pensamento poligenista, o qual se alinhava aos interesses escravistas daquela região. E estava certo: a obra de Morton atraiu a atenção de políticos poderosos, como o secretário de Estado John C. Calhoun, e de outros estudiosos determinados a comprovar a inferioridade das raças africanas, como o médico do Alabama Josiah C. Nott, que se tornaria um dos grandes defensores do poligenismo.[13] Essa corrente científica se baseava na crença da existência de diversas criações – não somente aquela que gerou Adão e Eva –, que teriam produzido raças distintas e em diferentes estágios de desenvolvimento e capacidades intelectuais e físicas.

É importante lembrar que essa produção científica chegava ao Sul em um momento em que era de grande valia para o pensamento escravista a existência de teses que davam status científico às ideias já existentes sobre o lugar social de negros e brancos na sociedade escravocrata. As teses produzidas pela Escola Americana foram apropriadas pelos escravistas, que as incorporaram à propaganda racista em prol da manutenção do cativeiro em uma escala mundial e de políticas de servidão direcionadas aos libertos, as quais garantiam que negros e brancos ocupassem os lugares que lhes eram supostamente naturais, preservando-se assim o equilíbrio da sociedade. Dessa forma, as controvérsias em torno dos argumentos de defesa da escravidão, como percebeu Gliddon, faziam do Sul um campo fértil para a boa receptividade do pensamento poligenista. Daí se explica o interesse de Calhoun e de Josiah C. Nott e a ampla divulgação dessas ideias em círculos mais populares.[14]

De acordo com o historiador George M. Fredrickson, uma classificação mais adequada para o pensamento de Josiah Nott está mais para a história do pensamento e da propaganda escravista do que para a história da ciência.[15] Mesmo assim, é importante lembrar o quase incontestável poder do discurso científico da época, do qual a ideologia racista fazia parte. Um ferrenho crítico dos abolicionistas, Nott afirmava que os caucasianos, em todas as eras históricas, haviam sido líderes e conquistadores, enquanto aos negros cabia o papel de obediência e tutela, condizente com sua condição inferior.

Nott se dedicou não somente a afirmar a supremacia branca sobre todas as outras raças, como também a apontar os riscos da amalgamação,[16] ou seja, da miscigenação. Segundo ele, a mistura racial era uma aberração capaz de produzir seres inferiores e de curta longevidade, tese que foi amplamente rebatida e sempre desafiou o próprio autor. Para esse poligenista convicto, fatores como a "hibridização" poderiam causar a degradação dos brancos norte-americanos, ao passo que outros, como o clima, explicariam a associação entre as regiões tropicais e a inferioridade das raças surgidas nesses lugares. Veremos, mais adiante, como o exemplo do "Brasil miscigenado" foi fundamental para o debate sobre o lugar que os "híbridos" deveriam ocupar na sociedade norte-americana.

A polêmica sobre os "híbridos" esteve muito presente nos jornais sulistas dedicados à ciência, medicina e política. Em um artigo publicado em 1842, Josiah Nott, além de condenar as relações entre negros e brancos, apontou o risco de extermínio que as duas raças corriam caso se misturassem. No mesmo artigo, o autor defendia que os assim chamados mulatos tinham uma expectativa de vida mais curta e que, por serem resultado da mistura entre duas espécies supostamente distintas, eram indivíduos "híbridos".

Nem todos, porém, sobretudo os monogenistas, concordavam com essas teses. Gardiner Dorrance, por exemplo, médico da cidade de Amherst, em Massachussetts, localizada na região Norte do país, atacava as teses poligenistas do seu colega do Sul e insistia que os egípcios eram negros, fundadores da civilização egípcia e, portanto, fundadores da ciência. Dorrance, que atribuía a pele escura dos africanos ao clima, afirmava que os africanos eram tão humanos quanto os brancos; no entanto, concordava com Nott quanto aos perigos da miscigenação. As crenças desse médico nortista, quando confrontadas com o pensamento de Josiah Nott, revelam-nos como os discursos em circulação nas duas regiões do país podiam ser discordantes, mas também convergentes em alguns pontos. A tese da inferioridade intelectual dos povos negros que viviam nos Estados Unidos é um exemplo dessa complexidade.[17]

Em resposta aos seus críticos, Josiah Nott publicou diversos artigos e proferiu palestras afirmando a diversidade das espécies, a inferioridade dos negros e a decadência dos mulatos – termo tomado aqui, e ao longo do livro, conforme usos e sentidos da época. Em 1844, durante uma das suas conferências, ele afirmou que "o homem negro foi colocado na África tropical porque ele foi feito para aquele clima, e não outro". Sumarizando seu pensamento em doze pontos principais, o primeiro deles ratificava sua crença nas múltiplas criações, na ideia de que negros e brancos diferiam anatômica e fisicamente e na afirmação de que essas diferenças marcavam sua existência desde o princípio. As disparidades entre uma raça e outra eram imensas, e os caucasianos teriam atingido um estágio de civilização nunca atingido por qualquer outra raça.[18]

Ele continuaria sua cruzada em defesa da escravidão, fazendo uso das teses poligenistas durante as décadas de 1840 e 1850, também para justificar o imperialismo norte-americano. Nott atribuía à miscigenação e ao clima tropical as causas da decadência da América Latina e ainda afirmava, por outro lado, que a mistura racial havia feito os portugueses (vistos numa escala inferior entre os brancos) sobreviverem na África e nos países latino-americanos, já que esses não eram seu habitat natural. Assim como na América Latina, também em Nova Orleans e em Mobile (Alabama), era possível ver o que, segundo o médico, eram assentamentos de brancos que ele considerava de "classe baixa" por terem se misturado com negros. É importante pontuar que, embora em todo o Sul dos Estados Unidos houvesse miscigenação, Nott reconhecia a ocorrência dessa prática somente nessas duas cidades. Por outro lado, afirmava que a mistura racial ocorria na América Latina inteira, e, por essa razão, todo esse continente era degenerado. Nott acrescentava um adendo às suas teses: na amalgamação entre negros e brancos, enquanto estes se degeneravam, era gerado o mulato, supostamente mais inteligente que o negro "puro", um indivíduo perigoso para o sistema escravocrata. Por herdar parte das características físicas e mentais do ancestral branco, o mestiço[19] não se conformava com o cativeiro e, em geral, era propenso a liderar insurreições. Para Nott, na pureza racial estava uma das bases do excepcionalismo e da superioridade dos Estados Unidos.[20]

Agassiz seria o próximo a ocupar lugar de destaque na Escola Americana de Etnologia, tornando-se um dos líderes do pensamento poligenista norte-americano. Suíço de nascimento e discípulo de Cuvier, chegou ao Norte dos Estados Unidos em 1846, quando já havia um intenso debate sobre escravidão, abolição e igualdade. Da mesma forma, também existia, entre a comunidade branca da região, um forte sentimento de ódio racial, tal como existia nas cidades escravistas do Sul. A princípio, Agassiz concordava que havia profundas diferenças entre negros e brancos, porém considerava que elas decorriam de variações dentro de uma mesma espécie. Contudo, após ver pela primeira vez um afro-americano de perto, na Filadélfia, o cientista manifestou um imediato sentimento de repulsa e passou a considerar que negros e brancos não faziam parte da mesma espécie humana.[21]

Agassiz conquistou nos Estados Unidos o reconhecimento que buscava na Europa, uma vez que, quando passou a defender o poligenismo, encontrou simpatizantes no influente ambiente político e intelectual do Sul escravista. Em Charleston, a classe senhorial e acadêmica ouvia com simpatia quando ele afirmava, por exemplo, que os negros se adaptavam melhor (ou seja, trabalhavam melhor) a lugares com climas mais quentes, como na região escravista, diferentemente do Norte. Tal afirmativa dialogava perfeitamente com os argumentos dos senhores de escravos que afirmavam que os negros mantidos em cativeiro no Sul dos Estados Unidos levavam uma vida melhor do que aqueles que viviam livres e em estado de degradação no Norte e em países onde a escravidão havia sido abolida.[22]

Já na região Norte, as teses de Agassiz forneceram o arcabouço científico necessário para a proposta de deportação da população negra depois da abolição. Ele argumentava que a amalgamação seria inevitável, caso negros e brancos convivessem sem que políticas de subalternidade e controle da população negra fossem estabelecidas. Embora se declarasse favorável ao fim da escravidão, foi no Sul escravista que Agassiz encontrou o cenário adequado para suas investigações sobre a inferioridade da população negra, uma vez que estava decidido a provar que essas pessoas faziam parte de outra espécie. Na década de 1850, ele circulou por cidades sulistas e plantações, onde concluiu que o clima mais quente e o trabalho árduo associado a um forte sistema de controle eram a combinação perfeita para os escravizados e para os brancos, dominadores por natureza. A análise dos corpos negros nas plantações da Carolina do Sul fez Agassiz ter a ideia de encomendar fotografias de pessoas de diversas nações africanas que viviam nessa região, prática que anos mais tarde o inspiraria a pesquisar as raças puras no Brasil. Seria neste país que ele poderia encontrar africanos de diversas nações, sem precisar fazer uma longa viagem por várias partes do continente africano. A análise das fotos confrontadas com modelos fotográficos das estátuas gregas fazia o cientista crer que ali estavam reveladas não apenas a diversidade, mas um modelo de perfeição da humanidade, e outro que representava a negação dela.[23]

Figura 2 Homem negro em daguerreótipos de Joseph T. Zealy, 1850. Imagens usadas por Agassiz.

Agassiz, assim como os demais membros da Escola Americana de Etnologia, explicava a criação das diversas espécies humanas a partir da existência de províncias geológicas ou zonas de criação. Segundo essa tese, os seres eram criados distintamente em cada zona e se adaptavam a ela, a qual se tornava seu ambiente natural. Isso explicava por que o clima e demais fatores externos não mudavam os seres, uma vez que eles já haviam sido criados de determinada forma e carregavam características próprias do seu lugar de criação. A raça negra, por exemplo, teria sido criada em climas tropicais, com a tarefa de desempenhar tarefas físicas e árduas, inapropriadas para o homem branco.[24] Com a tese das criações distintas, Agassiz explicava que a criação da raça negra era diferente daquela mencionada no livro do Gênesis, que se referiria à criação da raça branca. Assim, quando aplicada às escrituras bíblicas, a tese das zonas de criação explicava que os negros não eram descendentes de Adão e Eva, argumento que tentava resolver o dilema daqueles que simpatizavam com o poligenismo, mas temiam ser acusados de contrariar as escrituras.[25]

As zonas tropicais, presentes em grande parte do continente africano, eram consideradas áreas de produção de seres inferiores. Não apenas o continente africano era palco da produção dessa vida considerada decadente e inferior, como também a América Latina – e essa visão serviu de argumento para os projetos expansionistas dos Estados Unidos, inspirados na crença do evidente destino do país em ocupar, civilizar e dominar povos e nações considerados inferiores. Em uma matéria do jornal *The American Quartely Register and Magazine*, de 1848, a região latino-americana era descrita como "local de produção de raças mistas que carregavam as piores características dos seus ancestrais". Ainda segundo o artigo, os soldados do México, embora fossem bravos em pequena escala, em geral tinham qualidades bárbaras, o que era resultado da mistura racial da região. A amalgamação praticada desenfreadamente no Peru produzia uma extensa categoria de tipos mestiços, diferenciados pelo nível de miscigenação, que ia do mulato (filho de pai branco e mãe negra), passando pelo "zambo" (filho de pai negro e mãe indígena), até chegar ao branco (filho de pai branco e mãe "quinteira", que seria a filha de pai branco e mãe "quarterona", ou seja, um quarto branca). Assim, além das categorias raciais, o gênero também era um importante marcador da diferença entre os povos do Norte e do Sul quando observarmos que o pai sempre era branco, enquanto a mulher era a representação da população local: indígena, negra ou mestiça.[26]

O Brasil, em particular, também despertou grande interesse dos poligenistas. Em *Notes on Hybrity*, Samuel Morton já havia citado o Brasil a partir de uma fonte que lhe informara que os povos indígenas locais, assim como os do México, tinham o crânio em forma cilíndrica, similar aos nativos dos Estados Unidos.[27] O editor do importante jornal do pensamento escravista, que circulava por toda a região Sul durante o século XIX, o *De Bow's Review*, também fez uso desse periódico para divulgar e defender o poligenismo ao discorrer sobre as zonas de criação.[28] Para James De Bow, a diversidade climática das áreas zoológicas poderia ser vista e refletida na fauna e na flora produzidas em cada continente. A América do Norte, por razões óbvias, era descrita e definida pelo autor como um contraste da América do

Sul e de outras partes do mundo que não a Europa. O lado sul do Novo Mundo, devido à abundância de águas e alta umidade atmosférica, era visto como uma região propícia para o surgimento de todas as formas luxuriosas, ou seja, exageradas, deformadas e inferiores. Mais uma vez, a ideia do excepcionalismo norte-americano era construída e embasada em detrimento da América Latina, taxada como degenerada. Segundo essa visão, os Estados Unidos seriam uma espécie de Europa dentro do continente americano.

Ainda de acordo com De Bow, as espécies produzidas na Europa tinham um equivalente degenerado na América Latina, pois tanto homens como animais do Norte eram superiores devido ao clima seco e continental, o que produzia um ser perfeito. O camelo e o dromedário do Norte, por exemplo, tinham seu equivalente inferior, a lhama dos Andes. Para o leão real e o tigre feroz originário do Norte, estava o jaguar (ou onça) do Brasil, que nada mais era que um "gato grande". Por fim, o artigo informava que essa relação de superioridade e inferioridade entre os animais do Norte e do Sul, devido às suas diferenças, também existia entre os humanos. Desse modo, os formadores de opinião nos Estados Unidos foram criando uma ideia de excentricidade e superioridade norte-americana, ao passo que construíam uma necessária imagem de inferioridade e degeneração dos seus vizinhos latino-americanos.[29]

A América Latina e o Brasil também não escapariam do olhar de Josiah Nott, que estabelecia uma distinção entre as regiões Norte e Sul, para elevar a condição da América do Norte. Em *Types of Mankind*, obra publicada em 1854 e dedicada à memória de Morton, falecido em 1851, Nott afirmava tendenciosamente que, desde a descoberta da América, as raças de pele mais clara haviam habitado a América do Norte, enquanto as raças de pele mais escura, como os espanhóis, haviam ocupado a América do Sul, a América Central e o México. Contrastando as duas realidades, Nott corroborava a liderança e a superioridade da vida no Hemisfério Norte, declarando que nenhuma das raças do continente havia mudado suas características originais – nem mesmo os africanos, que chegaram depois, mas já estavam na América havia séculos. Ele se referenciava na teoria das zonas zoológicas de Agassiz, reiterando que os fósseis encontrados em cada uma dessas áreas apresentavam as mesmas características da população que ainda vivia em cada região. Segundo ele, isso poderia ser comprovado pelos fósseis encontrados no Brasil, que pertenciam às famílias que ainda habitavam o país.[30]

Como já visto, a mistura racial também era um importante fator que, segundo os norte-americanos, explicava a degeneração da população na América Latina. Embora a mesma prática existisse no Sul dos Estados Unidos – fato que era constantemente apontado pelos abolicionistas do Norte para denunciar o abuso sexual sofrido por mulheres escravizadas –, esse fato era simplesmente desconsiderado pelos poligenistas que defendiam a segregação racial.[31] No processo de construção da diferença entre uma região e outra, aspectos que aproximavam a experiência norte-americana daquela dos seus vizinhos do Sul foram ignorados ou subestimados.

Em 1853, John van Evrie, um médico pró-escravista de Nova York, defendia que os negros eram tão inferiores aos brancos que, caso não se mantivessem nos Estados Unidos como servos, eles teriam como futuro o extermínio da sua raça.[32] Ele publicou suas impressões sustentadas no racismo científico da época no panfleto *Negroes and Negro Slavery: the First, an Inferior Race, the Later, its Normal Condition* [Negros e escravidão negra: o primeiro, uma raça inferior; o segundo, sua condição natural]. Nesta obra, Van Evrie repudiava a extensão de direitos para negros e mulheres, que ele considerava "um ato de ignorância defendido por pessoas que deveriam ser consideradas inimigas da nação ou absolutamente maníacas". Assim como outros poligenistas, ele condenava a amalgamação racial.[33]

Opiniões como as de Van Evrie divulgavam de maneira simplificada o pensamento poligenista. Além disso, ele também tentava fazer os brancos pobres se identificarem com o seu discurso, lembrando-lhes sempre de que eram sobretudo brancos, assim como os escravistas. No seu texto, ele ainda discorria sobre o polêmico tema da mistura racial, abordando-o da mesma forma agressiva que costumava utilizar para justificar assuntos relativos ao lugar de negros e brancos na sociedade norte-americana. Para ele, misturar seres de diferentes espécies era um atentado contra as leis da natureza. Van Evrie afirmava que as consequências desastrosas da amalgamação poderiam ser constatadas não nos Estados Unidos, mas no baixo Canadá e em toda a região que ele chamava de América Hispânica, que compreendia a América Latina e o Caribe. Segundo ele, a amalgamação havia destruído a superioridade dos espanhóis nas colônias, de forma que a população miscigenada os havia superado tanto que nem parecia que os europeus um dia existiram naquela região. A ruína da amalgamação havia sido evitada pelos anglo-americanos, devido à sua suposta repulsa natural a se misturar com raças inferiores.[34]

O exemplo da América Latina miscigenada era uma advertência para os Estados Unidos: caso os negros se tornassem livres e vivessem em igualdade com a população branca, gozando dos mesmos direitos, aconteceria o mesmo que ocorrera com seus vizinhos do Sul, o branco de sangue puro deixaria de existir. O crescimento da população negra e o "perigo" da mistura racial aterrorizavam as pessoas brancas tanto do Norte quanto do Sul dos Estados Unidos, e esse temor se estenderia ainda por várias décadas. Em 1859, o jornal abolicionista *The National Era* publicou um artigo, originalmente anunciado no jornal nova-iorquino *The New York Evening Post*, cujo título "The Increase of Negroes" [O crescimento dos negros] já manifestava essas preocupações. O autor do texto, que usava o pseudônimo Caucasian [Caucasiano], apresentava questionamentos sobre qual seria a política para o futuro dos Estados Unidos, uma vez que, até aquele momento, raças distintas se amalgamavam de tal maneira que caminhavam para se tornarem uma só.[35]

O autor se mostrava alarmado com os números do censo de 1850, que revelava existir um negro para cada seis brancos nos Estados Unidos. Embora o número de negros miscigenados não fosse especificado, o autor assegurava que entre os quatro milhões de *coloreds*[36] que viviam nos Estados Unidos, pelo menos um terço era composto por *mixed mulattoes, quadroons*[37] e outros tipos de misturas derivadas, traçando uma perspectiva futura de crescimento da miscigenação, de maneira que toda a população se tornaria miscigenada em quatrocentos anos. Caucasian fazia um apelo, alertando que esse fato não deveria ser ignorado, e sim levado seriamente em consideração por aqueles que amavam a raça branca e o país. Além disso, questionava se os norte-americanos deveriam sofrer e ser estigmatizados pelos europeus após se tornarem uma raça de *coloreds*. Antevendo uma nação futura de "quarteirões escuros" (*dark quadroons*), o autor se posicionava contra a tentativa dos estados do Sul de reavivar o tráfico de africanos, o que exporia a sociedade norte-americana ao risco de se tornar uma república mulata, assim como eram seus opostos, os países latino-americanos.[38]

O autor propunha uma séria intervenção nos estados do Sul para impedir que o sistema escravista se expandisse na União, não por conta de valores humanitários ou em prol da liberdade, mas por acreditar que o aumento do número de escravizados significava a intensificação da mistura racial. Caucasian, que poderia ser até um abolicionista, recomendava que todos os estados se tornassem livres gradualmente, o que reduziria a miscigenação e o número de negros no país. A solução para aqueles que já estivessem ali seria a emigração para a África ou para o Caribe – dessa forma, segundo ele, o país estaria livre do "horrível mal da amalgamação", preservando a "pureza e distinção da raça branca americana". Além do Caribe, os países latino-americanos, sobretudo o Brasil, seriam citados várias vezes como antiexemplo para a nação branca norte-americana. A degeneração da população brasileira e a ausência de hierarquias sociais baseadas em diferenças raciais seriam mencionadas por políticos, cidadãos como Caucasian e também por cientistas, que teriam muito a dizer sobre os perigos e resultados negativos da mistura de raças supostamente distintas.[39]

Ciência e viagem: o poligenismo, a miscigenação e a população do Brasil

Seguindo o caminho dos europeus, no século XIX, os norte-americanos também associaram seus interesses nacionais ao projeto de expansão da influência do país sobre outras nações. É também nesse período que diversos setores da sociedade norte-americana começaram a se projetar sobre outras sociedades igualmente escravistas e multirraciais, imprimindo diferenças que evidenciassem a superioridade norte-americana. O intuito era produzir uma ideia de nação superior e pura, em contraste com os povos latino-americanos.[40]

Em conexão com os debates científicos das décadas de 1840 e 1850, as expedições científicas e as narrativas de viagem se consolidam como poderosa ferramenta não somente para fornecer evidências científicas para teses que explicavam as diferenças, mas também para definir e classificar o outro. Sob o argumento de ser motivado por curiosidade científica, esse tipo de literatura carregava forte teor ideológico, por ser comprometido com interesses políticos e econômicos norte-americanos. Mary Louise Pratt chamou esse fenômeno de "anticonquista", um discurso da história natural que, ao mesmo tempo que dominava, se fortalecia em um lugar de autoridade, que se diferenciava da violência e subjugação que marcaram o primeiro encontro entre sociedades nativas americanas e os europeus.[41]

Um exemplo dessas iniciativas foi a United States Exploring Expedition [Expedição de exploração dos Estados Unidos], que tinha por objetivo desenvolver a ciência nos Estados Unidos. Entre 1838 e 1842, a expedição passou por Cabo Verde, circulou pela América Latina, chegando ao Rio de Janeiro, à Argentina, ao Chile e ao

Peru, com passagens pelo Pacífico até alcançar a costa oeste norte-americana. A tripulação dava uma clara ideia dos objetivos ambiciosos da empreitada: além de marinheiros e oficiais, também havia botânicos, filologistas, mineralogistas, naturalistas e ilustradores, como Alfred Thomas Agate e Joseph Drayton. O primeiro se destacaria por produzir um repertório visual de mundos desconhecidos e seus povos, inclusive africanos que, no Brasil, ainda carregavam características de suas nações de origem. Aliás, o Brasil teve fundamental importância ao prover evidências para as teses e ideias que se consolidariam no imaginário norte-americano sobre as distinções entre uma nação e outra. Segundo a historiadora Mary Anne Junqueira, esses fatores revelam o caráter imperialista da expedição, ao apontar outros interesses dos norte-americanos em relação ao território e às populações da América Latina que não somente os científicos.[42]

O próprio comandante da expedição, Charles Wilkes, publicou, em 1845, o primeiro de diversos volumes e reedições de *Narrative of the United States Exploring Expedition* [Narrativas da expedição de exploração dos Estados Unidos]. Atento à popularidade das narrativas de viagem, que foi se tornando um negócio lucrativo a partir da segunda metade do século XVIII, Wilkes não vacilou ao escrever sua versão da expedição, mesmo não sendo cientista. Ele mesmo havia afirmado que sua obra era voltada para o público geral, a despeito do caráter científico da expedição. Assim, os autores das narrativas, em grande parte do sexo masculino, alimentavam seu público sedento por aventuras e experiências que marcavam o encontro do herói civilizador com o bárbaro, o fantasioso, o tropical e o exótico. Além disso, a produção de uma narrativa de viagem, fruto das especulações científicas produzidas por Wilkes, também é fato revelador sobre a agência do olhar do viajante. Ele, longe de ser um observador pacífico que descreve o que lhe é estranho, reaje à diferença, intervindo, interpretando e inventando realidades que vão influenciar a impressão do seu leitor sobre a natureza, os povos, enfim, o mundo desconhecido.[43]

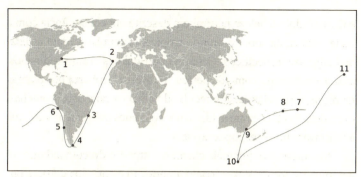

Figura 3 United States Exploring Expedition: viagem de ida.

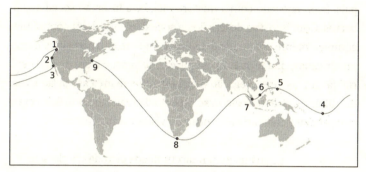

Figura 4 United States Exploring Expedition: viagem de volta.

Charles Wilkes e sua tripulação deixaram os Estados Unidos em 18 de agosto de 1838, chegando à Ilha da Madeira em 25 de setembro, alcançando em seguida Porto Praia, em Cabo Verde, de onde zarpou para o Rio de Janeiro em 7 de outubro. A chegada ao Brasil aconteceu apenas em 23 de novembro, iniciando uma estadia longa, forçada por problemas com as embarcações. Em 6 de janeiro de 1839, depois de seis semanas, finalmente a expedição seguiu para Buenos Aires. Esse período foi suficiente para que o autor afirmasse que "viu tudo que havia de ser visto no Rio de Janeiro".[44] Ao chegar à baía carioca, o primeiro registro do capitão foi sobre a beleza natural do lugar: "Nossa atenção foi dirigida imediatamente para os imensos, fantásticos e abruptos picos da Gávea, Pão de Açúcar e Corcovado". A beleza natural era descrita em consonância com a ideia construída sobre o mundo tropical e, para isso, eram utilizados adjetivos específicos. Cenários particulares eram produzidos: a baía era descrita como de beleza "pitoresca", coberta por plantas tropicais, todas elas desconhecidas do olhar estrangeiro; bromélias, orquídeas e cactos eram avidamente coletados pelos cientistas, que adentravam florestas misteriosas.[45]

No entanto, o que mais chamou a atenção do comandante foi a população local. Wilkes, como americano ciente dos debates políticos e científicos em torno da diversidade racial do seu próprio país, ficou chocado com a mistura racial e a inserção social dos libertos. Com isso, sua descrição da sociedade brasileira contrastava completamente com o ideal de nação vigente entre as elites norte-americanas, que primava pela pureza de sangue e era dividida sob rígidas regras de segregação racial que impediam a ascensão social dos libertos. Segundo ele, esse aspecto da realidade brasileira era o que primeiro chamaria a atenção do visitante americano:

> [...] há mistura indiscriminada de todas as classes em qualquer lugar, todos [vivem] aparentemente em termos de igualdade: oficiais, soldados, padres, todos os negros e brancos se misturando e desempenhando suas respectivas obrigações sem levar em conta sua cor ou aparência. A única distinção que parece existir é entre liberdade e escravidão. Existem muitos negros livres e ricos, altamente respeitados, que se amalgamam com as famílias brancas...[46]

Além da natureza tropical e das características específicas dos habitantes, o Rio de Janeiro também tinha outra peculiaridade: a escravidão. O comandante afirmava que esse regime de trabalho era tão presente na vida da cidade, que o visitante era obrigado a assistir à dinâmica escravista em qualquer lugar em que estivesse.

Wilkes observou também que os brasileiros usavam mais o trabalho dos cativos do que o dos animais, como carregadores de cargas, e também percebeu que homens e mulheres cantavam enquanto trabalhavam em grupo. Além de afirmar que os negros eram excessivamente numerosos, registrou que todos trabalhavam seminus. As mulheres, especificamente, despertaram a atenção do viajante, que as descrevia como (semi)vestidas enquanto buscavam água nos chafarizes públicos. Ele retratou uma cena de duzentas mulheres negras que mantinham suas saias suspensas ao lavarem roupas dentro de um rio e batiam as vestimentas contra as pedras, uma ação que, segundo ele, provocava "grande destruição aos botões". Podemos especular que Wilker estaria conferindo algum erotismo à cena, que era exótica pelos seus aspectos de certa nudez pública e pelas próprias características das pessoas observadas, todas elas mulheres negras.[47]

Charles Wilkes observou atentamente a população africana local, que, de tão diversa, produzia um verdadeiro observatório de nações no Rio de Janeiro. Apropriando-se das designações étnicas utilizadas por traficantes de escravizados, ele também fez uso das observações do filólogo Horatio Hale e do ilustrador Alfred Thomas Agate, ambos integrantes da Expedition. Wilkes notou que muitos africanos vinham do mesmo lugar, o que era evidenciado pela língua e pelos hábitos que grande parte deles compartilhavam. Outro aspecto importante, percebido pelo comandante como elemento para identificar as nações africanas, eram as marcas de nação, detalhadamente reproduzidas por Agate. Pelo desenho das marcas, era possível diferenciar congos, benguelas, angolas, makuas, moçambiques e outros. As comparações entre uma nação e outra também eram feitas a partir de critérios físicos, comuns ao vocabulário do racismo científico norte-americano: tamanhos do queixo, formatos de nariz, mandíbulas, dentes, testas e altura. Tal forma de classificação seria vista com familiaridade pelos leitores da *Narratives*.[48]

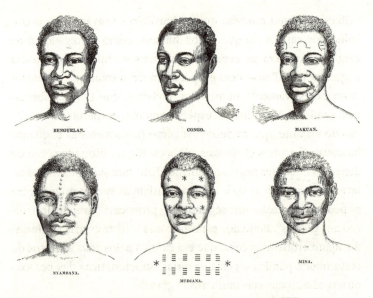

Figura 5 Elementos identificadores das nações africanas, segundo Wilkes.

Essas representações e impressões da escravidão na sociedade brasileira, assim como da dinâmica das relações raciais no país, sobretudo no que diz respeito à forma como os viajantes entenderam a mistura racial e o lugar social dos libertos, constituem nosso principal interesse sobre o papel dos viajantes norte-americanos na produção de determinada imagem sobre o Brasil.

Os africanos de nação mina despertaram particular atenção em Charles Wilkes. Seguindo critérios empregados pela ciência racialista, como a categorização e a busca por hierarquias dentro de grupos raciais similares, ele afirmou que os mina eram distintos dos outros africanos pelas "qualidades mentais e físicas", sendo os povos dessa nação "de expressiva inteligência e dignidade". Segundo ele, eram os africanos mais valorizados no mercado de pessoas, devido às tarefas mais sofisticadas que eram capazes de desempenhar. Informava, também, que eram letrados em árabe e se recusavam a se associar a negros de outras nações. Por meio das informações colhidas por "conhecedores de africanos", o comandante também descobriu que a maioria dos libertos que compraram a alforria era de nação mina. Ao mesmo tempo que eram desejados como trabalhadores, eles eram também admirados por ocupar o topo de uma espécie de hierarquia entre os africanos. Contudo, os mina eram temidos por senhores de escravos e autoridades locais. Wilkes ouviu dizer que eles eram particularmente numerosos na Bahia, onde haviam organizado uma insurreição.[49]

Além dos africanos, Charles Wilkes concluiu, nas seis semanas que passou no país, que os brasileiros eram um povo desconfiado, mas de caráter cortês, susceptível à bajulação, também egoísta, tímido e presunçoso, embora fosse ignorante, ou seja, identificava qualidades que, geralmente, eram consideradas negativas para uma nação. Segundo ele, o brasileiro também era tolerante diante da opressão, o que confirmava o caráter passivo comumente registrado por estrangeiros nas descrições sobre povos de terras tropicais. O autor ainda destacou o respeito dos brasileiros pelo estrangeiro, desde que esse não fosse português. Por fim, deixava escapar em seus escritos as intenções expansionistas de seu país, afirmando que o Brasil nutria especial admiração pelos norte-americanos e que eles "achavam que era tempo de as pessoas deste continente se unirem", formando uma frente de oposição aos europeus.[50] A fala de Wilkes sobre a Europa revela, também, os planos norte-americanos de se constituírem como uma potência que faria frente à presença e influência europeia na América Latina. Assim, o conhecimento, ou seja, a autoridade de definir o outro funcionava, ademais, como uma forma concreta de poder sobre outras nações.[51]

Outro membro da expedição também usou sua passagem pelo Brasil como oportunidade para escrever sobre a população local e prover a ciência norte-americana poligenista com mais informações. Charles Pickering era naturalista e fazia parte do grupo de cientistas que se juntaram à comitiva. Defensor da ideia de zonas de criação, a experiência de Pickering durante a expedição resultou na obra *The Races of Man and their Geographical Distribution* [As raças humanas e sua distribuição geográfica], publicada em 1848. Pickering já reconhecia, nos Estados Unidos, a existência de três raças – negros, brancos e mongóis, que representavam a população nativa. Para ele, restava entender como as raças se distribuíam no resto do mundo, além de características básicas que indicassem suas origens.[52]

A dificuldade em identificar as fronteiras geográficas de cada "raça" fez o naturalista se juntar à Exploring Expedition. Durante a viagem, alguns elementos foram colaborando com as dúvidas de Pickering quanto ao número de raças existentes. Foi em sua passagem pela Austrália e Nova Zelândia que ele afirmou ter começado a questionar o número definido por Blumenbach:[53] cinco. Pickering foi construindo suas constatações após passar por diferentes lugares e verificar, entre as populações locais, uma intensa variedade de tons de pele e feições que independiam de mistura racial, além de distintas formas de tatuagem, que diferenciavam um povo do outro. Por fim, o naturalista chegou à seguinte conclusão: "Eu tenho visto no total onze raças de homens." Segundo ele, esse número poderia ser ainda maior.[54]

Obedecendo a critérios que se baseavam em cor da pele e traços físicos, as onze raças de Charles Pickering estavam divididas entre *white* (árabes e abissínios), *brown* (mongóis, hotentotes[55] e malaios), *blackish-brown* (papuans, negrillos, índigenas e etíopes) e *black* (australianos e negros). Ele ainda afirmava que os termos *white* e *black* não se referiam à cor da pele de nenhuma raça, mas eram termos de uso geral, e por esse motivo ele também os utilizava. Como poligenista, ele afirmava que a diversidade racial existia independente do clima de cada região, o que fazia com que uma pessoa oriunda de climas frios pudesse se adaptar aos trópicos. Isso acontecia, por exemplo, com os brancos que viviam no Rio de Janeiro e que, segundo Pickering, não estavam deteriorados pelo clima tropical nem afetados negativamente pela suposta indisposição para o trabalho prevalente em climas quentes. Além disso, segundo suas conclusões, a população de um hemisfério poderia derivar em outra, embora fosse quase impossível que raças africanas tivessem ligação com as raças asiáticas ou mongóis.[56]

A passagem pelo Brasil foi registrada por Charles Pickering com mais detalhes no capítulo *"The negro race"* [A raça negra], no qual os negros eram descritos como seres de aparência já conhecida entre seus interlocutores norte-americanos: "lábios grossos, nariz achatado, testa recuada, cabelo quase encarapinhado e cor escura." Pickering afirmava que o negro era a raça mais escura de todas e o cabelo encarapinhado se aproximava totalmente do cabelo dos hotentotes. O viajante também se adiantou em explicar que a intensa presença africana no Brasil era justificada pelo tráfico, que fazia com que "os negros agora pudessem ser encontrados na maior parte do globo onde o europeu se estabeleceu". Esses africanos eram chamados por ele de "negros coloniais" ou "negros europeizados", forma que encontrou para diferenciá-los daqueles que encontrara no continente africano durante a mesma expedição.[57]

Ao descrever o cenário que encontrou no Rio de Janeiro, Pickering enfatizou a aparência urbanizada da cidade, que segundo ele "mais parecia uma colônia europeia", fazendo com que a maioria africana que vivia na cidade parecesse não se encaixar naquele ambiente. Diferentemente de boa parte dos outros viajantes, ele não observou uma grande mistura racial. Nesse sentido, é possível que tenha considerado os "mestiços" uma variação da raça negra. O naturalista também constatou que a maioria dos negros eram escravizados, e muitos deles trabalhavam como soldados, meio pelo qual alguns negros libertos ascenderam socialmente, a partir do alistamento no serviço militar. Pickering ainda percebeu que as mulheres negras tinham sua própria forma de ascensão social, "através de casamento com homens portugueses". O tema do casamento inter-racial certamente despertou a curiosidade dos leitores de Pickering, já que os norte-americanos, escravistas ou não, em geral eram avessos a esse tipo de relação. Essa prática também indicava a ausência de normas sociais que regessem a população nos trópicos, fortalecendo ainda mais os aspectos de distinção entre Brasil e Estados Unidos, que os visitantes não desejavam que fossem incorporados em seu país.[58]

A imagem do Brasil construída por Charles Pickering certamente não agradaria às elites nacionais brasileiras. O naturalista retratou um Rio de Janeiro massivamente africano. Ele afirmava que o Brasil tinha a maior população negra da América Latina, depois do Peru, diferentemente do Chile, onde havia visto poucos negros. Menos detalhista que o comandante Charles Wilkes, Pickering enxergava pouca diferença entre os africanos; por isso, perceber a língua que falavam era fundamental na hora de identificar e diferenciar as diversas nações africanas presentes na cidade. Ele pôde verificar, por exemplo, o porto de origem de alguns homens e mulheres, como os moçambiques. Mesmo passando mais tarde pelo continente africano, ele afirmaria que somente no Rio de Janeiro teve contato com africanos da África Ocidental. Também com a ajuda do filólogo Horatio Hale, ele pôde diferenciar as línguas que caracterizavam as nações congo, kabinda, benguela e kasangi, o que fazia do Brasil um destino bastante proveitoso para os interessados pela ciência, sobretudo aquela que dizia respeito às diferenças raciais. Além disso, a "africanidade" do Brasil, tal como descrita pelo viajante, reforçava a ideia de um país bárbaro e selvagem, em oposição aos Estados Unidos, civilizado e defensor de uma supremacia cultural e populacional anglo-saxã.[59]

Os africanos de nação mina também chamaram a atenção de Pickering, que foi informado que eles vinham da região da Guiné e, como ele pôde constatar, falavam árabe: "Eu vi um homem (mina) que falava um pouco de árabe." O potencial revoltoso dos mina também despertou o interesse do viajante, que ouviu dizer que esses africanos estiveram envolvidos em insurreições ocorridas no Brasil. Revoltas e insurreições de escravizados despertavam a atenção de escravagistas em todo o Atlântico, e, sabendo disso, Charles Pickering tinha um público certeiro para essas informações: os senhores de escravos nos Estados Unidos. A mensagem sobre os mina servia como uma advertência para o governo e para os escravistas do seu país sobre os perigos gerados pela escravidão. Em geral, Pickering achava que os africanos ocidentais eram perspicazes e possuíam bons sentidos naturais. Porém, como esperado, ele afirmou que as mencionadas habilidades vinham acompanhadas de "uma grosseria nos modos nunca encontrada em outras partes do mundo que eu tenho visitado".[60]

Além de cientistas (médicos, naturalistas, biólogos, zoólogos), outros viajantes, como religiosos e os chamados "homens do mar", como o comandante Wilkes, também se sentiram autorizados a contribuir com o estudo das raças, ao mesmo tempo que fortaleciam no Hemisfério Norte o imaginário sobre o mundo "tropical". Charles Samuel Stewart, por exemplo, era um missionário e capelão da marinha americana que, em 1856, publicou *Brazil and La Plata*, resultado da sua viagem pela América Latina realizada em 1850. Stewart afirmava que sua motivação para escrever era a possibilidade de fornecer uma *light reading*, ou seja, uma "leitura leve" para o seu público.[61] Durante a sua passagem pelo Rio de Janeiro, o que mais chamou a atenção de Stewart foi o mesmo que atiçou outros viajantes: "a numerosa população negra e escrava, evidentemente em diferentes condições de vida, desempenhando variadas funções, vestidos, semivestidos e quase nus." O cenário pitoresco era descrito em detalhes, para que o leitor distante pudesse receber informações que lhes permitisse imaginar os "carregadores de corpos suados" e os sons produzidos pelos líderes dos grupos de trabalho que transportavam qualquer tipo de mercadoria. Homens e mulheres, escravizados e libertos, da "mesma cor e a da mesma raça", expunham mercadorias à venda em suas cestas: flores, frutas, comidas, joias e, até mesmo, pássaros. Entre essas pessoas, os libertos eram, segundo ele, mais afortunados na sua condição, e essas vendas traziam o sustento que lhes garantia autonomia financeira.[62]

A mistura racial, segundo Stewart, seria um aspecto do Rio de Janeiro que "revoltaria qualquer visitante do Norte dos Estados

Unidos". O capelão, então, descreveu uma população que, em sua maioria, era assustadoramente *mongrel*, um termo ainda mais pejorativo para definir "mestiços". Reforçando as características locais, Stewart afirmava ser ultrajante que esses *mongrel* se auto-declarassem brancos e vivessem no Brasil como se assim o fossem. As nuances de cor no país lhes pareciam infinitas, uma vez que havia "mulatos, quarteirões e semiquarteirões de todas as cores e texturas de cabelo"[63]. Segundo o autor, o mais perfeito cenário da degeneração racial no país estava presente no Campo da Aclamação,[64] onde era possível ver soldados de todas as cores, do "mais escuro ébano da África" até o "moreno" brasileiro e português. Aqui, percebe-se um esforço do viajante em utilizar critérios locais de classificação racial; certamente o cenário do Rio de Janeiro, considerado desordenado e caótico, chocou Stewart, que, como americano do estado de Nova Jersey, portanto do Norte, representava o pensamento de um grande número de pessoas que eram contrárias à escravidão, mas que também eram completamente avessas à amalgamação racial. No Brasil, a complexidade das categorias raciais dependia de outras variáveis, como nacionalidade, posição social e econômica, status de livre ou escravizado etc. Categorias que, quando combinadas à cor da pele, poderiam permitir que mestiços se passassem por brancos, o que em seu país natal era condenado e denominado *passing*.[65]

Ao longo do século XIX, a literatura de viagem colaborou para que o Brasil fosse divulgado internacionalmente como um contraponto à forma como a sociedade norte-americana discutia o lugar social dos negros e dos chamados mulatos. Os jornais eram uma alternativa a essa literatura mais densa e também cumpriu um importante papel na produção desse imaginário. A imprensa norte--americana selecionava trechos, colhia relatos e publicava notícias curtas e ilustradas desse Brasil degenerado e amalgamado, portando uma mensagem de advertência à sociedade americana, ansiosa quanto ao destino das relações raciais no país após a abolição.

O jornal abolicionista *New York Evangelist*, por exemplo, publicou, no ano de 1845, uma série com dez artigos sobre o Brasil. O autor, identificado com o nome de "C", afirmava que a escravidão era o grande negócio brasileiro e comparava as elites locais com aquelas de Nova Orleans. O autor anônimo concluiu também que as diferenças raciais eram mais extremas nos Estados Unidos e arriscava dizer que, aparentemente, as leis imperiais destinadas aos escravizados e libertos no Brasil não eram tão severas quanto em seu país.[66] Outro artigo publicado no jornal *The Louisville Daily Journal* descrevia com estranheza o estado das relações raciais no Brasil, onde a amalgamação não era proibida, permitindo que pessoas negras, uma vez livres, fossem cidadãs, sendo comum que homens negros ocupassem altos cargos no governo. Surpreendia o autor que a ausência de leis contra a mistura racial deixasse caminho aberto para casamentos entre pessoas que, nos Estados Unidos, eram consideradas pertencentes a diferentes espécies:

> [...] não havia impedimentos para que um homem branco se casasse com uma mulher amarela ou negra, e o fato mais surpreendente era que as mulheres brancas não sentiam repugnância pelos homens negros, mesmo que, segundo as palavras do autor, eles fossem escuros como carvão.[67]

Para o autor, parecia um paradoxo o fato de que, no Brasil, onde não eram respeitadas as diferenças impostas pela natureza, fosse tão difícil ser aprovada e respeitada uma lei de proibição ao tráfico de africanos e a punição aos traficantes.

No artigo "Fruit seller of Rio de Janeiro" [Vendedor de frutas do Rio de Janeiro], o cenário escolhido para descrever o "Brasil tropical" foi um mercado público. A arquitetura brasileira, segundo o autor, tinha forte influência europeia, mais especificamente, francesa. Esse cenário era totalmente diferente quando o visitante avistava o passeio público, lugar onde se situava o mercado local: lá, podiam ser encontrados frutas e vegetais desconhecidos, melancias da Índia, frutas africanas, papagaios e periquitos, além de outros pássaros das florestas brasileiras. No mercado, também era possível verificar a diversidade da população, pois ali circulavam negros e brancos, "índios" e portugueses, "mamelucos" e "caboclos".[68] Em outro artigo, "Pictures of Brazil" [Imagens do Brasil], era publicada uma síntese da obra *Brazil and the Brazilians* [Brasil e os brasileiros], dos missionários Kidder e Fletcher. Em poucas páginas, eram fornecidas informações pitorescas sobre as vestimentas da mulher baiana, chamada de *"creole mina negress of Bahia"*. Essa província também era descrita como "capital espiritual do país" e, mais uma vez, caracterizada pela arquitetura europeia. A arquitetura sofisticada dos prédios era "contrastada" pela intensa população negra que conferia uma face africana à cidade.[69]

A sociedade brasileira também forneceu elementos para o debate científico norte-americano no trabalho do zoólogo alemão Hermann Burmeister, que, antenado com os debates sobre as diferenças raciais que estavam acontecendo nos Estados Unidos, publicou, em 1853, *The Black Man: Comparative Anatomy and Psycology of the African Negro* [O homem preto: anatomia e psicologia comparada do negro africano]. A obra era o resultado de observações feitas durante uma estadia de quatorze meses no Rio de Janeiro, entre os anos de 1850 e 1851. Ciente de que o Brasil era um solo fértil para a produção de ideias raciais, Burmeister veio ao país analisar a população negra local a partir do olhar racista da ciência do século XIX. Na obra, fazia profundas comparações, sempre tomando como referência o "padrão humano de perfeição": as estátuas gregas de feições consideradas "delicadas". Assim, quaisquer características ou medidas que se distanciassem desse padrão não eram consideradas humanas.[70] As diferenças raciais registradas pelo zoólogo e a descrição que animalizava os africanos (supostamente, de feições brutas), foram muito bem recebidas nos Estados Unidos, uma vez que apontavam semelhanças entre os negros e os primatas como mais marcantes e próximas do que as entre negros e brancos.

Em *The Black Man*, as conclusões de Burmeister levavam à afirmação de que os negros eram uma espécie próxima aos macacos, tanto nas feições quanto no comportamento e nas habilidades intelectuais. Para chegar a tais conclusões, ele analisou braços, pernas, altura e, sobretudo, pés da população brasileira, confirmando no contexto do pensamento científico ideias já estabelecidas no imaginário coletivo, como a que se referia às características masculinas do corpo de mulheres africanas. Tomando como medida um braço feminino branco de 29 polegadas (74 centímetros), ao encontrar medidas maiores em braços de africanas, afirmou: "Uma vez que o braço da fêmea do negro é relativamente mais longo que o da europeia, e que sua perna também ultrapassa a daquela em comprimento, isso indica um certo nível do tipo masculino." Dessa forma, suas observações consolidavam ideias já bem presentes no senso comum – como as que acreditavam que a mulher negra não correspondia ao mesmo modelo de feminilidade e fragilidade da europeia – e justificava que, quando escravizadas, elas não fossem poupadas do trabalho pesado.[71]

Davis debate como padrões de masculinidade e feminilidade eram específicos nas comunidades escravizadas. Enquanto os homens negros, por exemplo, não assumiam o papel de "chefe de família", as mulheres negras também eram destituídas dos atributos do "sexo frágil" ou da "dona de casa", uma vez que era exigido delas que estivessem tão aptas quanto os homens a desempenhar as tarefas do cotidiano do trabalho escravo, mesmo as consideradas "masculinas". Assim, enquanto força de trabalho, as mulheres negras eram descritas como dotadas de capacidades e características masculinizadas. Ao mesmo tempo, essa visão convivia com noções sobre a sua sexualidade que as expunha à constante exploração e violência sexual. As descrições físicas das mulheres africanas definidas como "masculinizadas" também faziam parte de um projeto de controle do corpo e da sexualidade. Além do físico, mulheres negras frequentemente eram tidas como "masculinas" por terem a sexualidade aflorada, assim como os homens.[72]

Algumas especificidades locais mencionadas, como o fato de os escravizados brasileiros serem proibidos de usar sapatos, mas trabalharem o tempo todo vestidos, obrigou Burmeister a fazer certas adaptações ao estudo e a concentrar suas análises nas características dos pés das pessoas negras, já que "as oportunidades de estudar (essa parte) são geralmente melhores que outras partes do corpo, uma vez que no Brasil o escravo tem sempre essa parte exposta, enquanto o resto é coberto". Para ele, os pés dos negros, sobretudo das mulheres, eram impressionantemente feios devido aos seguintes aspectos: "excessivo achatamento, calcanhar baixo projetado para trás, contorno achatado saliente de ambos os lados, grossa bolsa de gordura na cavidade interior do pé e dedos afastados". Burmeister concluiu que essas características, assim como o fato de o segundo dedo do pé dos negros ser maior que o primeiro – considerado um desvio de uma peculiaridade marcante do homem branco –, poderia ser similarmente observado nos animais mais elementares, o que tornava os negros, em suas palavras, "decididamente uma aproximação do tipo símio".[73]

Assim como os cientistas nos Estados Unidos, o olhar de Burmeister sobre a população negra no Brasil falava em limitações intelectuais dos africanos, uma suposta incapacidade de autogoverno, infantilidade, susceptibilidade a vícios, agressividade e demais conceitos que animalizavam e coisificavam os corpos negros, negando sua humanidade para justificar a escravidão. Tais características iam sendo atreladas à própria ideia que se formava sobre o Brasil, que seguia a regra da "falta de civilização" comum aos povos latino-americanos.

Era interesse comum dos cientistas entender, além dos atributos físicos, o comportamento sexual das mulheres de culturas diferentes.[74] Burmeister não foi diferente a respeito da sexualidade da população negra brasileira, sobretudo das mulheres, o objeto de sua maior atenção. Um grupo específico lhe atraiu particularmente o interesse: os então ditos mulatos. Burmeister não foi o primeiro a descrever a sexualidade negra como algo extraordinário e digno de observação. Com frequência, os sulistas estadunidenses atribuíam às mulheres negras, sobretudo aquelas miscigenadas, a culpa pelos desmandos sexuais dos homens brancos do Sul, que não resistiriam às suas "provocações".[75] As afirmativas do cientista sobre a sexualidade das mulheres negras brasileiras vão nesta mesma direção: enquanto os homens eram muito ciumentos, as mulheres negras, quando casadas, eram, em geral, fiéis ao marido; mas uma vez solteiras, seriam "de virtude muito fácil... a fêmea negra solteira vive tão licenciosamente que ela raramente recusa um admirador, e nunca (recusa) quando é um amor virtuoso".[76] O autor ainda usou esse exemplo de licenciosidade das mulheres negras para questionar a literatura abolicionista norte-americana, que afirmava as virtudes das mulheres negras como forma de denunciar a violência sexual que elas sofriam, em uma tentativa de despertar a solidariedade das mulheres brancas. Para o cientista, a experiência no Brasil o fazia crer que as mulheres mestiças não passariam incorruptíveis em uma sociedade escravista, e que certas características, como charme, castidade e afeição, seriam atributos distantes da realidade delas.[77]

Afirmou, ainda, que os mulatos carregavam vícios e virtudes na mesma medida, algo perceptível ao contato íntimo. Para Burmeister, as mesmas regras aplicadas às mulatas podiam ser aplicadas à população miscigenada, e as características mais grotescas de ambos os pais, quando combinadas no mulato, resultava em um indivíduo fisicamente fino e elegante. Mantendo o referencial de beleza europeu, Burmeister concluiu que o mulato era um homem ou uma mulher que carregava características "melhoradas", ou seja, "embranquecidas", em relação às feições dos seus ancestrais africanos, constituindo-se assim um grupo racial intermediário. Ele fazia uma equação de traços físicos prevalecentes nos mulatos, que ora carregavam feições do ancestral branco, ora revelavam traços negros:

> [...] quando o cabelo é enrolado, ele é completamente
> como o do negro, tão curto e encarapinhado como
> aquele do puro africano. O cabelo mais liso do
> mulato ainda assim é de alguma maneira cacheado,
> mas os cachos são mais lisos; [o cabelo] só se torna
> completamente liso no segundo ou terceiro grau de
> mistura, quando há mais da raça branca.

Outros critérios de classificação presentes no nariz, no queixo, na boca e nos olhos também foram observados e registrados pelo cientista, assim como os pés, que se mostravam delicados e, portanto, eram considerados "lindos", o que o fazia afirmar que as formas desse grupo eram "muito bonitas".[78]

Essa leitura aparentemente "positiva" sobre os homens e mulheres "mulatas" mirava o "melhoramento", ou seja, o branqueamento da raça negra pela mistura racial. Esse foi um pensamento comum nos Estados Unidos do século XIX, quando, antes da escravidão ser tão ameaçada como na década de 1850, alguns senhores de escravos justificavam os benefícios da escravidão e da prática sexual com mulheres escravizadas, evocando os benefícios da mistura racial para o melhoramento físico das mulheres negras, que se tornariam, dentre outras coisas, mais "atraentes". Além da ideia de mistura racial como meio de "melhoramento da raça", acreditava-se que a amalgamação também conferia aos mulatos habilidades intelectuais. Assim, o futuro do Sul, segundo algumas previsões mais otimistas sobre os efeitos da mistura racial, seria o completo desaparecimento dos negros por meio da mistura racial, dando lugar a uma população de cor homogênea.[79]

Burmeister também deixou evidente uma leitura muito erotizada do comportamento das mulheres consideradas "mulatas", afirmando que elas carregavam uma sexualidade desenfreada e incomum. A narrativa do observador se insere em uma prática muito comum entre os viajantes brancos, homens investidos de autoridade em relação às sociedades latino-americanas (e africanas), na qual o viajante estabelece uma associação entre a exploração do desconhecido durante a viagem e a descoberta de uma sexualidade inusitada que precisava ser dominada e conquistada, como parte da relação que se estabelece com o novo, com o desconhecido. Essa experiência é propiciada pela fantasia que se projeta sobre a população local e sobre o lugar onde, supostamente, não há repressão sexual, e todo excesso é natural e cotidiano. Tal prática, portanto, fez parte da construção do ideal de masculinidade branca e ocidental do século XIX, que tinha nas viagens a possibilidade de exercer a sexualidade, a violência e a dominação, longe dos padrões de civilidade e cortesia vigentes em suas sociedades de origem. Assim, Burmeister também viu no Brasil esse lugar sem normas, sem papéis sociais definidos e sem pudor, onde as regras de moral e cavalheirismo eram desafiadas pela licenciosidade, permissividade e disponibilidade das mulheres "mulatas", cuja suposta beleza incomum era a própria metáfora do mistério da natureza desconhecida a ser dominada.[80]

Nesse sentido, as leituras de Burmeister vão se afastando do vocabulário científico e se aproximando de um aspecto popular comum a boa parte das narrativas de viagem: as experiências sentimentais, sexuais e o espaço para o erotismo, propiciados pela "zona de contato". Além dos achados científicos, o zoólogo também narrou suas (quase) aventuras sexuais durante os três meses que viveu em uma casa onde trabalhava uma mulher a quem ele se referiu como "uma linda mulata que era a mais bonita no lugar". O contato com essa mulher favoreceu a possibilidade de observá-la e "estudar o seu charme". Citada como uma serviçal, Burmeister fez questão de garantir que, entre os dois, as regras e os limites da intimidade fossem respeitados: "Sendo eu um homem branco, [ela] sempre me tratou com especial distinção e recebia muitas regalias de mim com um sorriso, que ela não aceitaria de outros, provavelmente porque estava esperando um presente ocasional." A entrada dessa personagem na cena não era pura expressão da vaidade masculina do cientista. Ele sabia que uma narrativa restrita a conclusões científicas poderia ser enfadonha para seus leitores e, naquela época, a narrativa de viagem já era um grande negócio: elementos como sexo e erotismo envolvendo as mulheres nativas despertavam as fantasias do público, fazendo esse tipo de literatura muito popular.[81]

A cena de "flerte" descrita por Burmeister também evidencia que o suposto desejo mútuo não sobrepunha as desigualdades raciais e de gênero entre os personagens. Como ele mesmo afirmou, ele era um homem branco e cientista; e ela, mulher negra, escravizada e oriunda dos trópicos, não desrespeitou o lugar de autoridade e superioridade do estrangeiro. Na versão do autor, as "regalias" eram ofertadas por ele enquanto ela aguardava sua decisão sobre qual seria o desdobrar da relação. Esse contexto demonstra como, nas narrativas eróticas da zona de contato, o autor é o protagonista da história e das ações. Outro aspecto comum às relações entre homens e mulheres nos trópicos é o uso das ditas mestiças como objeto de desejo do estrangeiro. Embora isso também acontecesse com as "africanas puras", a escolha preferencial das mestiças dialogava com a noção, também compartilhada por Burmeister, de que os mestiços eram intermediários entre negros e brancos. Além disso, a miscigenação também afastava indivíduos de pele mais clara do estigma da escravidão, definindo-os como um elo entre o mundo da servidão e o da liberdade. Mesmo assim, mulatos e mulheres ainda estavam longe de ocupar um lugar de igualdade em relação aos homens brancos, tendo uma posição específica na escala dos seres humanos construída pela ciência e reforçada pelo mundo escravista: superior em relação a uns e muito inferior a outros.[82]

Reforçando a dinâmica sexual das populações negras/mestiças, Burmeister confirmava as características peculiares a um determinado grupo racial fazendo leituras, no caso das mulheres, que convinham aos interesses de homens brancos do século XIX, sobretudo aqueles que viviam em sociedades escravistas. O narrador justificava suas "fraquezas" afirmando que, "em tais ocasiões, eu não poderia deixar de me sentir disposto a justificar aqueles europeus que têm sido censurados pelo seu intercurso muito íntimo com essas mulheres". Assim, da mesma forma que no Sul dos Estados Unidos, as mulatas do Brasil eram responsáveis pelos desmandos dos europeus e demais viajantes quando distantes de casa. Ainda segundo o naturalista, essa mulher só perdia seus atributos sexuais ao envelhecer, quando a disposição do mulato de acumular gordura, uma herança do ancestral português, se manifestava, transformando essa mulher numa matrona, passando a ser considerada feia.[83]

Por fim, aproximando-se das teorias do poligenista Josiah Nott, que comparava negros, mulatos e animais, Burmeister fez uma associação direta entre a estrutura física das mulheres "mulatas" e as mulas, o que, para ele, era uma associação inevitável, uma vez que o termo mulato levaria naturalmente à comparação entre cavalos (seres puros) e seu equivalente mestiço, as mulas. O cientista escolheu citar as nádegas das mulas, que, segundo ele, eram mais desenvolvidas que a dos cavalos, para estabelecer um paralelo entre seres humanos puros e mistos. Para Burmeister, "a mula preserva sua boa aparência, como a fêmea do mulato, sob circunstâncias mais desfavoráveis, devido ao fato de que sua beleza não é acidental, mas uma qualidade inata, independente do tratamento".[84]

A beleza inata, assim como a sedução, seria também um elemento natural dessas mulheres, constituindo o diagnóstico final do cientista para traçar o perfil psicológico e de comportamento sexual delas. Essa interpretação dialogava com as expectativas dos potenciais leitores da obra: "As paixões das negras não parecem de forma alguma ser enfraquecidas pela mistura com o sangue do branco. De fato, a mistura serve somente para inflamar seu ardor e as fazer menos reservadas em mostrar seu desejo de satisfazer suas paixões".[85] Da mesma forma que outros cientistas, Burmeister também fazia uma interpretação que relacionava as características físicas, as capacidades intelectuais e o perfil psicológico. Assim como tudo no corpo do mestiço, seu comportamento também era exagerado, voluptuoso e misterioso, a ambiguidade de sua ancestralidade era refletida, por exemplo, em uma capacidade de dissimular e barganhar.

A ciência e a medicina do século XIX criaram mitos para credenciar ideias que vinculavam fisiologia e comportamento sexual. O determinismo biológico explicava como o corpo e, mais especificamente, as formas das mulheres negras justificavam um comportamento sexual lascivo e promíscuo, considerado não condizente com o comportamento feminino. O poligenismo contrastava essas características com as das mulheres europeias e alegava que as antíteses eram tamanhas que elas obedeciam a impulsos de raças diferentes. Segundo alguns cientistas, a escravidão seria a forma de controlar os impulsos das "fêmeas negras", o que também transformava seus corpos em alvos de irrestrita exploração científica e sexual. O caso de Sarah Baartman, também conhecida como "Vênus Hotentote", é o principal exemplo do papel da ciência e da escravidão na produção dessa "outra", objeto erotizado e submisso, ou mesmo uma aberração, que era uma mulher, negra e oriunda de lugares incivilizados.[86]

Burmeister ainda avaliou o comportamento das mulheres mulatas como ambicioso, uma vez que elas preferiam o parceiro que "tivesse mais dinheiro no bolso". Ele também afirmava que, tal como o caráter econômico, o critério racial era importante para essas mulheres na hora da escolha de um parceiro, de preferência um homem branco. Segundo ele, caso uma mulher "mulata" tivesse que escolher entre o homem negro rico e o branco pobre, "ela preferiria o último, já que ele poderia elevá-la socialmente". Essa leitura das relações inter-raciais na sociedade escravista brasileira, em que a branquitude do parceiro favorecia a ascensão da mulher negra, lembrava muito aquela que descrevia o cenário do Sul dos Estados Unidos, sobretudo em regiões como Nova Orleans. Naquela região, existia um mercado sexual de mulheres mestiças para homens brancos, tanto os envolvidos em relações não oficiais quanto aqueles atraídos pelo mercado de prostituição, onde essa mulher era exposta a mais um tipo de escravidão.[87]

Dessa forma, Burmeister apresentava uma realidade do Brasil que atraía a atenção geral ao mesmo tempo em que facilitava que o leitor estrangeiro encontrasse na experiência latino-americana as respostas para questões do seu interesse, como a mistura racial, a inferioridade da raça africana e a sexualidade incontrolável das mulheres mestiças. Isso criava um contraste que reforçava a pureza, o moralismo e a existência de regras que definiam os lugares de negros e brancos na sociedade norte-americana, que também garantiam a ideia de superioridade do país do Norte frente a outras nações, sobretudo as latino-americanas, como o Brasil.

Lembremos, também, que o leitor leigo de Burmeister estava atento à propaganda científica e buscava no determinismo biológico as justificativas para insistir na escravidão como um "mal necessário". Essa mesma ciência também desvendava a "natureza" do comportamento das mulheres miscigenadas, pois descaracterizava a violência das relações entre os senhores e suas escravizadas, prática tão criticada pelos abolicionistas da época. Quanto aos homens "mulatos", Burmeister tinha uma opinião diferente de Josiah Nott – já que, para esse médico do Alabama, por exemplo, os mulatos eram inferiores (física e intelectualmente) a ambos os seus ancestrais. Para o naturalista alemão, a mestiçagem poderia até produzir, raramente, indivíduos que eram bons escritores, bons em aritmética, bons leitores e, por vezes, até dotados de habilidades de instrumentistas; porém, o mulato era bom mesmo no jogo de cartas; e além de ser guiado pelas "paixões", ele também era "mentiroso, enganador, egoísta, infiel e malicioso" e, com relação a esses atributos, segundo Burmeister, os mulatos se aproximavam dos negros.[88]

A opinião de Burmeister sobre negros e mulatos no Brasil buscava responder às questões e debates vigentes na sociedade norte-americana sobre a escravidão e o lugar das populações escravizadas e libertas nesse contexto. Além disso, a superioridade da população branca, ideia compartilhada por ele e outros cientistas poligenistas e monogenistas, fazia com que os homens caucasianos fossem os responsáveis naturais pela liderança de uma nação miscigenada, composta por homens negros e mulheres negras e brancas. No caso dos africanos e seus descendentes, a exploração sexual e física de homens e mulheres era justificada por ideologias racistas que foram reforçadas pelo discurso científico da época.[89] Por meio dos jornais que circulavam na sociedade norte-americana, no Norte e no Sul, a ciência era traduzida para uma linguagem mais simples e consumida pela opinião pública, o que produzia um senso comum sobre o que significava ser negro, africano, branco, caucasiano ou mestiço nessas sociedades, assim como também noções sobre o que seria o masculino e o feminino nos diferentes grupos raciais.[90] No caso específico das mulheres mulatas, a descrição do seu comportamento trazia conforto para os senhores de escravos. Após lerem *The Black Man*, eles poderiam afirmar que, ao violentarem suas escravizadas, estavam mantendo relações consensuais, melhorando a condição física e mental dessas mulheres e obedecendo aos impulsos da natureza, tanto deles como homens quanto delas como fêmeas de uma raça com fortes inclinações para o sexo... assim dizia a ciência.

Abolicionistas negros, a descoberta de Tiedemann e a negação das diferenças raciais

Se com o monogenismo já era difícil enfrentar as teorias racistas que defendiam a escravidão e as políticas de segregação e subordinação racial, o poligenismo representou um golpe ainda mais duro para a comunidade afro-americana abolicionista. O monogenismo estava em consonância com a ideia de criação única, um pressuposto que favorecia os abolicionistas que argumentavam que a escravidão colocava os negros, filhos da mesma criação que gerou os brancos, em uma condição degradante, fruto do pecado dos seus pares caucasianos. Para os escravistas que seguiam a Bíblia, as mesmas escrituras sagradas também justificavam a escravidão, mas, com o poligenismo afirmando que africanos e europeus eram resultado de criações distintas, não havia espaço para acusar o escravista de ferir os princípios cristãos, isentando-o da culpa de cometer o "pecado" de escravizar seu semelhante.[91]

Os abolicionistas negros, sobretudo as mulheres, não estavam investidos da autoridade e dos elementos que conferiam a um indivíduo o status de cientista e que lhes permitissem, portanto, participar desse círculo de debates. Embora fossem intelectuais, editores, médicos, líderes religiosos e oradores profissionais e mesmo pertencendo a um gênero (masculino) que carregava privilégios, esses abolicionistas estavam fora do debate científico como interlocutores das ciências monogenista e poligenista. Uma breve amostra de como esse círculo de debate científico percebia (ou ignorava) os intelectuais negros está presente na fala de John Campbell, ferrenho defensor da escravidão e da supremacia branca estadunidense. Na palestra, que foi publicada em 1851 com o título "Negromania", maneira como Caldwell chamava a defesa da igualdade de negros e brancos por parte de grupos abolicionistas radicais, ele desafiava seus adversários, pedindo que eles lhe apresentassem os Homeros, Virgílios e Shakespeares de "cabeça encarapinhada", assim como os Césares, Alexandres, Washingtons e Napoleões de "cabeça encarapinhada", que usassem princípios de ciência militar e da liberdade necessários para a vitória ou morte em um confronto de grandes proporções.

Segundo ele, também não existiam os Jeffersons de "cabeça encarapinhada", que criariam um código legal para guiar os destinos de uma nação. Por fim, arrematava o discurso da suposta inferioridade intelectual dos africanos e seus descendentes afirmando que as raças de "cabeça encarapinhada" nunca produziram pelo menos um homem famoso que fosse legista, estadista, poeta, pastor, historiador, orador, anatomista, físico, marinheiro, soldado, naturalista, médico ou filósofo.[92]

No momento da publicação da sua obra, Campbell certamente tinha conhecimento do movimento abolicionista negro e de figuras negras proeminentes, como Frederick Douglass, orador, editor de jornal, historiador e autodidata, e Toussaint Louverture, líder da Revolução Haitiana (1791-1804), temido pelas elites atlânticas e conhecido por suas habilidades militares. Havia muitos outros exemplos de homens e mulheres negras que refutavam o pensamento de Campbell, mas não reconhecer as habilidades intelectuais desses afrodescendentes fazia parte da prática de desqualificação e invisibilização desse grupo para afirmar a sua inferioridade. No debate científico dos Estados Unidos, a comunidade afro-americana escravizada e liberta participava apenas como objeto de investigação, e nunca como interlocutora. Mesmo assim, esses militantes negros lutaram para participar dessas discussões, utilizando as mais diversas estratégias, criando seus próprios espaços de debate e de divulgação das suas opiniões sobre seu lugar no discurso científico, na humanidade e na sociedade. Nesses espaços, igrejas, jornais, grupos literários e encontros públicos, esses homens e mulheres desenvolveram sua próprias perspectivas e opiniões, mesmo que só encontrassem interessados entre seus pares.[93]

Uma das estratégias para responder aos argumentos científicos que afirmavam a inferioridade de africanos e seus descendentes na diáspora foi, como visto, utilizar a própria ciência. Também na posição de intelectuais, embora não participassem dos círculos dominados por homens brancos, mulheres e homens negros abolicionistas reconheciam a ciência como um aspecto importante para o entendimento da história humana, mesmo quando discordavam dela. Portanto, a relação entre abolicionistas negros e a ciência era dúbia.[94] Por essa razão, as apropriações e releituras foram tão importantes em um processo que, ao mesmo tempo que fortalecia a ciência como ferramenta para entender a sociedade, também negava e questionava algumas de suas teorias. Admitindo que seu ponto de vista não era ouvido (pelo menos, publicamente) pelos defensores da supremacia branca, os abolicionistas negros estavam atentos a exemplos de cientistas que não concordavam com a ideia de inferioridade dos africanos. Assim, foi na década de 1840 que a figura solitária do cientista alemão Friedrich Tiedemann, até então o único cientista de que se tem conhecimento que negava a inferioridade dos negros e a supremacia branca a partir de pesquisas com bases científicas, foi apropriada pelo movimento abolicionista para defender a igualdade racial usando argumentos científicos.

Friedrich Tiedemann serviu como cirurgião ginecologista nas guerras napoleônicas, quando passou a estudar crânios de fetos humanos. Em 1826, quando se tornou professor de fisiologia e anatomia em Heidelberg, ele continuou seus estudos neurológicos, incluindo a análise dos crânios de golfinhos. A partir da observação desses mamíferos, Tiedemann concluiu que crânios pequenos poderiam carregar sistemas neurológicos complexos, demonstrando que capacidades intelectuais estavam desassociadas do tamanho dessa parte do corpo, como afirmaria Samuel Morton, em 1839, em *Crania Americana*. Também a partir dos golfinhos, Tiedemann concluiu que fatores como gênero, peso e altura eram variáveis que interferiam nas medidas de crânio, aspecto também ignorado por Morton.[95] Dando seguimento a seus interesses acadêmicos sobre a relação entre o tamanho dos crânios e as capacidades intelectuais, ele passou a fazer análises em cérebros humanos, chegando a conclusões consideradas revolucionárias para a ciência da época.[96]

Tiedemann comparou os crânios dos ditos caucasianos, de africanos e de orangotangos, medindo-os e pesando-os, utilizando uma metodologia muito parecida com aquela empregada por Morton, só que, dessa vez, levando em consideração as variáveis altura, peso e sexo. Ele chegou à reveladora conclusão de que não havia diferenças fundamentais entre as estruturas do crânio de negros e europeus: "A mente do negro é tão grande quanto a do europeu e de outras raças humanas." Negando qualquer outra diferença que pudesse indicar a superioridade intelectual dos povos europeus ou a proximidade dos povos africanos dos animais, o cientista foi mais além, afirmando que "[...] o interior da mente do negro não mostra qualquer diferença com a mente do europeu". Como palavra final em defesa da igualdade racial sob uma perspectiva científica, ele resumiu:

> [...] a mente do negro não se assemelha à do
> orangotango mais do que à mente do europeu... nós
> não podemos, portanto, concordar com a opinião
> de muitos naturalistas que dizem que os negros
> se parecem mais com os primatas do que com os
> europeus em relação à mente ou ao sistema nervoso.

Diante de tais conclusões, Tiedemann dizia acreditar nas capacidades intelectuais dos africanos e atribuía ao tráfico de escravizados a causa do retardamento das civilizações africanas. Os exemplos do Haiti e da colônia inglesa de Serra Leoa eram, para ele, provas da capacidade de autogoverno dos negros livres.[97]

As teses que classificavam a humanidade em hierarquias rígidas, que colocavam caucasianos e africanos em pontos extremamente distintos em uma escala de desenvolvimento e civilização, seguiam praticamente incontestáveis, e nesse aspecto, poligenistas e monogenistas chegavam a um acordo. O artigo revelador de Tiedemann, "On the brain of the negro" [Sobre o cérebro do negro], foi publicado, pela primeira vez, em Londres, em 1836, mas circulou nos jornais abolicionistas norte-americanos somente em 1840, após militantes negros e brancos perceberem que o estudo do cientista alemão poderia servir como importante ferramenta de contestação das teorias racialistas já tão popularizadas nos Estados Unidos. As teses desse autor foram muito bem recebidas pelo movimento abolicionista, e seu artigo foi massivamente divulgado nas décadas de 1840 e 1850, aparecendo na edição de abril do jornal *The Liberator*[98] e, em agosto do mesmo ano, no jornal da imprensa negra *The Colored American*[99], sob o título de "Intellectual faculties of the negro" [Faculdades intelectuais dos negros]. Tiedemann continuou, por muito tempo, a ser citado para rebater as teses que defendiam a inferioridade racial das então chamadas "raças etíopes".

Frente a essa descoberta, em 1852, o jornal *Frederick Douglass' Paper*, outro importante periódico da imprensa negra abolicionista, também citou os estudos de Tiedemann, que seria considerado um solitário defensor da igualdade humana.[100] Tomando esses argumentos como pilares do pensamento abolicionista radical, esses militantes se apropriavam de duas teses do cientista que seriam fundamentais na luta antiescravista e em prol da igualdade racial: primeiro, estava provado, cientificamente, que a mente humana de negros e brancos tinham as mesmas capacidades intelectuais. Segundo: as diferenças que porventura existissem entre as habilidades intelectuais desses dois grupos resultavam da escravidão e do tráfico de pessoas, que degradava as raças africanas então desmoralizadas e impedidas de atingirem suas capacidades plenas.

Mas não foi somente por intermédio de Tiedemann que os abolicionistas negros questionaram as teses de inferioridade racial. Na maioria das vezes, esses homens e mulheres foram protagonistas na construção de um argumento que reivindicasse a igualdade racial, ainda que não fossem reconhecidos pelos cientistas. Fazendo uma releitura das escrituras bíblicas, que haviam sido apropriadas por interpretações feitas por escravistas para associar a pele escura a uma maldição, como foi o caso de Cam, filho de Noé, e do papel dos povos africanos na Antiguidade, os abolicionistas criavam sua própria versão da história humana, enfatizando a importância de egípcios e núbios na construção do pensamento intelectual ocidental. Ao contrário dos grupos que defendiam a escravidão ou os cientistas poligenistas, os abolicionistas negros reescreveram a história da humanidade, afirmando a existência de comunidades africanas desde a Antiguidade. Assim, davam um lugar de relevância ao papel das populações negras em outras sociedades atlânticas, também escravistas e presentes no Velho Testamento, conectando como povo de uma única origem as populações negras de locais e épocas diferentes.[101]

É importante lembrar que o discurso abolicionista também desejava garantir que a própria comunidade afroamericana acreditasse em suas capacidades intelectuais e no seu pertencimento à espécie humana. Em agosto de 1852, o jornal *Frederick Douglass' Paper* publicou uma carta do abolicionista negro William G. Allen endereçada ao seu companheiro de militância, o também abolicionista negro e editor Frederick Douglass. Na carta, Allen explicava sua perspectiva sobre o conceito de "raça" e o que seriam as "raças mistas". Allen respondeu a esses questionamentos afirmando que não existiam misturas de "raças" porque existia somente uma raça, a humana, portanto um único sangue era compartilhado por todas as nações criadas na terra, e isso definia a humanidade. Allen, que era um militante humanista, acreditava veementemente que "não fazia sentido falar em raça africana, céltica, mongol ou saxônica, ou qualquer outra raça que não fosse a raça humana".[102]

Em outro artigo publicado no mesmo jornal, Allen se apropria de alguns conceitos defendidos pela ciência racialista e adota um argumento aparentemente contraditório ao anterior, reconhecendo a existência de diferentes raças, mas apontando os aspectos positivos da complementabilidade entre elas. Com isso, ele defendia os benefícios da diversidade, da "mistura" racial e do convívio de povos diferentes como formadores da nação norte-americana. Incorporando ideias da África e dos povos africanos como superiores em aspectos lúdicos e culturais, Allen afirmava a superioridade do povo desse continente em relação a outros grupos em aspectos como música, benevolência e naquilo que ele chamava de tendências religiosas. Para o abolicionista, tais qualidades não eram por si só suficientes para se criar uma nação. Afirmando que, se "a raça anglo-saxã era superior a outras raças no intelecto voltado ao cálculo e na força física", também ressaltava que uma nação não se construía apenas com esses atributos e citava esse fato para defender que "[...] as nações, dignas desse nome, eram somente produzidas pela fusão das raças".[103]

Ele usou o conceito de mistura racial para afirmar que a "grandeza da nação americana" era tributária da diversidade, e via, em um futuro ideal, uma sociedade em que negros e brancos deveriam conviver em condições iguais, contribuindo com aquilo que cada um, de acordo com a própria habilidade, pudesse contribuir.

Esse mesmo argumento de Allen era geralmente usado para defender aquilo que ele combatia. Sendo assim, como podemos entender o emprego e a ressignificação das teses que defendiam as diferenças raciais e a superioridade da raça branca? Como estratégia, algumas vezes, ao invés de repudiar as teorias racistas, os abolicionistas optavam por fazer uma "apropriação tática" dessas afirmações, com o objetivo de persuadir seus adversários com as ideias que eles mesmos formulavam. Acreditavam, assim, que o discurso abolicionista seria mais bem aceito pela opinião pública da época. É também possível que, em alguns momentos, os abolicionistas negros tivessem optado por um discurso conciliatório, visando, talvez, convencer a sociedade branca das qualidades das raças africanas quando livres e quando tivessem acesso a oportunidades.[104]

Embora seja difícil acreditar que, incorporando as teses racistas, fosse possível mudar a forma como a sociedade branca via a população negra, é plausível considerar também que os abolicionistas negros reconhecessem sua condição de desvantagem diante da força das teorias hegemônicas e da credibilidade daqueles que eram reconhecidos publicamente como cientistas. Outra possibilidade é que, pelo menos parcialmente, eles acreditassem em algumas dessas teorias. Se essa estratégia tinha efeito ou não, isso pode ser revelado quando constatamos que a maior parte dos discursos dos abolicionistas radicais sobre a ciência era de negação das teses que afirmavam sua exclusão na família humana e que negavam suas capacidades intelectuais.

Para rebater as teses poligenistas, os abolicionistas negros também fizeram uso da história, isto é, dos escritos do Antigo Testamento, para criar outra versão sobre a origem dos povos negros e sua participação na Antiguidade. Foi essa estratégia utilizada pelo liberto Samuel Ringgold Ward, que conquistou sua liberdade fugindo do cativeiro e se tornou um importante membro do movimento abolicionista negro, responsável por divulgar o discurso antiescravista nos Estados Unidos e em países como Canadá e Inglaterra. Ward, reconhecido pela sua oratória e atuação no movimento abolicionista, publicou sua autobiografia no ano de 1855. Na mesma obra ele também narrou sua atividade como militante em diversos países e reproduziu uma fotografia por meio da qual revelava a forma como gostaria de ser visto pela sociedade norte-americana, negra e branca. Ward posava à maneira dos cientistas, dos intelectuais ou de qualquer cidadão norte-americano, exibindo símbolos de respeitabilidade, masculinidade e intelectualidade na sua postura, nos seus trajes e na forma como seu olhar se direcionava, altivo, para a frente.

No ano anterior, em 1854, Samuel Ward tivera um dos seus discursos publicados no jornal *Frederick Douglass' Paper*, resultado de um círculo de palestras que proferiu na Inglaterra naquele ano. Inspirado pelo fato de estar diante de uma plateia certamente mista e, segundo acreditava, longe do preconceito racial que marcava a relação entre negros e brancos no seu país, começou seu discurso contradizendo a versão poligenista da criação:

> Eu peço licença para lhes contar uma breve história da origem da raça negra. A razão para isso é que, sendo o assunto a raça humana, a origem de outras raças é a sua própria origem. Nós descendemos de Noé. Noé de Adão, e Adão de Deus, assim como todos. É difícil de supor se eu deveria parar de discutir se os negros pertencem à família humana ou não ou se eles são essencialmente inferiores.[105]

Figura 6 Retrato de Samuel Ringgold Ward, 1855.

Ward continuou seu discurso, refutando uma noção muito em voga na época entre os defensores da escravidão e da manutenção de políticas baseadas na diferença racial, aquela que afirmava que os egípcios eram brancos. O abolicionista citou, então, o discurso de outro orador, Alexander H. Everett, que, segundo ele, pertencia a "uma importante família literária de Everett, Massachusetts". Diante do público presente em um evento organizado pela *Massachusetts Colonization Society*, que Samuel Ward fazia questão de dizer que estava longe de ser uma organização amiga dos homens negros, Everett proferiu palavras muito favoráveis ao fortalecimento do discurso abolicionista:

> Nós temos nossos ancestrais europeus, que são
> os gregos e romanos, que descendem dos judeus,
> e os judeus dos egípcios e dos etíopes, em outras
> palavras, da África. Moisés se graduou em um

college do Egito, um *black college*... era comum que os gregos mandassem seus filhos para o Egito e para a Etiópia para serem educados. Existem aqueles que negam que os egípcios eram negros. Heródoto disse que eles eram negros, e eu não posso acreditar que Heródoto, o pai da história, não pudesse distinguir um negro de um branco quando visse um.[106]

Ward afirmava a negritude dos egípcios citando outro homem que, como ele fazia questão de anunciar, vinha de uma família de brancos intelectuais, e explicava a razão pela qual não usou suas próprias palavras para afirmar o mesmo: "Isso é um lisonjeio para a raça negra, no entanto, é uma citação. Um homem branco disse isso, então tem que ser verdade." A ironia de Ward revela que ele estava ciente de que, para combater a ciência, um domínio dos homens brancos, deveria recorrer às palavras de um entre eles para dar credibilidade ao seu próprio discurso. Situar o Egito como parte do continente africano significava tratar os feitos desse povo para a civilização humana como uma contribuição da qual os negros na América faziam parte de algum modo. Essa era uma das formas de refutar a tese que defendia a escravidão pela justificativa da inferioridade intelectual dos povos africanos. Além disso, a afirmação dos egípcios como negros e africanos era um movimento fundamental na construção de uma "etnologia negra" disposta a reconstruir a história da perspectiva dos afro-americanos com pelo menos dois efeitos significativos: primeiro, os africanos passavam a ter um papel importante para a civilização pelas evidências dos seus feitos na Antiguidade; segundo, essa leitura demonstrava que a história africana não começava com a escravidão e que esse não era o status natural dos africanos e de seus descendentes desde a Antiguidade.[107]

Na década de 1850, quando Samuel Ward proferiu esse discurso na Inglaterra, ele estava afrontando um momento forte das teses que afirmavam a inferioridade das raças africanas, sobretudo do ponto de vista dos poligenistas, que insistiam na desumanidade dos povos negros. Essas teses fortaleciam e inspiravam políticas de tutela, segregação e desigualdade racial no Norte dos Estados Unidos, região que, ao mesmo tempo que concentrava diversas organizações abolicionistas, também era palco de vários episódios violentos motivados pelo preconceito e ódio racial. Aquilo que Ward entendia como débito dessa sociedade em relação aos afro-americanos foi registrado também no discurso em que ele deu especial ênfase ao papel dos escravizados e libertos que se alistaram no exército norte-americano na guerra pela independência do país. Segundo Ward, meio milhão de negros lutaram na Revolução Americana e muitos eram reconhecidos pelos seus atos de bravura, valentia e patriotismo. Contudo, o militante denunciava o resultado e a recompensa da lealdade desses soldados, que seriam ainda mantidos em cativeiro:

> Esses negros que lutaram bravamente voltaram para a escravidão. Essa é a honra anglo-saxã para a raça negra, essas são as pessoas que são tão superiores à raça de Cam... Eles pedem sua assistência em algumas ocasiões, almas negras e carcaças também, mas, quando a fumaça da batalha se esvai, então o negro só serve para *rachar lenha e para carregar água*, praticamente inferior à família humana.[108]

No mesmo discurso, Samuel Ward escolheu refutar a tese que talvez fosse a mais incômoda aos abolicionistas negros, aquela que defendia que os africanos seriam incapazes de elevação, aprendizagem e ascensão social, devido às suas supostas habilidades intelectuais limitadas, inferiores aos caucasianos, cuja superioridade intelectual justificaria sua liderança no mundo e, sobretudo, em sociedades escravistas e miscigenadas. Assim, a autoafirmação e os exemplos de pessoas de reconhecida inteligência eram de grande importância para provar a capacidade das pessoas negras, quando não encontravam impedimentos devido à sua origem ou cor da pele. Na retórica abolicionista, era importante enfatizar exemplos de outras sociedades que, supostamente, não nutriam preconceito racial e permitiam que as populações negras locais atingissem prestigiosas e reconhecidas posições sociais.[109] Nos Estados Unidos, ele citava William G. Allen, Frederick Douglass, William H. Day e Mary Ann Shadd Cary, que migrou para o Canadá e fundou um jornal abolicionista chamado *Provincial Freeman*, dentre outros membros da comunidade afro-americana de reconhecida fineza intelectual. Ainda para afirmar as capacidades das pessoas africanas, ele citou o general Dumas, homem negro, membro do exército de Napoleão e pai do romancista francês Alexandre Dumas que, segundo Ward, afirmava ser filho de um mulato e neto de um negro. Diante disso, perguntava o abolicionista: "O que seria seu pai, um macaco?".

Denunciar a excepcionalidade do racismo nos Estados Unidos e a falta de direitos da comunidade afro-americana era um método frequente de tentar constranger uma certa classe social do país, que se orgulhava de basear suas políticas em princípios republicanos. Samuel Ward falava com indignação da ausência de estadistas negros no governo: "Não é estranho ver que existem 31 estados com homens negros e somente em cinco deles ele pode votar em termos de igualdade e, em um outro, para que ele possa votar, deve possuir o valor de 250 dólares em propriedade?". Introduzindo a ideia de que, em outros países, a comunidade negra liberta tinha mais direitos, inclusive de voto, ele apontava que "em qualquer outro país, exceto nos Estados Unidos, os negros que são livres são tratados com respeito". A condição dos libertos na Jamaica, no Caribe, em Suriname e até mesmo no Brasil foi descrita como melhor que aquela vivida pelos afro-americanos, e, sobre o contexto brasileiro, ele comentava: "Olhe para os estadistas negros do Brasil, [lá] existem clérigos e advogados negros nas mais elevadas posições sociais." Assim, no discurso abolicionista negro norte-americano, o Brasil era um contraponto aos Estados Unidos, mas em um sentido oposto ao que faziam os cientistas que insistiam na ideia de degeneração da América Latina. Para Ward, o Império era uma sociedade mais avançada do que a norte-americana porque não nutria preconceito racial nem barreiras à ascensão dos libertos.[110]

Poetas, cientistas, oradores, pintores, intelectuais, homens e mulheres negras de talento existiam na Europa, nas Américas e na África, onde Samuel Ward afirmava que o negro moderno era poderoso e descendente de civilizações avançadas. Ward tentava convencer seu público de que somente nos Estados Unidos os descendentes de africanos tinham que enfrentar uma sociedade motivada pelo preconceito racial, que impunha limites legais e sociais ao pleno exercício dos seus direitos, da sua cidadania e do seu talento. O abolicionista terminaria o seu discurso fazendo uma associação entre aqueles povos etíopes e egípcios, que haviam sido mestres de Moisés e de outros filhos da civilização ocidental, e seus descendentes negros, que viviam no mundo moderno e que, a despeito da escravidão e da ciência, que negava sua humanidade, insistiam em provar e defender seu intelecto e outras demonstrações de respeitabilidade. "Eu deixo para a audiência dizer se o negro moderno, oprimido e degradado, pisado e insultado, sustenta a honra da sua família da Antiguidade."[111] Com essa frase final, Samuel Ward, após um longo discurso, colocava a si próprio como exemplo desse negro moderno, descendente de homens e mulheres negras da Antiguidade que contribuíram para a formação da intelectualidade e ciência do mundo ocidental.[112]

2

Abolicionistas afro-americanos e suas interpretações sobre escravidão, liberdade e relações raciais no Brasil do século XIX

A ciência norte-americana estabeleceu a ideia de que, sendo inferiores, as pessoas negras tinham na escravidão a condição ideal para as suas vidas. A justificativa para isso era a ideia de que eram incapazes de autogoverno por possuirem habilidades intelectuais limitadas à sua raça.[1] Abolicionistas conservadores defendiam a mesma crença, mas para dizer que, após a abolição, os afro-americanos deveriam continuar a ser tutelados, ocupando um lugar político-social secundário, diferente da condição cidadã que era privilégio da população branca. Uma amostra de como as elites norte-americanas acreditavam na inferioridade dos povos negros e da popularidade dessas ideais na mídia da época pode ser conferida em um artigo publicado na revista *De Bow's Review*, o importante e já citado veículo de difusão das ideias das elites sulistas norte-americanas.

No longo artigo chamado "Negromania"[2], termo utilizado para designar a defesa da igualdade racial e muitas ideias abolicionistas, o autor, que se identificou com as iniciais L. S. M, fez duras críticas à ideia de igualdade racial a partir de fatos que ele considerava inquestionáveis. Em resposta à questão da igualdade em termos mentais, políticos e sociais da raça negra em relação à branca, ele afirmou que "homens de cabeça encarapinhada, nariz chato e lábios grossos e salientes, [que] nunca haviam saído do estado de selvageria ou barbarismo ou mesmo semicivilização" não poderiam ser considerados iguais. Além do uso das características físicas como algo que explicaria um comportamento naturalmente inferior dessa "espécie", o autor faz uma análise da prática social em outras nações onde a população negra também estava presente em grande número para fortalecer seus argumentos:

> Olhe para as Índias Ocidentais, para o Brasil, para a Austrália, para a Costa do Ouro, para Zanzibar, para o Congo, para Senegambia, para Ashante, para a civilização sob a alteza imperial Faustin I, Imperador do Haiti, e me responda... o que essa raça tem feito em 500 anos? Para aqueles que argumentarão que o negro nunca teve oportunidade de se desenvolver porque o branco sempre o oprimiu... se o homem branco sempre oprimiu o negro, isso confirmará o que eu tenho dito sobre o homem branco ser mentalmente superior, porque se o homem branco tem sido sempre tão poderoso para impedir o negro de desenvolver seu intelecto, isso fortalece meus argumentos de que não há nível de educação ou treinamento que faça o negro se tornar intelectualmente igual ao branco; conhecimento é poder, e é evidente para todos que a raça negra nunca poderá competir com o branco.[3]

O autor defendia que, onde quer que fosse, os negros de toda a diáspora eram inferiores aos brancos, e que a "raça negra" era uma só, carregando as mesmas características, sendo todos os africanos e seus descendentes inferiores aos brancos. Essa tendência de homogeneizar a experiência negra tratando esse grupo como um único povo não foi apenas uma estratégia utilizada por cientistas interessados em provar a inferioridade dos povos africanos ou senhores de escravos defensores da escravidão onde quer que fosse. Assim, cabia ao movimento abolicionista negro norte-americano a tarefa de reafirmar suas capacidades intelectuais e a humanidade de africanos e seus descendentes, defendendo a completa igualdade entre negros e brancos nos Estados Unidos. Essa era a ideia radical que caracterizava o movimento abolicionista negro no país, que contava com poucos brancos abolicionistas radicais na defesa de um projeto de nação livre, em que a população negra, como cidadã, estivesse incluída.

Portanto, era importante provar que essa sociedade sem distinções baseadas em raça era possível. Para isso, o movimento abolicionista precisava assumir um caráter internacional, não apenas por estender sua campanha para outros países, buscando parceiros abolicionistas de diversas nações, como a Inglaterra, mas também porque era importante absorver experiências de outros povos negros da diáspora e contrastá-las com as políticas segregacionistas impostas a escravizados e libertos nos Estados Unidos. Foi nesse sentido que o exemplo do Império Brasileiro foi amplamente apropriado pelos abolicionistas afro-americanos, que denunciavam a gravidade e excentricidade do racismo no seu país, apontando avanços sociais da população negra (cidadania garantida na Constituição de 1824, ausência de leis que proibissem casamentos interraciais, direito de compra da alforria) e as relações raciais, consideradas igualitárias, vigentes no Brasil. Essa estratégia de denunciar o racismo nos Estados Unidos a partir da apropriação do exemplo brasileiro, reforçando a imagem desse país como uma nação miscigenada e que não nutria preconceito racial, é o tema deste capítulo.

Em 1849, o jornal abolicionista *The North Star*, importante veículo da imprensa negra dos Estados Unidos, cujo editor era o conhecido abolicionista negro Frederick Douglass, publicou o artigo "Address to the Colored People of the United States" [Para as pessoas de cor dos Estados Unidos], defendendo a ideia de uma comunidade negra nas Américas que se unisse em torno de uma identidade e experiência compartilhada. O artigo foi originalmente publicado no jornal *Hyperion*, um periódico de curta duração, assim como muitos outros da imprensa abolicionista negra que circularam por poucos anos e com pouquíssimas edições. Douglass, que havia sido editor de vários jornais e estava atento a esse tipo de debate, se interessou pelo discurso que pregava a necessidade de uma identidade negra que extrapolasse as barreiras nacionais. Além disso, o autor não identificado do texto defendia que era hora de "nós, como um povo", assumirmos nossa parte na história humana. Desenvolvendo seu argumento, ele reconhecia que os povos negros poderiam ter questões específicas, que variavam de uma região para outra, por exemplo, as condições peculiares dos afro-americanos que viviam na região Norte dos Estados Unidos. Porém, mais importante que isso, era preciso definir os projetos e os objetivos dos descendentes de africanos nas Américas "como um povo", tornando necessária uma "visão mais ampla da nossa conexão com o mundo humano".[4]

Em seguida, o texto discorria sobre a necessidade de se criar uma identidade negra baseada nessa história comum que aproximava a experiência dos povos negros nas sociedades escravistas. O autor afirmava que essa identidade compartilhada não poderia se pautar apenas na origem africana, uma vez que não "temos nada a ver, no presente momento, com nossa terra natal". Portanto, ele propunha que os olhos se voltassem para o continente americano, onde a população negra era composta por "doze milhões de pessoas" distribuídas entre Estados Unidos, Canadá (três milhões e meio), Caribe, América Latina e, somente no Brasil, quatro milhões e meio, sendo o país com a maior quantidade de pessoas negras, segundo o autor. Para ele, esse era o contingente necessário para crer que essa "massa imponente" tinha um destino comum chamado por ele de *africo-american Family* (Família áfrico-americana).[5]

"Nós somos o povo áfrico-americano", declarava, insistindo na afirmação de uma identidade sustentada na experiência de conquista da África pelos povos anglo-saxões, o que fazia das questões dos "povos livres de cor" as mesmas do "escravo americano" e das "pessoas de cor da Filadélfia". Essa identidade expandida possibilitaria que cada "membro da raça" lutasse contra o preconceito que os atingia. Ao mesmo tempo em que defendia uma identidade que ultrapassava as barreiras nacionais, o artigo propunha que os povos negros lutassem e tirassem vantagem dos poderes e direitos adquiridos pela nacionalidade que tinham, diferente dos seus ancestrais africanos. Assim, ser um *áfrico-americano* não significava rejeitar a nacionalidade e cidadania do seu local de nascimento, mas, sim, somá-la. Para o autor, a nação a que pertenciam era aquela onde tivessem direitos políticos, a despeito do "preconceito e escravidão" que sofriam naquele território.[6]

Essa busca por uma identidade negra para além das fronteiras nacionais era cheia de intenções políticas que estavam conectadas às estratégias utilizadas pelos abolicionistas negros norte-americanos na luta por abolição e cidadania. Ao aproximar sua experiência à de outros povos negros, propondo uma ideia de comunidade negra atlântica, esses homens e mulheres fortaleciam a trincheira de luta com muito mais membros e a ideia dos descendentes de africanos como um único povo. Ao mesmo tempo, como o próprio termo "áfrico-americano", evidencia, tentava-se mesclar conceitos de identidade racial e pertencimento nacional: eram negros, descendentes de africanos, mas não abririam mão da cidadania e dos direitos pelos quais lutavam nas sociedades onde viviam como escravizados ou libertos. Aliás, essa "identidade múltipla", que se aproxima do conceito de "dupla consciência",[7] ao mesmo tempo que o extrapola, estava sempre presente no discurso abolicionista negro, sobretudo quando entravam em pauta temas como nacionalidade e sentimento de exclusão na sociedade da qual faziam parte.[8]

A "dupla consciência" evidenciava a existência de uma identidade negra nos Estados Unidos estendida para forjar uma identidade que permitia uma aproximação das experiências dos afro-americanos com aquelas vividas por povos negros em Cuba, na Jamaica, no Haiti e no Brasil. As provas de humanidade, bravura e sucesso dos negros libertos nessas nações eram utilizadas no contexto abolicionista norte-americano como argumento afirmador das capacidades intelectuais de cidadãos da comunidade negra, não importava de qual parte do Atlântico. Assim, além de se tratar de uma proposta de construção de uma comunidade negra internacional, essa identidade era também política. A partir de outras experiências positivas, o que eles queriam mostrar era que, se negros no Haiti podiam se sublevar e comandar uma nação, os afro-americanos também podiam. Se homens e mulheres libertos poderiam ser trabalhadores livres no Caribe, os afro-americanos também podiam. No caso do Brasil, a intensa maioria negra e o lugar social ocupado por alguns libertos, que tinham sua cidadania garantida pelas leis do Império, traziam evidências de que, assim como os afro-brasileiros, os afro-americanos também podiam ser cidadãos.

Desse modo, abolicionistas negros tentavam construir alternativas de solidariedade para além da parceria com os abolicionistas brancos. Afinal, a defesa que alguns desses "parceiros" faziam da deportação da população negra após a abolição era uma prova dos limites do movimento abolicionista conservador.[9] Com isso, os abolicionistas negros passaram a crer na importância de tomar para si o papel de protagonistas na elaboração de um argumento que contestasse teorias racialistas, assim como outras justificativas para a escravidão, ou que rejeitassem a participação sociopolítica da comunidade afro-americana. Nesse movimento, a imprensa abolicionista negra desempenhava um papel fundamental, uma vez que foi por meio dela que os afro-americanos se organizaram, definiram as pautas principais da sua causa e combateram publicamente estereótipos racistas divulgados pela imprensa branca (abolicionista ou escravista). Além de imprimir um discurso para a sociedade norte--americana em geral, os jornais abolicionistas negros também tinham o papel de difundir práticas consideradas fundamentais para a elevação e o melhoramento da comunidade negra, como a leitura e a abstinência de álcool, a divulgação de eventos sociais e, até mesmo, a publicação de poemas e livros de autoria negra, compondo, assim, um registro importante da vida, da cultura e do pensamento político-intelectual da comunidade afro-americana.[10]

Ainda que algumas vezes reforçasse a existência de uma identidade com povos negros de outras nacionalidades, a imprensa abolicionista negra se empenhava em convencer a sociedade do fato de que eram negros e, concomitantemente, estadunidenses. Assim, com base na afirmação dessa identidade nacional, esses homens e mulheres reivindicavam o direito à cidadania comum a todas as pessoas nascidas naquele país.[11] Durante a Revolução Americana que culminou na independência dos Estados Unidos (1776), homens negros participaram do conflito como soldados. Com isso, eles passaram a reivindicar sua contribuição para a fundação da nação. Mencionando, em diversos momentos, o papel de Crispus Attucks, um homem escravizado que se tornou mártir após ter enfrentado os soldados ingleses no massacre de Boston, em 1770, os abolicionistas negros reafirmavam o patriotismo dos afro-americanos, que lutavam pela liberdade nos Estados Unidos, portanto, desde o século XVIII.[12] Desassociar origem e cor da pele de certos conceitos, como cidadania e nacionalidade, era mais uma tarefa difícil, uma vez que reconhecer que as pessoas negras nos Estados Unidos também eram estadunidenses, e assim sendo, deveriam ser consideradas cidadãs ia contra uma ideia bem estabelecida de identidade nacional associada diretamente à branquitude. Negros, assim como indígenas, não estariam incluídos na ideia de nação branca inventada pelas elites do país.[13]

Entre a década de 1830 e a Guerra Civil (1861-1865), sobretudo entre as décadas de 1850 e 1860, houve um acirramento das relações raciais nos Estados Unidos. Ao mesmo tempo que a ciência fortalecia e estruturava argumentos que defendiam a inferioridade da raça negra, ao longo dos anos 1850, várias leis federais fortaleceriam o poder dos escravistas da região Sul, o que tornou a condição dos libertos do país ainda mais vulnerável.[14] Depois da abolição (1865), tanto na região Norte quanto no Sul, esses homens e mulheres foram relegados à condição de *outsiders*, estrangeiros no seu próprio país. Na década de 1850, percebemos uma radicalização do movimento que defendia a cidadania dessa parte da população. Para fortalecer os argumentos para esse fim, os abolicionistas faziam associações e comparações entre o contexto norte-americano e de outras nações escravistas, como o Brasil, com a intenção de denunciar o que consideravam ser uma forma peculiar e mais rigorosa de preconceito vigente na sociedade norte-americana.

O fato de não haver no Império brasileiro um pensamento racista elaborado, nos moldes do que existia no Sul dos Estados Unidos, com muitas teses sobre o assunto, refletiu-se na ausência, no Brasil, de leis segregacionistas, da ideia de pureza racial e em brechas que foram extensivamente mobilizadas pela população afro-brasileira na busca pela liberdade e no exercício da sua cidadania.[15] Essa ausência de critérios raciais nas leis brasileiras foi muito benquista entre os abolicionistas afro-americanos, que incorporaram tal fato ao debate político em pauta no seu país, questionando o suposto avanço na legislação republicana dos Estados Unidos em relação à brasileira e monárquica.

Segundo a historiadora Barbara Weinstein, o Sul dos Estados Unidos elaborou um sistema de racialização que estava em diálogo com os partidários da escravidão no país, sustentando-se em teorias de *white supremacy* e pureza de sangue. No Brasil, houve uma defesa mais pragmática da escravidão, considerada como um "mal necessário". Com isso, a defesa do cativeiro no Império se tornou mais frágil, deixando caminhos abertos para homens e mulheres negras libertas se aproveitarem dessa fragilidade, inclusive explorando a ausência de uma escravidão legalmente restrita a determinado grupo racial – o que permitiu que libertos fossem também senhores de escravos e, caso fossem nascidos no Brasil, gozassem de direitos de cidadania, a despeito de estarem submetidos a um complexo sistema de classificação racial. Na segunda metade do século XIX, a escravidão também se tornou um problema moral no Brasil, uma vez que o país desejava se "modernizar", mas, com seu sistema escravista e com a forte presença africana, continuava carregando o estigma do atraso. O mesmo não aconteceu no Sul dos Estados Unidos, onde, após a abolição, foram implementadas práticas baseadas na diferenciação racial, para manter a comunidade negra em um lugar de subalternidade.[16]

As histórias de superação de pessoas de destaque na comunidade negra brasileira que, a despeito de uma vida marcada por toda a sorte de limitações, haviam se tornado indivíduos de capacidades inquestionáveis também foram massivamente utilizadas nos Estados Unidos como modelos para refutar as crenças na inferioridade das pessoas negras. Nesse sentido, os negros e "mulatos" brasileiros eram citados como provas vivas de quão longe poderiam ir quando não encontravam restrições sociais e legais baseadas na cor da pele. Mesmo assim, esses exemplos eram, em geral, ignorados por aqueles que defendiam e, de fato, acreditavam na diferença das raças. Por sua vez, os abolicionistas negros norte-americanos dialogaram de novo com o pensamento científico da época, criando, porém, um argumento que, em vez de culpar a natureza pela suposta inferioridade racial, tributava ao ambiente negativo do cativeiro a causa dos vícios e dos maus hábitos que afetavam a população negra nos Estados Unidos.[17]

O editorial do jornal *The Colored American*, do dia 5 de setembro de 1840, publicou as inquietações de um autor anônimo em um artigo chamado "Prejudice against color", ou seja, "Preconceito de cor". O artigo associava a cor da pele às cores de objetos, questionando e, ao mesmo tempo, problematizando o significado das cores quando aplicadas à classificação de seres humanos: "Por favor, nos diga que cor: preta, marrom...?!". Continuando sua argumentação e afirmando a imprecisão da cor da pele como critério para categorizar pessoas, o texto chega a comparações que acabam apontando os Estados Unidos como única nação que nutria esse tipo de preconceito:

> Aquele sentimento chamado "preconceito de cor" nunca existiu na Grã-Bretanha, na França, na Espanha, em Portugal, nos Estados Italianos, na Prússia, na Áustria, na Rússia, ou em qualquer parte do mundo onde as pessoas de cor não foram mantidas como escravas. De fato, em muitos países onde multidões de africanos e seus descendentes têm sido por muito tempo escravizados, o preconceito de cor nunca existiu. Este é o caso da Turquia, do Brasil e da Pérsia. No Brasil há mais de dois milhões de escravos. No entanto, alguns dos mais altos cargos do Estado são ocupados por homens negros. Alguns dos mais distintos oficiais do exército brasileiro são negros e mulatos. Advogados e médicos de cor são encontrados em todas as partes do país. Além disso, centenas de clérigos da igreja católica romana são homens negros e de cor e ministram indiscriminadamente em congregações compostas por negros e brancos.[18]

O artigo cita exemplos de outros países para dar ênfase ao preconceito racial que limitava as oportunidades dos libertos nos Estados Unidos. O Brasil ganhou destaque especial como a nação onde o chamado "preconceito de cor", segundo o autor, "nunca existiu". A ideia de que a sociedade brasileira não nutria sentimentos baseados na diferença de cor respondia aos interesses de afro-americanos abolicionistas que lutavam por direitos. A cidadania dos negros e "mulatos" brasileiros alimentava a esperança daqueles que, da mesma forma, vislumbravam uma inserção social e política que ainda estava para ser conquistada pelos libertos afro-americanos. No Norte dos Estados Unidos, região onde um processo de abolição gradual começara no fim do século XVIII e que já em 1804 faria a escravidão ser extinta em toda a região, os libertos enfrentavam vários obstáculos que impossibilitavam o pleno exercício da sua cidadania. Ainda que nessa região eles vivessem em condições um pouco melhores do que as do Sul escravista, os afro-americanos do Norte do país também conviviam com o racismo e o preconceito racial que sustentavam políticas segregacionistas.[19]

No Norte, as escolas eram segregadas, assim como as igrejas, o transporte público e os bairros. Os libertos também eram preteridos no mercado de trabalho, sobretudo quando disputavam empregos com brancos pobres e imigrantes. Os irlandeses, por exemplo, que, a princípio, chegaram aos Estados Unidos como "os negros da Europa", aos poucos foram incorporados à sociedade como brancos, agindo como brancos, inclusive na forma de se relacionar com a população negra. Isso era fundamental em uma sociedade polarizada por questões raciais.[20] Mesmo assim, ao longo dos anos 1860, sobretudo depois da abolição (1863), o movimento abolicionista foi se fortalecendo e agregando vitórias, paulatinamente derrubando leis segregacionistas em alguns estados e contendo motins urbanos antinegros organizados em cidades como Nova York. Mesmo com essas conquistas significativas, em 1865, os negros do Norte votariam em condições de igualdade apenas em cinco estados. Dessa forma, embora a questão do fim da escravidão no Sul fosse pauta importante do movimento abolicionista negro, a questão do status dessa população e da igualdade de direitos no Norte ocupava boa parte da atenção dos militantes. Vivendo sob tais condições, podemos entender como o exemplo da sociedade brasileira, contendo notícias dos amplos direitos dos libertos no país, foi tão significativo para os afro-americanos naquele momento.[21]

A historiadora Célia Azevedo promoveu um debate pioneiro sobre a ideia existente entre os abolicionistas negros norte-americanos de que a sociedade brasileira abria um amplo espaço para a inserção social dos libertos, sem barreiras raciais. Para tanto, a autora nos mostra como a história de vida do abolicionista negro brasileiro Paula Brito foi apropriada pelos abolicionistas afro-americanos. Azevedo também aponta como essas notícias foram amplamente utilizadas nos debates em prol da abolição e da cidadania para os negros nos Estados Unidos. Porém, a despeito das impressões dos afro-americanos sobre a vida dos libertos na sociedade escravista brasileira, a historiografia sobre o Império brasileiro revela uma realidade muito mais complexa. Desde o início do século XIX, os debates sobre cidadania no Brasil visavam definir quem seria considerado cidadão. Naquele momento, revelou-se um campo de disputa entre as elites nacionais escravistas, receosas de que uma maioria negra, tanto escravizada quanto liberta, também reivindicasse esse direito. De fato, a Constituição do Império não fazia restrições legais baseadas na raça, mas, ao mesmo tempo, também não permitia que cidadãos libertos participassem de forma irrestrita de todas as instâncias dos processos eleitorais. Além disso, uma vez que a cor da pele ainda era um critério importante de identificação da população escravizada, os libertos tinham que estar preparados para provar sua liberdade, no caso de serem confundidos com escravizados, o que poderia causar sua re-escravização.[22]

Os direitos dos libertos brasileiros ainda representavam uma pauta delicada na primeira metade do século XIX, quando a abolição era uma realidade distante. Ao mesmo tempo que eram cidadãos e tinham direitos garantidos pela Constituição, os libertos enfrentavam barreiras raciais vigentes na prática costumeira da sociedade. Negros e "mulatos" alistados nas corporações militares encontravam obstáculos à sua ascensão profissional dentro da instituição, e, até a formação da Guarda Nacional, em 1831, os regimentos estavam divididos pela cor da pele.[23] Até mesmo na política, quando atingiam lugar de destaque, a raça era uma questão mobilizada por seus adversários.

O conselheiro do Império Antônio Pereira Rebouças, que era filho de pai branco português e mãe liberta nascida no Brasil, assumia posturas moderadas, defendendo com veemência a ampla cidadania dos libertos. Assim como os abolicionistas afro-americanos, ele acreditava na educação como uma importante ferramenta de mobilidade social, mas enfrentou o preconceito racial em diversos momentos da sua vida pública. Por diversas vezes, Rebouças foi acusado de organizar motins compostos de mulatos que ensejavam tomar o poder dos brancos, assim como, em diversas ocasiões, teve sua presença excluída de alguns eventos sociais. Além disso, o conselheiro passou pelo constrangimento de ver sua liberdade posta em cheque durante uma viagem, sendo obrigado a fazer uso da sua fama para provar ser um liberto. Em diversas ocasiões, seus adversários políticos não hesitaram em ofendê-lo, lançando mão de insultos racistas.[24]

Ainda assim, o Brasil respondia às necessidades imediatas dos abolicionistas afro-americanos, que, no seu espaço de disputa, utilizavam o país como um contraponto positivo às duras regras sociorraciais vigentes na sociedade norte-americana. Desse modo, criavam uma imagem do Império brasileiro como uma nação supostamente mais democrática e avançada, em oposição àquela dos Estados Unidos. A concessão da cidadania aos libertos daquele país – direito que só seria conquistado em 1868 – já estabelecia uma profunda diferença entre as políticas dos dois países aos olhos dos afro-americanos. Mesmo que o Brasil ainda mantivesse a escravidão, a ausência de leis racializadas já fazia dele, pelo menos em termos legais, mais democrático que a república norte-americana.

A realidade racial no Sul escravista dos Estados Unidos também não deixava de ser complexa. Até a década de 1860, havia um sistema de classificação racial muito mais intrincado do que aquele que entrou em vigor depois da Guerra Civil, entre 1861-1865. Além de negros e brancos, a legislação sulista, até a primeira metade do século XIX, reconhecia um lugar racial intermediário para as pessoas que tinham origem birracial.[25] As leis do estado da Virgínia, por exemplo, já discutiam, desde 1705, a necessidade de usar e reconhecer terminologias além de negro e branco para classificar a população. Distinções raciais baseadas no tom da pele, além de outros fatores, como posição social, ancestralidade, status (se livre ou escravizado) e reconhecimento da comunidade, eram aspectos que contavam para determinar a raça de alguém. Assim, embora as relações inter-raciais fossem ilegais no estado da Virgínia, a população considerada "mulata" ou "multirracial" acabava sendo reconhecida como "não negra", mas sob algumas condições.

Os legisladores não haviam definido muito bem os critérios para se considerar alguém negro, branco ou mulato e, portanto, faziam essa avaliação com base em categorizações muitas vezes subjetivas, analisando caso a caso. Alguns fatores poderiam interferir nesses critérios de classificação. Segundo Joshua Rothman, antes de 1785 era necessário um oitavo de sangue africano para ser considerado mulato. Depois daquele ano, um quarto de sangue africano era suficiente para que uma pessoa fosse classificada como mulata. Essa última lei, de um quarto de sangue africano, vigorou até depois da Guerra Civil, quando a pureza de sangue se tornou fundamental para alguém ser considerado branco no Sul dos Estados Unidos.[26]

O aumento da população liberta por meio da compra de alforrias fazia com que, de quando em quando, os critérios para ser "mulato" fossem rediscutidos pelos legisladores. Em alguns momentos, essas normas também poderiam se tornar bem menos flexíveis, como após uma revolta, tal como a ocorrida em 1832, que desembocou na criação dos "certificados de raça mista", documento dado a mestiços e que poderia conferir mais direitos em relação a alguém que não conseguisse provar algum grau de ancestralidade branca. Em 1833, foram conferidos tais certificados a pessoas libertas que não eram nem negras nem mulatas. Pessoas de pele muito clara e que poderiam passar por "brancas" também faziam uso da sua ancestralidade para reivindicar seu reconhecimento legal e social como "pessoas mistas". No caso das pessoas escravizadas, muitos se passaram como libertos e até mesmo como brancos no momento de uma fuga. Com a aproximação da Guerra Civil, o tensionamento das relações raciais no Sul e o aumento da população de "mulatos" e libertos, tornar-se branco ou mulato ficou mais difícil naquela região do país. Na Virgínia da década de 1850, por exemplo, as leis mudaram, e a "pureza de sangue" foi ficando cada vez mais condicional para que uma pessoa fosse considerada branca. A partir daquele momento, com a escravidão mais fragilizada, os legisladores precisavam ver a população em termos binários, ou seja, negros e brancos. Desde os meados da década de 1850, a Virgínia começou a aplicar a regra de *one drop*.[27] Os números de toda a região Sul acompanhavam essa tendência.

Depois da década de 1850, quando o movimento abolicionista se radicalizou e fortaleceu seus argumentos contra a escravidão, ficou mais difícil para os ditos "mulatos" ocuparem um lugar social intermediário. Foi também depois desse período que cresceu o número de pessoas de pele clara escravizadas. Entre os anos 1850 e 1860, tempo de acirramento racial no Sul, o número de escravizados ditos mulatos crescia mais do que o número de escravizados de pele escura. Em 1860, um ano antes da Guerra Civil, 94,2% dos mulatos já haviam sido escravizados nos estados sulistas. Às vésperas do conflito, o sentimento de hostilidade da população branca não distinguia a cor da pele, se mais clara ou mais escura, ou seja, a partir de então eram todos considerados negros. Essa mudança fez com que os critérios de classificação racial na região escravista fossem se tornando mais parecidos com o sistema binário que já existia na região Norte.[28]

É nesse momento também que, para proteger a escravidão, foi se consolidando, na região Sul, a regra de "uma gota de sangue negro" (*one drop*), uma resposta ao fato de os escravizados estarem se tornando mais claros e reivindicando um lugar social intermediário entre negros e brancos. Empurrados para a categoria de negros, pessoas escravizadas e libertas de pele clara e/ou de origem birracial haviam se aproximado da comunidade negra depois da guerra e se tornado um único grupo racial. É também nesse período do pós-guerra que as leis que proibiam casamentos inter-raciais se intensificam nos estados sulistas. Na Carolina do Sul, por exemplo, uniões entre negros e brancos se tornaram ilegais em 1865, a partir da promulgação de uma lei que duraria até o século XX, e a Ku Klux Klan, grupo criado no pós-abolição para perseguir e aterrorizar a população negra com extrema violência, garantia que esse tipo de relação fosse reprimida duramente.[29]

O historiador Robert Brent Toplin também investigou as condições de vida dos chamados mulatos no Sul dos Estados Unidos pré- -Guerra Civil. Segundo ele, os indivíduos de origem birracial, então mulatos, de fato gozavam de condições privilegiadas dentro de um universo paternalista dirigido por senhores de escravos, alguns deles seus parentes próximos. Embora os números sejam imprecisos, a obra de Toplin traz dados do censo de 1860 revelando que os mulatos compunham 10,4% da população negra e 36,2% da população livre da região Sul. Segundo o autor, também antes da Guerra Civil, os mulatos não tinham uma relação de solidariedade com todas as pessoas negras. Tendo em vista que ser branco era um sinônimo de superioridade racial, no entendimento daqueles negros de origem racial mista, sua ancestralidade parcialmente branca os fazia diferentes (superiores) em relação às pessoas que eram supostamente descendentes somente de africanos.[30]

Diferentemente do Sul, onde estavam os estados mais próximos da América Latina e do Caribe, no Norte dos Estados Unidos já vigorava desde o século XVIII um sistema de classificação racial binário.

A população estava dividida entre negros e brancos, mesmo contando com a presença de brancos pobres e imigrantes, o que criava uma diversidade de classe entre os anglo-saxões. Quanto às pessoas da comunidade negra, já libertas desde um processo de abolição gradual que começara no século XVIII, mesmo que tivessem alcançado diferentes patamares sociais, não importava seu tom de pele, sua origem ou sua classe, seriam consideradas negras, parte de um só grupo, sem distinções. Desse modo, sua identidade racial era bem definida, já que, no fim das contas, eram vistas da mesma forma pela população branca, sobretudo por nunca terem passado de 10% da população. A identidade negra era reforçada no Norte, como vimos, tanto pela experiência sofrida com as políticas de segregação e o preconceito racial vigentes na região quanto pelos discursos do movimento negro abolicionista, que insistiam na necessidade de fortalecimento e união entre os membros da comunidade negra na luta pelo fim da escravidão e também pelo reconhecimento da cidadania e da sua condição de estadunidenses.[31]

Revelando as práticas segregacionistas vigentes no Norte pré--Guerra Civil, alguns setores conservadores do movimento abolicionista não acreditavam que fosse adequado pessoas negras e brancas participarem das mesmas organizações antiescravistas, ainda que militassem pela mesma causa. Esse grupo alegava que, dessa forma, evitariam ser acusados de praticar a amalgamação, o que, segundo eles, poderia aumentar ainda mais a rejeição à causa da abolição, fortalecendo o preconceito racial. Mais uma vez, nesse aspecto, abolicionistas negros e brancos divergiam sobre como deveriam ser os métodos de luta pelo fim da escravidão no país.[32]

Lembremos que, nos Estados Unidos do século XIX, o conceito de amalgamação era algo mais amplo do que somente a relação sexual entre pessoas de raças diferentes. Naquela sociedade, considerava-se amalgamação o convívio social entre pessoas negras e brancas em condições de igualdade, compartilhando os mesmos espaços sociais e direitos políticos. Ainda que muitas vezes associemos práticas segregacionistas e racistas unicamente ao Sul escravista, durante os anos 1830, a prática de amalgamação motivou revoltas em outras regiões dos Estados Unidos. Em Nova York, por exemplo, esses conflitos foram liderados por grupos conservadores que acusavam militantes abolicionistas de "se misturarem", ferindo as regras de segregação racial necessárias, segundo eles, à manutenção da ordem.[33]

Certos militantes brancos do movimento abolicionista desafiaram essas regras e pagaram publicamente o ônus de conviver com pessoas negras e defender o casamento inter-racial. Segundo esse grupo de abolicionistas radicais, o casamento era uma decisão pessoal do homem ou da mulher branca que escolhesse se casar com uma pessoa negra.[34] Por outro lado, temendo a repercussão negativa das acusações de amalgamação, os militantes negros tinham uma atitude mais cautelosa quando o assunto casamento inter-racial estava em pauta. Eles eram, sobretudo os homens, acusados de serem os maiores interessados em "cruzar a linha de cor" na hora de escolher uma parceira. Esse cuidado com a defesa aberta das relações inter-raciais foi explicitado no jornal *The Colored American*, de Nova York, no artigo "Amalgamation", publicado em junho de 1838. O texto foi uma resposta às acusações de que os homens negros desejavam ser livres, devido ao interesse que tinham em se relacionar legalmente com mulheres brancas.

> Os abolicionistas não estão buscando a
> amalgamação das cores, nem os homens de
> cor desejam isso. É a escravidão que amalgama
> e mistura. Nós, homens de cor, falamos com
> responsabilidade quando garantimos a quem
> possa interessar que não há uma "mulher branca"
> sequer entre as cinco mil [mulheres] com quem
> consideraríamos nos casar caso fôssemos solteiros.
> A escolha de maridos e esposas é uma questão

de gosto. Nós não desejamos amalgamação, NOS
DÊ NOSSA LIBERDADE E NOSSOS DIREITOS.
Fiquem com suas moças. Fiquem VOCÊS com vocês
mesmos, nós não queremos nenhum de vocês,
homens ou mulheres.[35]

A liberdade de escolha no casamento tinha forte significado simbólico e político para os homens negros abolicionistas, que acreditavam que o casamento inter-racial significava a plenitude da liberdade e o fim das diferenças raciais. Nesse intuito, o Brasil, já muito conhecido como país miscigenado, aparecia como modelo perfeito de país onde a superação dessas diferenças era possível. Alguns abolicionistas se sentiam particularmente tocados por essa questão e, portanto, atraídos pelo exemplo brasileiro, já que eles mesmos eram fruto de relações inter-raciais e/ou sofriam as consequências de terem se casado com mulheres brancas. O próprio Frederick Douglass era filho de pai branco e mãe negra e, mais tarde, casou-se com uma mulher branca, em seu segundo casamento.[36]

Outro abolicionista negro também sensível ao debate dos casamentos inter-raciais era Willian G. Allen, mais um que utilizou o exemplo da sociedade brasileira quando, em 1853, denunciou a intensidade e gravidade do racismo norte-americano. Allen, ele mesmo considerado mulato, atuou na campanha abolicionista, declarando-se contrário à emigração da população afro-americana liberta e também aos discursos de pureza racial. Segundo ele, as nações mais bem-sucedidas do mundo eram aquelas onde a amalgamação não apenas era praticada como também legalmente permitida.[37]

Allen sabia melhor do que ninguém dos limites impostos a um casal inter-racial, uma vez que ele mesmo havia se casado com uma mulher branca, Mary Kings Allen. Embora a noiva viesse de uma família de abolicionistas, o casal encontrou forte rejeição entre parentes, amigos e a família da noiva. Wiliam e Mary Allen foram obrigados a emigrar para a Inglaterra, após ele ter sofrido um atentado organizado por segregacionistas inconformados com seu casamento. Em 1853, em um discurso proferido em Londres, o abolicionista citou o Brasil como referência de nação onde não havia preconceito racial, o que era indicado pela aparente aceitação das relações inter-raciais.

> Na Inglaterra, não temos visto preconceito de cor;
> temos andado pelos parques, visitado as cidades,
> temos estado em hotéis e ainda não nos deparamos
> com nenhum daqueles sentimentos que existem
> na América [Estados Unidos]. Esse sentimento foi
> gerado inteiramente pela escravidão americana e
> não existiu nem mesmo no Brasil, onde alguns dos
> oficiais do governo mais distintos eram de sangue
> africano. Dizia-se que esse preconceito de cor existia
> porque o homem de cor era naturalmente inferior.
> Mas, com certeza, só era necessário virar as páginas
> da história para refutar essa afirmação. Nenhum
> homem de cor nos Estados Unidos poderia se dar
> ao luxo de escrever poesia ou se tornar um artista,
> quando todos os poderes dos poderosos estavam
> combinados para mantê-lo no chão.[38]

A forma como os abolicionistas negros norte-americanos interpretavam as relações raciais na sociedade brasileira revelava como eles estavam surpresos com a aceitação social da mistura racial no país, onde filhos de pessoas negras e brancas viviam integrados na sociedade, onde não havia a regra de *one drop*, segundo as notícias que recebiam. O próprio Willian G. Allen se definia como um *quadroon* (quarteirão), tendo "um quarto de sangue africano e três quartos anglo-saxão". Em sua obra autobiográfica, logo após se definir racialmente como *quadroon*, Allen também enfatizou sua trajetória intelectual como estudante de Direito e, mais tarde, professor de grego, línguas germânicas e retórica na New York Central College (em McGrawville, Cortland). Segundo ele, essa era a única universidade nos Estados Unidos que havia convidado um "homem de cor" para ser docente, e uma das poucas instituições de ensino que aceitava estudantes negros e brancos em condições de perfeita igualdade.[39]

Carl Degler, responsável por uma importante obra que comparava as relações raciais entre Brasil e Estados Unidos, em um esforço para entender as origens dos códigos distintos vigentes nos dois países, explorou as causas dessas diferenças, buscando explicações no período escravista. Para ele, as fundações desses dois países, sustentadas com base na escravidão, criaram realidades muito similares. Em ambos os espaços sociais, os negros de diversos tons de pele, mesmo quando libertos, não tinham os mesmos privilégios da população branca. Segundo ele, as sociedades norte-americana e brasileira, ao mesmo tempo que discriminavam, também deixavam espaço para alguns privilégios que favoreciam os mulatos, sobretudo quando tais benefícios eram concedidos sob a forma de favorecimentos adquiridos em relações paternalistas. A diferença entre as duas sociedades, para Degler, consistia no fato de que, no Brasil, essas leis e práticas segregacionistas foram se arrefecendo e incorporando os indivíduos de pele clara. Já nos Estados Unidos, foram mantidas as rígidas ideias de pureza racial que excluíam e discriminavam aqueles que eram mestiços, empurrando-os para os grupos dos negros.[40]

O autor chamou de "escapatória do mulato" [*mulatto escape hatch*] aquilo que consistia na principal diferença das relações raciais existentes nas sociedades brasileira e norte-americana: enquanto na última mulatos e negros seriam relegados ao mesmo lugar legal e social, no Brasil os negros de pele clara ("mulatos") fariam parte de outra categoria racial, nem negra nem branca. Assim, devido a razões que remetem à cultura portuguesa e à demografia do país desde os tempos da colônia, os filhos bastardos dos senhores de escravos e suas cativas foram sendo inseridos e ocupando um lugar na sociedade que, se não era o mesmo dos brancos, também não era tão ruim quanto o dos negros. Embora nos Estados Unidos também houvesse miscigenação e filhos bastardos de senhores de escravos, estes não encontravam, em geral, os mesmos benefícios que os filhos legítimos dos senhores em relações contraídas com esposas brancas.[41]

Em sua abordagem, Degler optou por buscar um contraponto capaz de justificar os motivos de um suposto lugar sócio-racial específico daqueles que eram considerados mulatos no Brasil em vez de se aprofundar nas complexidades das relações raciais da sociedade norte-americana escravista. Será mesmo que, em geral, esses mulatos norte-americanos não criaram brechas e mobilizaram sua ancestralidade anglo-saxã tirando algum benefício da sua origem ou do tom de pele mais clara? Como responder ao fato de, segundo o próprio autor, a maioria dos libertos da Louisiana ser de origem birracial? Seria mesmo o caso de polarizar os termos das regras raciais vigentes nos dois países? Acreditamos que seja importante acompanhar as mudanças que foram ocorrendo no Sul dos Estados Unidos ao longo dos anos 1840, 1850, 1860 e depois da Guerra Civil, para verificar a mudança nos critérios de classificação racial e de acirramento entre as relações de negros e brancos na região.

Estudos recentes têm revelado que alguns negros de origem birracial, ou mulatos, que viveram no Sul dos Estados Unidos no século XIX, foram beneficiados pela sua ascendência mista. Além disso, este grupo formou uma elite socioeconômica dentro da comunidade negra e, até mesmo, sulista. Descendentes de senhores de escravos gerados em relações de violência com escravizadas tornaram-se, em alguns casos, herdeiros dos seus progenitores, fazendo com que muitas famílias aristocráticas do Sul se tornassem mestiças. As mães desses filhos mestiços, em alguns casos, herdaram bens e conseguiram fazer com que seus descendentes tivessem algum ganho dentro de uma sociedade em que ser descendente de brancos, ainda que parcialmente, afastava-os da escravidão. Sabe-se, porém, que muitos libertos do Sul, mesmo quando beneficiados pela sua condição de mestiços, encontravam barreiras impostas pela sociedade escravista. Dentre as diversas restrições legais às quais estavam sujeitos, havia estados em que a lei os obrigava a abandonar a região quando se tornavam livres, o que poderia significar o afastamento de suas famílias ou da sua rede social e protetiva.[42]

Assim, a própria história dos Estados Unidos revela a fragilidade e improcedência da ideia de pureza racial que norteou o discurso para representar essa nação e a suposta homogeneidade do seu povo. Longe de ser uma nação unicamente formada por homens brancos, as colônias do Norte também foram palco de relações sexuais, duradouras ou não, entre os dito anglo-saxões e indígenas e negros, estes últimos africanos e afro-americanos.[43] Portanto, o ponto de diferença entre Brasil e Estados Unidos, em termos de políticas de classificação racial da população, não está na existência ou não de indivíduos de origem birracial ou em brechas que garantiram um lugar intermediário para essas pessoas, nos dois lugares. Em ambos os países, existiu mistura racial desde a sua formação, e os frutos dessa mistura mobilizaram os supostos benefícios de suas condições no seio de sociedades escravistas. Brasil e Estados Unidos divergem em políticas de hierarquização racial quando, em terras norte-americanas, prevalece a ideia de pureza racial e supremacia branca, ideia que foi fortalecida pela ciência e baseou políticas públicas de segregação, sobretudo após a Guerra Civil.

No Brasil, a ausência de uma legislação que tornasse a segregação racial uma política de estado se refletiu nos diversos tipos de negociação que possibilitavam a compra de alforria, no acesso de libertos brasileiros à cidadania, garantido pela Constituição de 1824, e na formação de uma minoria intelectual negra que poderia até alcançar lugares de prestígio no governo.[44] Era essa "brecha" conquistada por libertos do Império que interessava ao discurso abolicionista afro-americano para poder construir estrategicamente um contraponto à sociedade norte-americana. Pelos olhos dos abolicionistas afro-americanos, se nos Estados Unidos, mesmo que sob a vigência da escravidão no Sul, os libertos do Norte tivessem acesso à cidadania, assim como no Brasil, isso já garantiria melhores condições de vida, e a luta contra a escravidão seria fortalecida.

O Brasil e o discurso científico sobre amalgamação: um exemplo para os Estados Unidos

Para entender as razões que levaram dois importantes militantes do movimento abolicionista negro, Frederick Douglass e William G. Allen, a utilizarem o Brasil como exemplo de país onde, surpreendentemente, a mistura de raças era algo social e politicamente aceito, é preciso entender a importância desse debate na sociedade norte-americana de então. Como visto anteriormente, desde a década de 1840, havia nos Estados Unidos uma produção científica dedicada a provar a inferioridade dos povos não brancos, sobretudo de negros e mestiços.[45] Em uma sociedade escravista como aquela, tais argumentos tanto serviam para defender a escravidão quanto para repreendê-la, uma vez que alguns abolicionistas acreditavam na impossibilidade de brancos e negros viverem juntos, e defendiam que os afro-americanos não eram considerados dignos de gozar dos mesmos privilégios reservados aos cidadãos brancos. Além disso, essa produção dita científica também afirmava que a mistura de raças, ou amalgamação, trazia consequências negativas para a sociedade.

Já afirmamos que desde a década de 1840 o naturalista suíço-americano Louis Agassiz, que somou a sua teoria poligenista à teoria da degeneração, defendia que a mistura de raças distintas (também chamada de amalgamação) levava à degeneração racial, e que o fruto dessa mistura, o mulato, carregaria as piores características de ambas as espécies.[46] Durante e após a Guerra Civil, houve um uso intenso das teorias científicas racialistas para justificar que a população negra liberta não estava apta para usufruir os privilégios da cidadania e os mesmos direitos da população branca. A questão do voto, por exemplo, dividiu opiniões no Norte e no Sul do país, sob o argumento de que pessoas recém-saídas do cativeiro não estariam qualificadas para votar. Na região Sul, os *black codes*, conjunto de leis que visavam restringir o direito de pessoas negras libertas, garantiram, com o uso da violência, o emprego de medidas que mantinham a população negra em uma condição muito próxima da escravidão. Mesmo na região Norte, a mistura racial continuou a ser vista de forma negativa, posição justificada pela crença nas diferenças raciais e na superioridade da raça branca sobre a negra. As teorias do criacionismo, do poligenismo e a condenação da amalgamação (ou "hibridismo") serviam para sustentar essa visão de que negros e brancos, por serem espécies diferentes, não poderiam conviver juntos após a abolição. Caso isso acontecesse, os resultados seriam desastrosos para a nação norte-americana.[47]

Agassiz precisava de um exemplo real para demonstrar suas teorias que defendiam a diferença das espécies e a degeneração das raças "híbridas". Além disso, o cientista também buscava demonstrar as consequências consideradas desastrosas do convívio entre negros e brancos após a abolição, de maneira que a sociedade norte-americana pudesse se colocar naquelas mesmas condições. Foi então que Agassiz empreendeu uma missão científica ao Brasil. O momento escolhido para realizar tal empreitada não foi acidental: 1863, durante a Guerra Civil Americana, cuja questão central era a disputa pela continuação ou pelo fim da escravidão no sul dos Estados Unidos.[48]

Segundo a historiadora Maria Helena Machado, o Brasil foi o ambiente onde Agassiz fortaleceu seus argumentos sobre a ameaça à sociedade norte-americana representada pela miscigenação, caso, após a abolição, os afro-americanos permanecessem no país.

A proliferação de negros de diversas etnias (que só poderiam ser vistas em uma longa viagem ao continente africano) e de indivíduos "mestiços", que carregavam intrigantes características físicas, fazia da sociedade brasileira uma projeção daquilo que deveria ser evitado nos Estados Unidos. Ao fotografar pessoas não brancas no Rio de Janeiro e em Manaus, o cientista definia o Brasil como exemplo da degeneração social e do atraso que marcavam as sociedades latino-americanas em geral. Com essa coleção de imagens, Agassiz voltou aos Estados Unidos, defendendo e justificando que os afro-americanos, uma vez libertos, não deveriam ser incorporados à sociedade.[49]

Figura 7 Mulher sentada, Manaus, 1865. Imagem usada por Agassiz.

Nos Estados Unidos, o estudo de Agassiz sobre as raças puras e mestiças brasileiras e a degeneração causada pela prática desenfreada de amalgamação foi bem recebido e amplamente divulgado pelos grupos conservadores, que também se apropriaram desses estudos para justificar seus projetos políticos segregacionistas. Vejamos como isso aconteceu, na revista *Saturday Evening Post*, em 4 de abril de 1868, quando foi publicado um artigo intitulado "Brazil as seen by Mr. Agassiz", ou seja, "O Brasil como foi visto pelo Sr. Agassiz":

> A questão da emancipação [no Brasil] é tratada num espírito muito mais moderado do que tem sido, no caso, nos Estados Unidos. A escravidão está gradualmente morrendo sob um sistema razoável, a emancipação é frequente, e o trabalho escravo está paulatinamente sendo limitado aos fins agrícolas. Por outro lado, a mistura de raças parece produzir os piores efeitos. Segundo o professor Agassiz, a amalgamação das raças do branco, negro e índio está produzindo um "tipo mestiço indescritível, deficiente em energia física e mental" e sem as boas qualidades de qualquer um dos progenitores.[50]

Embora o artigo tenha sido publicado depois do fim da Guerra Civil e da abolição, o texto refletia um impasse que se arrastaria na sociedade norte-americana por décadas: o que fazer com a população liberta e como evitar os supostos efeitos extremamente negativos provocados pelo convívio entre negros e brancos, sendo o pior deles a mistura racial? Uma vez que os problemas dos Estados Unidos não estariam resolvidos com a abolição, para os grupos que defendiam a segregação racial, o Brasil miscigenado era o exemplo da decadência de uma nação e dos efeitos negativos da mistura de raças sobre os grupos humanos.

No entanto, para os abolicionistas negros, como Frederick Douglass e William G. Allen, entre outros tantos, o Brasil era um exemplo a ser seguido justamente pela razão que o fazia ser mal visto pelos racialistas: a mistura de raças e a inserção social de negros e mulatos na sociedade. Essas afirmações sobre a suposta aceitação da prática da amalgamação e da participação dos mulatos na sociedade brasileira nos fazem questionar se os abolicionistas afro-americanos, em nenhum momento, perceberam ou tiveram notícia das desigualdades raciais vigentes no Brasil escravista. Ao que parece, apontar o racismo em outras sociedades não seria uma estratégia escolhida pelos abolicionistas afro-americanos. Aquele seria o momento de lutar por outro projeto de nação multirracial no seu próprio país.

A eleição do presidente Lincoln, a miscigenação e o imaginário sobre a sociedade brasileira

Na década de 1860, o Brasil já era bem conhecido pela sociedade norte-americana, dentre outras coisas, pela ampla prática da "mistura de raças"; no entanto, o termo assumia significados diferentes para a sociedade norte-americana, a depender do setor que o debatia. O tema da amalgamação era crucial nesse momento, quando já se anunciava a possibilidade real da abolição depois de uma Guerra Civil que viria a dividir o país entre os anos de 1861 e 1865. Nas vésperas do pleito pela presidência, em 1860, a mistura racial não poderia deixar de ser apropriada também por grupos políticos conservadores, que insistiam na ideia das diferenças raciais.[51]

Durante a campanha eleitoral pela reeleição, em 1863, quando o presidente Lincoln já tinha decretado a abolição nos Estados do Sul, em janeiro daquele ano,[52] os democratas, seus opositores, trataram de associar a miscigenação à imagem do candidato do partido republicano, que tentava a reeleição. A lei que punha fim ao cativeiro foi ignorada pelos estados confederados e, de fato, valeria apenas nos estados que compunham a União. Isso bastou para que o presidente fosse acusado de liderar uma "cruzada negra" em favor dos afro-americanos e apoiar o casamento entre negros e brancos. Lincoln já havia afirmado, anos antes, que não acreditava na igualdade racial e via a ideia de casamento inter-racial como, naturalmente, repugnante. Embora, de fato, não fosse abolicionista nem acreditasse na igualdade racial, a imagem do presidente também foi apropriada por importantes setores do movimento abolicionista.[53]

Foi assim que, naquele ano de 1863, os democratas usaram essa imagem de Lincoln numa estratégia que tinha por objetivo vincular de vez a imagem do candidato republicano à prática de amalgamação e à mistura racial. No calor da campanha eleitoral, dois jornalistas democratas, David Goodman Croly e George Wakeman, lançaram o panfleto intitulado *Miscegenation: the Theory of the Blending of Races Applied to the American White man and Negro* [Miscigenação: a teoria da mistura de raças aplicada ao homem branco americano e o negro]. Publicado com autoria anônima e com conteúdo inventado, o panfleto defendia os casamentos inter-raciais, dando a entender que havia sido escrito por republicanos abolicionistas radicais apoiadores de Lincoln. O texto teve grande repercussão na região Norte, mexendo com a opinião pública, que ficou aterrorizada com as ideias apresentadas. Uma delas era a defesa da mistura racial como algo praticado nas nações mais avançadas do mundo. O texto também afirmava que o mestiço era o povo do futuro, ousando afirmar que as raças mestiças eram superiores às raças puras, contrariando a justificativa central da superioridade branca: a pureza racial.[54]

O panfleto teve o mérito de criar o termo miscigenação, que seria usado dali em diante unicamente para designar a mistura entre pessoas de raças diferentes. Até mesmo alguns abolicionistas acreditaram na intenção do panfleto como um manifesto pró-miscigenação, uma vez que o texto se baseava em argumentos "científicos", o que lhe conferia mais veracidade, popularidade e também rejeição. Os autores do texto fizeram amplo uso de representações da América Latina para dar mais realidade ao cenário descrito no texto, em um esforço de fazer com que os leitores norte-americanos visualizassem também o seu país como uma sociedade "mestiça".

No capítulo "Superioridade das raças mistas", os autores afirmavam que as raças mestiças eram mental, física e moralmente superiores àquelas puras ou que não haviam se misturado, e traziam o exemplo dos "*sambos*" da América do Sul, descendentes de indígenas e negros, descritos como superiores a ambos os seus ancestrais. Mais uma vez, o Brasil não poderia deixar de ser citado como exemplo de país onde o povo era miscigenado, colaborando para a consolidação da ideia da "mestiçagem" positiva no país.

> Os cafuzos no Brasil, uma mistura de indígenas
> e negros, são mencionados pelos viajantes
> como um tipo esguio e musculoso, e com
> um cabelo excessivamente longo que é meio
> encaracolado especialmente nas pontas e cresce
> perpendicularmente da testa até a altura de um pé
> ou um pé e meio. Isso forma uma cabeleira muito
> bonita, que é um resultado da mistura do cabelo
> carapinho do negro com o cabelo pesado e longo
> do índio.[55]

Ainda que sob pretensões falsas, o panfleto divulgava a imagem do brasileiro como um tipo perfeito, um belo resultado da mistura racial, nutrindo as fantasias e, sobretudo, os pesadelos da sociedade norte-americana que via o Brasil, assim como outros países latino-americanos, como um antiexemplo a ser seguido. Por outro lado, para os abolicionistas afro-americanos, essa representação do povo brasileiro miscigenado, resultado da fusão de distintas raças, os fazia se apropriar cada vez mais do exemplo desse país quando precisavam convencer seus compatriotas tanto da possibilidade de convívio social entre negros e brancos de maneira igualitária quanto das potencialidades de negros e mestiços. As notícias de uma população liberta considerada mulata, mas que, podemos arriscar, poderia em muitos casos incluir indivíduos que eram socialmente brancos segundo padrões raciais brasileiros, fazia com que os abolicionistas negros fantasiassem o Brasil como um país sem preconceito. Nesse intuito, pouco importava se o exemplo sobre o qual se espelhavam e projetavam o seu futuro era de fato ou não um paraíso racial.

Nos Estados Unidos da época, nem nortistas nem sulistas apoiavam que os libertos vivessem em condição de igualdade com a população branca. A ideia de mistura racial causava verdadeira repugnância, especialmente no Norte, e era tida como algo contrário às leis naturais, o que fez com que o tema do casamento inter-racial tomasse uma proporção importante na eleição que reelegeria Abraham Lincoln como presidente dos Estados Unidos, em 1864.[56] Ainda naquele ano, uma série de caricaturas foi feita para ilustrar a miscigenação como resultado da eleição do presidente, imagens que foram muito comuns na imprensa antiabolicionista após a vitória eleitoral de Lincoln, que seria responsabilizado pelos seus opositores por promover a mistura de raças nos Estados Unidos após ter abolido a escravidão.

Uma dessas caricaturas teve como tema um baile, o Baile da Miscigenação, que acontecia na sede da campanha eleitoral de Lincoln (Figura 8). A festa representava uma completa inversão da ordem, em que brancos e negros, agora libertos, festejavam nos mesmos espaços, não obedeciam às regras de decoro racial, e mulheres negras, com características animalizadas e formas voluptuosas, seduziam homens brancos que eram atraídos pelos seus instintos sexuais. Aliás, a representação das mulheres negras era a própria descrição do que a ciência da época dizia sobre elas: formas corporais e sexualidade exacerbadas, farta disposição à vulgaridade e ao sexo. A abolição significava a quebra de controle dos seus corpos e desses excessos. Essa visão revela que as expectativas raciais em relação ao encontro de negros e brancos no pós-abolição também tinham um caráter de gênero: a cena representava, afinal, o próprio imperialismo como marca do contato dos homens brancos com mulheres negras e indígenas.

Figura 8 The Miscegenation Ball [O Baile da Miscigenação], 1864.

Ao fundo da imagem, pode-se ver uma imensa foto do presidente Lincoln e uma faixa que ironizava a pauta do movimento abolicionista, que era a igualdade entre negros e brancos: "Liberdade universal, uma Constituição, um destino". Na parte superior da imagem, no telhado, observadores brancos assistiam à cena e, como não participavam dela, seus olhares eram, certamente, de indignação. Como bem representa essa peça publicada na imprensa da época, setores contrários à abolição, representados pelo partido democrata, exploravam os temores da sociedade norte-americana sobre a mistura racial. A caricatura em questão tinha um nítido objetivo político, que visava associar a mistura racial ao partido republicano. Uma legenda localizada na parte inferior da imagem explicava o evento, que teria acontecido "na sede da campanha eleitoral de Lincoln". Ainda segundo a legenda, uma vez concluídas as atividades formais, o salão foi liberado para um *negro ball*, um baile negro. O texto ainda explicava que muitos membros do partido se ausentaram antes que o baile começasse, no entanto, os que estavam no salão eram todos filiados ao partido republicano, então referido como "partido republicano negro". Participando do baile, segundo a descrição, os republicanos, muitos deles "homens proeminentes de vários níveis", estavam atestando aquilo em que eles acreditavam, ou seja, uma sociedade sem limites, representada pelo mistura entre negros e brancos.[57]

Também no ano de 1864, o panfleto O que é a miscigenação e o que esperar agora que Sr. Lincoln foi reeleito fazia uma representação do que ocorreria nos Estados Unidos após a abolição e a vitória do presidente. Escolheu-se como capa do panfleto uma imagem que reproduzia diversos temores provocados pela mistura racial, sendo um deles a violação de mulheres brancas, guardiãs da pureza racial, por homens negros de características físicas e comportamentos sexuais animalizados. Na imagem, a representação do homem negro é destituída de características humanas e carrega traços exagerados nos lábios, nos olhos e no nariz, forma como dali por diante pessoas negras seriam representadas na mídia norte-americana (Figura 9). As aspirações e reivindicações de cidadania e ascensão social dos homens afro-americanos eram satirizadas por meio de suas vestes, que eram as mesmas que qualquer cidadão branco poderia utilizar na época, como o paletó e a gravata.

Figura 9 Capa do panfleto *What Amalgamation Is! And What We Are to Expect Now That Mr. Lincoln Is Reelected* [O que é a miscigenação e o que esperar agora que sr. Lincoln foi reeleito], 1864.

O estigma do "negro estuprador de mulheres brancas" justificaria diversos atos de violência contra homens afro-americanos, depois da abolição até o século XX, sobretudo na região Sul. No entanto, no caso desta imagem, tratava-se de uma cena em que a troca de carícias era consensual. Tal fato fica evidente nos braços que envolvem os corpos e no beijo, que concretizava, assim, a manifestação de cenas "temorosas" que estariam prestes a acontecer e que chocariam as elites brancas nacionais. A cena da caricatura nos faz imaginar que a mulher representada seja uma imigrante pobre, uma vez que se acreditava que essas mulheres estivessem mais abertas a relações com homens negros. Assim, a imagem também transmite uma mensagem de lascividade e ilegitimidade praticadas por mulheres brancas de uma determinada classe social. Relações entre homens brancos e mulheres negras, desde que ilegítimas, eram mais aceitáveis, até porque faziam parte do repertório de domínio do senhor sobre o corpo da mulher escravizada e que gerava um indivíduo que serviria à escravidão. Já a imagem de um homem negro com uma mulher branca causava um impacto mais negativo, uma vez que tal união, no contexto da escravidão, produziria um indivíduo livre. Além disso, a mulher representava a própria pureza da nação, fator que se desejava preservar, criando, para isso, políticas de segregação racial.[58]

Todas essas representações de miscigenação praticada de forma descontrolada nos Estados Unidos acirravam os ânimos e temores daqueles setores da sociedade que temiam que o país, fundado sob fortes princípios de pureza racial, acabasse se tornando algo semelhante ao Império do Brasil. Porém, os abolicionistas negros teriam outra leitura sobre esse futuro em que a "fusão das raças" seria permitida.

Frederick Douglass: o olhar de um abolicionista negro estadunidense sobre a escravidão e a liberdade no Brasil

A história do abolicionista negro estadunidense Frederick Douglass é fascinante. Nascido no estado de Maryland na condição de escravizado, assim como toda a sua família materna, Douglass afirma na sua primeira autobiografia que não sabia ao certo sua idade, mas que ouviu seu senhor dizer que tinha cerca de dezessete anos em 1835. Mais tarde, pesquisas baseadas no inventário do seu proprietário revelam que a data do seu nascimento era fevereiro de 1818. Foi somente aos 20 anos que a futura maior referência do movimento abolicionista internacional se tornaria um homem livre, ao fugir para o Norte dos Estados Unidos. Dois anos depois, Douglass iniciaria uma longa carreira internacional no movimento abolicionista, que terminaria apenas em 1895, ano da sua morte.

Ao longo da sua vida, Frederick Douglass foi editor, orador, palestrante, escritor, diplomata e articulista político. Desempenhou papel fundamental no recrutamento de afro-americanos para o exército da União durante a Guerra Civil, defendendo que aquele seria um momento importante para mostrar ao país a humanidade e masculinidade dos afro-americanos. Douglass foi autor de três autobiografias, uma escrita em 1845, outra em 1855 e, a última, em 1881. Em todas elas, comprometidas com a causa da liberdade e da cidadania, reinventou-se, criou uma personalidade e escreveu a sua própria história, selecionando ele mesmo marcos importantes que estavam entrelaçados com a luta pelo fim da escravidão.[59] Estrategicamente, os marcos histórico-pessoais escolhidos por ele nessas obras tinham objetivos bem definidos, que eram demonstrar, inclusive para o público branco, os horrores da escravidão, prática que degenerava escravizados e senhores, além de outras contradições do sistema escravista, como a crueldade dos senhores de escravos cristãos.

A sua segunda obra, *My Bondage and My Freedom* [Minha escravidão e minha liberdade], escrita em 1855, é aquela que mais utilizaremos aqui, devido ao período histórico em que ela foi publicada, um momento de avanço da escravidão na região Sul, mas também de fortalecimento do movimento abolicionista negro nos Estados Unidos. Além disso, o próprio caráter da escrita de Douglass no livro nos interessa pelas suas opiniões sobre os argumentos defendidos por escravistas. Na década de 1850, Douglass estava preocupado com a expansão do poder escravista nos Estados Unidos, com a cidadania dos negros estadunidenses livres e em reafirmar seu nacionalismo, insistindo em manter-se no lugar e negando projetos de emigração dos afro-americanos para regiões supostamente menos preconceituosas das Américas, notadamente localizadas no Caribe e na América do Sul. Essa é uma obra na qual Douglass, por meio de sua narrativa, também humaniza a experiência das pessoas negras, parecendo responder ao racismo científico da época, liderado nos Estados Unidos pela Escola Americana de Etnologia, cujas teses interessavam muito aos senhores de escravos e até mesmo a alguns defensores da abolição. Isso porque essas teses científicas, como vimos, negavam a humanidade de africanos, justificando assim a escravização, afirmando a capacidade intelectual dos chamados mulatos (o que feria Douglass diretamente, como veremos), além de insistir na impossibilidade de que negros e brancos convivessem no mesmo país ou região no pós-abolição.

Esta autobiografia foi escolhida em 1883 pelo jornal abolicionista brasileiro *Gazeta da Tarde* para ser traduzida e conhecida pelo público do Império. Àquela altura, o Brasil amargurava junto a Cuba a posição de últimos países escravistas das Américas, o que era sinônimo de atraso, além de antagônico à civilização. Com o intuito de demonstrar e convencer seus leitores da imoralidade da escravidão, José Patrocínio, então proprietário do jornal, tratou de adotar o modelo bem-sucedido estadunidense de propaganda abolicionista que era a publicação das narrativas dos escravizados.

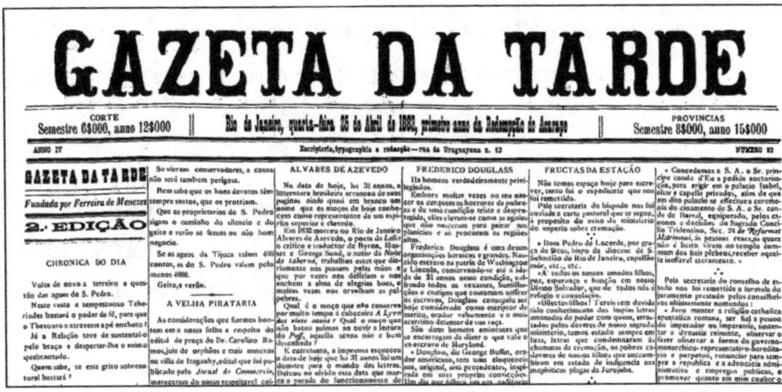

GAZETA DA TARDE

CORTE
Semestre 6$000, anno 12$000

Rio de Janeiro, quarta-feira 25 de Abril de 1883, primeiro anno da Redempção do Acarape

PROVINCIAS
Semestre 8$000, anno 15$000

ANNO IV — Escriptorio, typographia e redacção — rua da Uruguayana n. 43 — NUMERO 93

GAZETA DA TARDE

Fundada por Ferreira de Menezes

2.ª EDIÇÃO

CHRONICA DO DIA

A VELHA PIRATARIA

ALVARES DE AZEVEDO

FREDERICO DOUGLASS

FRUCTAS DA ESTAÇÃO

Figura 10 Edição da *Gazeta da Tarde*, que publicou a autobiografia de Frederick Douglass em partes, em 1883.

Assim, no dia 25 de abril de 1883, Frederico Douglass, versão "aportuguesada" do seu nome, ficaria conhecido pelo público brasileiro. Sua obra foi sendo traduzida em partes e publicada em diversas edições, o que durou até o mês de maio daquele mesmo ano. Ele seria descrito pelo jornal como um homem privilegiado, dada a sua capacidade de elevar-se. Comparado a uma águia, feita para "pairar nas regiões altas", o afro-americano foi apresentado como, nas palavras do jornal, uma "organização heroica e grande". A trajetória política desse abolicionista negro não seria descrita de forma menos pomposa: "Um escritor de mérito, orador veemente e mais acérrimo defensor da sua raça." Por fim, a apresentação é concluída da seguinte forma:

> Amanhã Frederico Douglass começará a ser reconhecido devidamente por aqueles que se interessam por uma raça desprezada e diariamente insultada por energúmenos que trabalham para deitar por terra a propaganda em bem da causa dos oprimidos, mas que não conseguem destruir os vestígios luminosos que deixam após si homens que, como Douglass, um simples escravo, tornam-se

governadores da terra onde viram a luz ainda
envoltos nas trevas do cativeiro. É que a natureza
os privilegia no nascedouro.[60]

Veremos que não somente a história de Douglass seria apropriada pelos negros da diáspora, como os abolicionistas afro-brasileiros. Em sintonia com a circularidade de ideias e debates em curso no século XIX, Douglass também apropriaria no seu discurso os exemplos das condições do cativeiro e da liberdade, bem como das relações raciais em outras regiões das Américas. Romantizando as relações raciais em outros países e projetando as aspirações da agenda abolicionista negra estadunidense em busca de experiências concretas de igualdade, os exemplos do Brasil, de Cuba, do Haiti e até mesmo da Inglaterra serviram para que Douglass demonstrasse ser possível a sociedade multirracial tão sonhada por ele.

Segundo a historiadora Juliet Hooker, podemos perceber a dimensão hemisférica do pensamento de Frederick Douglass a partir da sua análise das relações raciais na América Latina.[61] É a partir de sua leitura sobre as relações raciais e o cativeiro na região que veremos como as suas descrições se entrelaçavam com aquilo que defendia para seu próprio país: o convívio harmonioso entre negros e brancos, a valorização intelectual e moral do homem negro, o acesso à cidadania e o fim da escravidão.

Esses textos em que Douglass faz referências à América do Sul geralmente não são encontrados nas suas autobiografias, o que faz com que, comumente, muitos dos seus biógrafos percam a dimensão transnacional do seu pensamento. Segundo Ifeoma Nwankwo, pesquisadora que analisou a transnacionalidade da escrita do abolicionista, o fato está em grande parte relacionado às estratégias e escolhas feitas na escrita dele. A isso, a autora chama "negritude binária", que seria a opção de, na luta por direitos, abolicionistas escritores como Douglass preferirem ficar restritos ao contexto nacional. Além do mais, as autobiografias seriam dirigidas aos afro-

-americanos, e não à diáspora. No entanto, a própria publicação de uma das suas biografias num jornal brasileiro mostra como as suas obras tiveram um alcance maior.[62]

Interpretamos as escolhas de Douglass da seguinte forma: nas autobiografias, que também eram influenciadas por editores, ele optava pelo padrão desse tipo de narrativa, que era a do homem que se ergueu sozinho, superou todos os desafios e se inseriu na sociedade como um cidadão estadunidense excepcional. Nesse sentido, buscar exemplos positivos de outras partes da diáspora poderia colocar em risco o caráter nacionalista do texto, que buscava a empatia, inclusive de pessoas brancas, na tentativa de sensibilizá-las contra os horrores da escravidão nos Estados Unidos. Portanto, seria nos jornais e nos discursos que ele usaria o exemplo da experiência negra em outras nações para apontar o racismo e as contradições da sociedade estadunidense, adotando uma postura mais crítica e muitas vezes irônica.

Concordamos com Nwankwo quando ela afirma que, nos jornais, Douglass poderia se deslocar da sua imagem individual de estadunidense e explorar sua identidade afro-atlântica.[63] De fato, nosso abolicionista explorou isso muito bem: citou o Haiti para falar da bravura dos homens negros como soldados e de Toussaint como governante, mencionou o conforto com que ele próprio e outros negros ingleses transitavam e se inseriam pelas ruas de Londres. Nesse sentido, interessa-nos discutir como Douglass apropriou-se e descreveu a experiência da população negra brasileira, escravizada e liberta, para responder às suas demandas políticas nos Estados Unidos.

A partir do exemplo do Brasil, Douglass questionou a ciência estadunidense que afirmava a inferioridade de negros e mulatos, bem como a impossibilidade de que raças distintas convivessem numa sociedade de forma harmônica e em igualdade de condições. Foi mobilizando a realidade brasileira que ele defendeu a capacidade intelectual dos indivíduos de origem mista, chamados de "híbridos" ou mulatos, e questionou moralmente a sociedade norte-americana,

Figura 11 Frederick Douglass, 1856.

apontando as contradições do cristianismo protestante frente ao catolicismo, bem como a República diante da Monarquia. A crença na superioridade dos Estados Unidos enquanto nação e o suposto atraso do Brasil monárquico, escravista e católico também eram aspectos relativizados pelo abolicionista. O avanço das leis escravistas nos Estados Unidos era confrontado pela cidadania concedida aos libertos brasileiros. Assim, Douglass projetava um cenário que caracterizava o Império do Brasil como um local mais favorável para a população negra, mas sem defender a imigração para aquele país.

No ano de 1852, enquanto as teses poligenistas ganhavam força nos Estados Unidos e seus porta-vozes divulgavam suas teorias em palestras, jornais e livros que circulavam no Norte e no Sul do país, Frederick Douglass foi convidado para proferir um discurso, no dia 4 de julho, data em que se comemora a independência norte-americana. No discurso "O significado do 4 de Julho para o negro", Douglass aproveitou a oportunidade de estar diante de uma plateia mista para manifestar sua revolta e indignação quanto à manutenção da escravidão:

> Meus compatriotas, perdoem-me perguntar por
> que vocês me convidaram para falar aqui hoje?
> O que eu, ou aqueles a quem eu represento, temos
> a ver com sua independência nacional? Os elevados
> princípios de liberdade política e de justiça natural
> presentes naquela Declaração de Independência
> estão estendidos a nós?... O que significa o 4 de
> Julho para um escravo americano? Eu respondo:
> para ele, é um dia em que se revela que, mais do
> que qualquer outro dia do ano, a injustiça brutal e
> a crueldade de que ele é constante vítima. Para ele,
> sua celebração é uma vergonha![64]

Douglass, assim como outros abolicionistas, ao mesmo tempo que reconhecia a importância da ciência, também sabia que as recentes teses poligenistas, que afirmavam que os negros não faziam parte da espécie humana, estavam comprometidas com interesses escravistas e com grupos que defendiam a manutenção de relações paternalistas, de tutela e de políticas de desigualdade racial. Residia aí a popularidade dessas ideias na sociedade branca do Norte e do Sul dos Estados Unidos, o que também constituía um dos grandes desafios do movimento abolicionista negro: convencer essa grande parcela da população, inclusive alguns abolicionistas, das potencialidades dos "filhos de Cam". No seu discurso, Douglass não perdeu a oportunidade de, diante de uma plateia composta também de pessoas brancas, pronunciar-se sobre a ciência que enquadrava as "raças etíopes" como outra que não a humana:

> Por agora, é suficiente afirmar a igual masculinidade
> da raça negra. Não é de se admirar que, enquanto
> nós estamos arando, plantando e colhendo, usando
> todo tipo de ferramentas mecânicas, construindo
> casas, pontes, navios, trabalhando com metais

> de cobre, ferro, prata e ouro; que, enquanto nós
> estamos lendo, escrevendo e calculando, atuando
> como funcionários, comerciantes e secretários,
> tendo entre nós advogados, médicos, ministros,
> poetas, autores, editores, oradores e professores;
> que, enquanto nós estamos engajados em toda sorte
> de empreendimentos comuns a outros homens,
> cavando ouro na Califórnia, caçando baleias no
> Pacífico, alimentando cabras e gado em colinas,
> [enquanto estamos] vivendo, nos movimentando,
> atuando, pensando, planejando, vivendo em famílias
> no papel de maridos, esposas e crianças e, acima
> de tudo, comungando e adorando o Deus cristão, e
> olhando com esperança para a vida e imortalidade
> no além-túmulo, nós temos a necessidade de provar
> que nós somos homens![65]

A fala de Douglass revelava a frustração de viver em uma sociedade que ainda tinha dúvidas (ou não tinha) sobre a (não) humanidade das pessoas negras. Essas lideranças promoviam uma intensa campanha entre as classes médias afro-americanas sobre a importância e a responsabilidade de cada em mostrar à sociedade que era "o americano modelo" e que, a partir de exemplos positivos, poderiam pôr fim ao preconceito racial gerado pelos exemplos degradantes de negros que viviam no cativeiro. A partir do modelo do "negro exemplar", tentavam provar que a comunidade afro-americana era apta a exercer plena cidadania, para o autogoverno e para gozar de direitos concedidos a qualquer cidadão americano. Acreditando na possibilidade de que o preconceito fosse gerado pela escravidão (ambientalismo), e não pelas diferenças raciais, os abolicionistas negros receberam as teses racialistas, sobretudo o poligenismo, com bastante indignação e revolta. Além do mais, tratava-se de refutar um inimigo poderoso: a ciência.[66]

No discurso do 4 de Julho, Douglass sugeria a sua plateia norte-americana que viajasse pela América do Sul para ver "as monarquias e os despotismos do Velho Mundo" e constatar que os Estados Unidos não encontravam nação rival quando o assunto era a prática de abusos contra a população negra, escravizada e liberta. Recorrendo a uma prática constante, que era acusar a sociedade norte-americana de nutrir um preconceito racial não existente nem mesmo em outras sociedades escravistas, as imagens positivas de negros de outros países da diáspora, como o Brasil, eram vastamente empregadas. Diferente dos cientistas Hermann Burmeister e, mais tarde, Louis Agassiz, que evocavam os aspectos negativos da experiência brasileira, os abolicionistas negros norte--americanos citavam o exemplo da vida dos afro-brasileiros para provar as potencialidades da raça negra e dos considerados mulatos e para apontar as capacidades de ascensão dos libertos, quando não encontravam impedimentos legais e hostilidades motivadas pelo preconceito racial.

Assim, o exemplo do Brasil miscigenado era apropriado por grupos políticos adversários nos Estados Unidos: por abolicionistas, escravistas e cientistas, cada um buscando contrapor a sociedade norte-americana à sociedade brasileira de forma positiva ou negativa, a depender dos seus interesses.

Para os abolicionistas negros, o Brasil era avançado, igualitário e democrático porque não nutria preconceito racial e não condenava a miscigenação. Para os cientistas defensores da pureza racial como patrimônio da sociedade norte-americana, o Brasil era degenerado e bárbaro, e seu atraso era resultado da miscigenação, uma característica de todas as nações latino-americanas. Essas últimas leituras sobre a sociedade brasileira eram necessárias para o fortalecimento da ideia de nação americana, então construída em oposição às outras nações, enfatizando seu caráter civilizado, avançado e defensor da pureza racial como forma de garantir a supremacia racial dos brancos norte-americanos.

Para compreender essas interpretações de Douglass sobre o Brasil escravista, nação que chegou a descrever como um local onde os negros tinham acesso a tudo, analisaremos sua autobiografia, sobretudo aquela escrita em 1855, *My Boundage and My Freedom* [Minha escravidão e minha liberdade], além do que escreveu sobre o Brasil em seus artigos e discursos. Alguns temas mais recorrentes nos chamam particularmente a atenção, como a mistura racial e a condição da população liberta brasileira. Assim, buscaremos entender o jogo de apropriações, romantizações e projeções, bem como as estratégias narrativas utilizadas pelo autor ao fazer uso do exemplo brasileiro para, nas décadas de 1850 e 1860, responder aos obstáculos impostos nos Estados Unidos para a concretização do seu sonho, o de fazer do seu país uma sociedade multirracial e igualitária.

"Índio, não; *nigger*!" Identidade, ciência e abolicionismo no pensamento de Frederick Douglass

Em um dos seus discursos num evento abolicionista, dessa vez no ano de 1862, portanto durante a Guerra Civil, Frederick Douglass utilizou uma frequente estratégia, que era ironizar o racismo norte-americano, arrancando risos da plateia. Na ocasião, ele narrou um episódio que apontava a imprecisão da categoria raça a partir do fenótipo, tanto para pessoas brancas quanto para Frederick Douglass. Para o abolicionista, essa imprecisão dizia respeito à sua origem, já que ele próprio era fruto da miscigenação.

Douglass, então, contou que certo dia fora abordado por um homem estranho, que lhe disse: "Olá, está vindo de longe, hein?" Douglass, ironicamente, afirma que ficou quieto, parecendo com um indígena o máximo que podia. O tal estranho, diante do silêncio daquele homem não branco, insistiu: "Está vindo de longe, hein, índio?" A resposta de Douglass foi imediata: "(Índio) não, *nigger*!"[67] Ainda segundo o abolicionista, o fato de ser um enigma para o estranho branco, que provavelmente se sentia capaz de diferenciar negros e indígenas, fez com que ele, segundo o abolicionista, "caísse para trás, como se tivesse tomado um tiro".[68] A narrativa do episódio atendeu às expectativas de Douglass, uma vez que a sua intenção era ridicularizar o racismo do interlocutor, provocando gargalhadas. Douglass, naquele momento, não apenas achincalhava a sociedade branca estadunidense e as teses científicas das décadas de 1840 e 1850, mas também ironizava um dos seus maiores dilemas pessoais: o fato de ser um homem negro que também trazia traços físicos capazes de, por vezes, provocar questionamentos muito peculiares.

Ao longo da sua vida, a sua filiação sempre foi rodeada de mistérios e especulações. Isso não só pelas suas características físicas, mas também pelo seu amor pelas letras. Em sua primeira autobiografia, de 1845, Douglass descreve a sua mãe como "de cor escura, mais escura que meu avô e minha avó".[69] Já o pai é simplesmente definido como "um homem branco... isso é tudo que ouvi dizer sobre meu lado paterno". Douglass também afirmou, "por ouvir dizer", que seu pai era seu próprio senhor.

Na sua segunda autobiografia, escrita em 1855, Douglass se permite descrever um pouco mais as características da sua mãe: "Ela era alta e finamente proporcional... tinha a pele bem escura e brilhante, traços regulares e, comparada aos outros escravos, ela tinha comportamento muito calmo."[70] Douglass ainda chega a afirmar que, na falta de uma fotografia da sua mãe, sempre recorria à imagem do livro de James Cowles Prichard, *The Natural History of Man*, em que encontrava a imagem de um mulher que lembrava muito sua mãe. Não por acaso, a imagem escolhida por Douglass seria supostamente de um membro da realeza egípcia, Ramsés VII, cujos traços contrastavam com aqueles atribuídos pelos cientistas aos africanos, entendidos também como marcas de inferioridade. Esses mesmos cientistas, como vimos, acreditavam que os egípcios eram caucasianos, e defendiam que a animalidade dos africanos poderia ser percebida pelo tamanho dos seus lábios, braços, pés, tamanho de crânio e, no caso das mulheres, pelo comportamento sexual desenfreado, o que diferia totalmente dos "modos calmos" de Harriet Bailey, mãe de Douglass, segundo ele próprio. A apropriação de Douglass da personagem da realeza egípcia para aproximá-la da imagem da sua mãe estava relacionada à disputa pela herança africana dos povos do Egito antigo, algo que percebemos, por exemplo, no discurso de outros abolicionistas negros, como Samuel Ward.

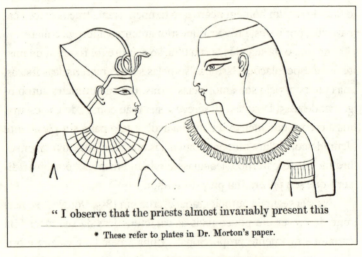

Figura 12 Ramsés VII. Imagem do livro *The Natural History of Man*.

O livro citado por Douglass, *The Natural History of Man*, foi escrito pelo cientista inglês James Princhard e defendia basicamente as teses poligenistas muito em voga no meio científico dos Estados Unidos desde a década de 1840.[71] Publicada pela primeira vez em 1813, e recebendo diversas edições ao longo do século XIX (aparentemente, Douglass leu a edição de 1855), a obra demonstrava ambiguidade a respeito do tipo egípcio, se caucasiano ou negro, mas apontava, de todo modo, uma variedade racial na região. Prichard preferia não afirmar nada definitivo sobre a raça dos egípcios, mas reproduzia no livro as características caucasianas das ilustrações do cientista, também poligenista, Samuel Morton e Gliddon. Ademais, outros temas presentes na obra devem ter chamado a atenção de Douglass, como a discussão sobre os efeitos da mistura racial. Definitivamente, para Prichard, os mulatos como Douglass eram mais como negros do que como os brancos, resultado de duas raças distintas, uma superior e outra inferior.[72]

Na mesma publicação, Douglass também teria mais notícias da composição racial da população brasileira, uma vez que Prichard, cientista ferrenhamente contrário à mistura racial, analisava os desdobramentos do hibridismo sobre as plantas de diferentes espécies, assim como em animais e seres humanos. De acordo com ele, o Brasil tinha dois tipos de mestiços, os mulatos, uma mistura de africanos e brancos, e os cafuzos, resultado do intercurso entre indígenas e brancos. Para demonstrar as características dos cafuzos, o autor reproduziu uma imagem do livro dos alemães Spix e Martius,[73] que seria de uma mulher cafuza, cujos traços estariam longe dos padrões de humanidade e civilização da ciência norte-americana da época.[74]

Figura 13 Mulher cafuza da obra de Spix e Martius.

Assim, as referências científicas, que eram fontes dos seus próprios estudos sobre raça, humanidade e diferenças raciais, não diziam nada favorável sobre sua própria ancestralidade africana ou até mesmo sobre sua condição de "mulato", isto é, meio negro/meio branco. Ainda assim, diversos foram os episódios em que, a despeito do seu fenótipo considerado intrigante, Douglass afirmou-se negro, atribuindo suas qualidades positivas ao lado materno. Vejamos a forma como a sua origem aparece, na sua segunda autobiografia, em que ele afirma não poder dizer nada sobre seu pai, figura, segundo ele, "envolta em um mistério que eu nunca poderei penetrar".[75]

Ainda na mesma obra, a questão da origem birracial de Douglass e as especulações sobre as heranças genéticas do seu lado branco foram tratadas pelo seu amigo, o abolicionista negro James McCune Smith, no prefácio da obra. No texto, após elogiar o estilo da escrita e a oratória de Douglass, o que considerou as habilidades "mais marcantes e fenomenais" do abolicionista, comparando-o aos clássicos da língua inglesa, Smith reflete sobre a origem da capacidade intelectual de Douglass. A opinião de um interlocutor, que atribuiu o intelecto de Douglass ao seu lado caucasiano supostamente predominante, quase convenceu Smith.[76] A resposta a essa questão viria do próprio Douglass:

> Eu estou disposto, e mesmo feliz, de atribuir meu
> amor pelas letras, a despeito de todo preconceito,
> não à minha admitida paternidade anglo-saxã, mas
> à genialidade da minha mãe, negra, desprotegida
> e inculta, uma mulher que pertenceu a uma raça
> cujas capacidades intelectuais, no presente, são
> comumente descreditadas.[77]

Enquanto, para Smith, o efeito da mistura racial sobre Douglass era aquele resultante da mistura do sangue branco com "bom sangue negro", positivando assim a mistura racial, então condenada pela ciência, Douglass entendia a mistura racial como um dos aspectos degeneradores provocados pela escravidão, que destruiu famílias e fez com que escravizados, inclusive os mais escuros, fossem mantidos em cativeiro pelos seus próprios pais, que carregavam em si "a glória da pureza do seu sangue anglo-saxão". Segundo Douglass, os senhores de escravos não amariam aqueles que eram fruto do seu pecado, o que seria sempre lembrado ao se depararem com a face "mulata" das crianças das quais eram genitores. Para o abolicionista, ainda pior era o ódio das esposa brancas, que faziam de mulheres escravizadas e crianças vítimas vulneráveis de sua violência.[78]

Douglass usou a sua própria experiência para afirmar aquilo que o movimento abolicionista vinha argumentando como sendo um dos efeitos mais nefastos da escravidão no Sul, que era a depravação sexual. Crianças, como ele próprio, que não sabiam quem eram seus pais; mães exploradas sexualmente; senhoras ciumentas que dirigiam sua raiva a mulheres e crianças cujos semblantes lembravam os traços dos seus maridos; pais que escravizavam e vendiam seus próprios filhos, que, por sua vez, herdavam o status de escravizados de suas mães, sem nenhum privilégio. Para Douglass, o abuso sexual era, portanto, a origem dos mulatos nos Estados Unidos. Ele mesmo, deixado órfão ainda criança, sem vínculos com seus irmãos e irmãs, era a prova disso.

Dessa maneira, percebemos que entre os abolicionistas negros como Douglass, a mistura racial nos Estados Unidos era uma demonstração dos males da escravidão, das contradições dos senhores de escravos cristãos e da licenciosidade do cativeiro. A mulher escravizada era deixada vulnerável à exploração sexual, à violência de uma senhora vingativa e, além de tudo, não tinha nenhum poder sobre seus filhos. Segundo Douglass, não havia nada debaixo do céu que fosse mais inimigo da afeição familiar do que a escravidão.[79] Esse argumento foi amplamente utilizado pelo movimento abolicionista, que tinha por objetivo sensibilizar as mulheres brancas ao mesmo tempo que denunciava as aberrações cometidas pelos senhores de escravos. Diversas publicações abordaram esse tema, da exploração sexual das mulheres escravizadas e do nascimento de crianças que herdariam a condição escravizada das suas mães. Podemos citar algumas dessas obras, como A *cabana do pai Thomas*, de Harriet B. Stowe, publicada em 1854, *Incidentes na vida de uma menina escrava*, de 1861, publicada por Harriet Jacobs, uma mulher negra escravizada que se tornou um símbolo da luta abolicionista, além do próprio Douglass, que tratou do tema em sua série autobiográfica.

Veremos, contudo, algo muito interessante na narrativa de Douglass sobre a mistura racial quando o contexto é deslocado para outras partes da América. Suas interpretações e projeções sobre a integração social, habilidades intelectuais e condições da vida dos ditos mulatos na América Latina e no Caribe eram utilizadas para afirmar a excepcionalidade do racismo estadunidense. Esse ponto de vista não era comentado nas narrativas autobiográficas, pois, como confirma James McCune Smith na introdução de *My Boundage and My Freedom*, aquele seria "um livro americano, para americanos, no completo sentido da ideia".[80]

Exemplos dos feitos de indivíduos de origem birracial eram evocados por Douglass em seus artigos e serviam como respostas ao racismo científico dos anos 1840 e 1850, sobretudo às teses poligenistas. Mais do que isso, Douglass refutava as teses sobre hibridismo, cujo maior teórico, como vimos, era o médico do Alabama, Josiah Nott, membro da Escola Americana de Etnologia. Nott é aqui novamente evocado num "diálogo" com o pensamento de Frederick Douglass. No artigo publicado em 1844, "Caucasian and Negro Races" [Raças caucasiana e negra], Nott defendia a supremacia branca e afirmava que a mistura racial era uma ameaça a ela, colocando em perigo a sua própria existência. A miscigenação racial, então chamada amalgamação, era apontada como uma degeneração do tipo racial branco. Até mesmo a suposta inteligência dos mulatos, maior do que as dos negros "puros", segundo Nott, constituía-se num problema. Isso porque a herança biológica do ancestral branco nas suas mentes geraria um indivíduo que rejeitaria a escravidão, tornando-o perigoso para o sistema e potencialmente um líder de insurreições.[81] Podemos pensar se Douglass, como leitor dessas teses, além de crítico e ao mesmo tempo crente em algumas delas, teria se identificado com esse tal mulato insurgente das teses de Nott?

Assim como Douglass, Nott também utilizou a América Latina como observatório das suas hipóteses e projeções. Para o médico, o maior exemplo dos efeitos da mistura racial poderia ser visto em Nova Orleans e na América Latina, isso porque acreditava-se que, nessas regiões, a mistura racial era praticada sem controle e sem uma política de segregação, o que permitia que os mulatos não apenas vivessem integrados à sociedade, como também, muitas vezes, vivessem como se passassem por brancos. Portanto, os projetos expansionistas de Nott e dos Estados Unidos como nação eram justificados sob o argumento de que a região latino-americana era incapaz de administrar suas riquezas, o que deveria ser feito pelos Estados Unidos, uma nação onde a pureza racial e o clima haviam produzido um povo superior e excepcional.[82]

Ao tomar conhecimento dessas ideias, que circulavam desde a década de 1840 e foram sendo reafirmadas ao longo dos anos 1850 e 1860, Douglass as apropriava fazendo suas próprias releituras. Longe de parecer algo degenerativo e negativo, a notícia da ampla prática de mistura racial em países latino-americanos apareceu para ele como os exemplos que ele precisava para refutar tais teses. A dinâmica racial do México, da Venezuela, da Nicarágua, do Haiti, de Cuba e, sobretudo, do Brasil faziam o abolicionista crer que a sociedade multirracial em que ele tanto acreditava era realizável. Vejamos como essa crença foi um argumento incorporado ao discurso abolicionista de Frederick Douglass.

A cidadania em terras alheias: olhares sobre raça na outra América

Após a publicação da sua primeira autobiografia, em 1845, companheiros do movimento abolicionista acreditavam que, para fugir do risco de uma nova escravização, Douglass deveria se refugiar por certo período Inglaterra. Ainda durante a viagem, ele teve de enfrentar o preconceito racial de passageiros do Norte do seu país, que se recusavam a aceitá-lo no mesmo compartimento do navio. A sombra de Jim Crow,[83] regime de segregação racial dos Estados Unidos, acompanharia Douglass até aquele momento. Ao pisar em solo europeu, o abolicionista afro-americano teria um descanso da sua vida de perseguição, preconceito e rejeições. Segundo ele, seria lá, na Europa monárquica, que viveria "os momentos mais felizes da sua vida". Ele experimentava, em suas palavras, "uma nova vida", sendo tratado de forma hospitaleira, numa sociedade marcada pelo espírito de liberdade e com a "completa ausência de qualquer coisa que se parecesse com preconceito contra mim, por conta da cor da minha pele, contrastando com minha longa e amarga experiência nos Estados Unidos".[84]

A partir de então, na sua autobiografia, Douglass passaria a utilizar uma constante estratégia, que era apontar o preconceito de cor nos Estados Unidos como se fosse algo muito particular daquele país, não existente em nenhum outro. Para ele, foi só longe de sua terra que pôde se sentir por fim um homem, tal qual os homens brancos. "Eu respiro e pronto! a propriedade tornou-se um homem", escreveu. Ainda narrou que acessava o transporte público, se sentava ao lado de pessoas brancas, hospedava-se em hotéis, entrava em restaurantes e igrejas e, em nenhum desses locais, em Liverpool, ouvira a conhecida frase: "Nós não aceitamos *niggers* aqui."[85]

A partir da experiência fora do seu próprio país, Douglass passou a acreditar que era possível existir uma sociedade multirracial, como a inglesa. A questão agora era entender se isso seria possível em sociedades escravistas americanas ou se o preconceito tal qual nos Estados Unidos era comum a todas elas. Após dois anos na Europa, depois de ter levantado recursos para fundar o seu primeiro jornal, o *The North Star*, em 1847, Douglass passou a analisar o preconceito racial e a escravidão nos Estados Unidos à luz do que acontecia no restante do mundo, sobretudo em outras nações escravistas americanas. Um objetivo de Douglass era responder à seguinte questão: seria o preconceito racial inerente à escravidão ou essa seria uma peculiaridade do seu país?

Ainda de acordo com a historiadora Juliet Hooker, é a partir da análise do abolicionista sobre esses outros países que podemos perceber a dimensão hemisférica do seu pensamento. Ao projetar sobre outras nações escravistas suas aspirações pela possibilidade de existirem sociedades igualitárias, onde negros e brancos convivessem juntos harmonicamente, Douglass particulariza seu pensamento como "fugitivo democrático". Para a autora, isso significa que, na visão dele, outros espaços se colocavam como referências de uma vida em liberdade, possibilidade não restrita ao seu país. As notícias recebidas de outras nações americanas, ainda que fossem escravistas, se encaixariam naquela ideia de nação desejada por Douglass, e que era combatida por escravistas, cientistas e até mesmo por alguns abolicionistas, brancos e negros, que por diferentes razões não acreditavam ser possível um convívio entre as raças negra e branca nos Estados Unidos.[86]

Para Douglass, as descrições das relações raciais na Nicarágua, em Moskito Kingdom (localizado entre a costa da Nicarágua e Honduras), no Haiti, em Cuba e no Brasil pareciam constituir espaços de liberdade que eram referências de cidadania, igualdade e inserção social das pessoas negras livres. As revoltas escravas ocorridas no Caribe eram exemplos de bravura das populações negras daqueles territórios. A autonomia política dos ex-escravizados nesses lugares eram percebidas em relações raciais mais igualitárias, em que, inclusive, os mulatos estavam inseridos socialmente, até mesmo como líderes dessas nações. Ainda de acordo com Hooker, James McCune Smith afirmou, no prefácio da obra de Douglass, que o ministro das relações exteriores da Nicarágua era um mulato, e Douglass, num editorial do seu jornal *Douglass Monthly* de 1862, não deixou de afirmar que o presidente Lincoln sabia que no México, na América Central e na América do Sul, muitas raças distintas viviam em paz, gozando dos mesmos direitos.[87]

Podemos afirmar que o exemplo do Haiti era o mais importante e emblemático para os abolicionistas negros norte-americanos, inclusive para Douglass. Diante das já apontadas teorias científicas que afirmavam a incapacidade intelectual e militar dos africanos e descendentes, o exemplo de heroísmo dos negros do Haiti parecia ser importante e estratégico para questionar tais teses. O Haiti constituía um exemplo em particular, pois, além dos negros serem livres, condição conquistada após uma revolta da qual saíram vitoriosos, o país era governado por negros.[88] A historiadora Leslie Alexander afirma que, sobretudo para as pessoas negras da região Norte dos Estados Unidos, o Haiti era a prova de que a liberdade não era uma ilusão. Isso fez com que, desde a década de 1830, negros norte-americanos livres e libertos estivessem dispostos a imigrar para aquele país, o que era incentivado por diversos setores da sociedade, inclusive abolicionistas negros, mas não por Frederick. Para ele, cuja relação com o Haiti foi duradoura e muito próxima, como veremos adiante, o Haiti era mais um exemplo que fortalecia sua crença numa possível sociedade multirracial nos Estados Unidos.[89]

No caso do Brasil, país escravista, monárquico e católico e que, portanto, agregava todos os aspectos que colocavam o país numa situação de atraso em relação aos Estados Unidos, inclusive para Douglass, o ponto positivo a ser destacado eram as relações raciais. Ao que parece, ele nunca visitou o Império brasileiro. As informações as quais ele interpretou se apropriando do exemplo do Brasil eram, portanto, notícias de viajantes publicadas em livros e jornais, além de teses científicas também disseminadas nesse tipo de mídia. Tanto em jornais escravistas do Sul quanto nos jornais que circulavam no Norte, alguns deles abolicionistas, como o *The National Era*, o Brasil era citado com frequência. No caso dos jornais escravistas, atentos às possibilidades e aos interesses de expansão para a América Latina, o Brasil interessava pela natureza e pelas possibilidades de negócios, sobretudo ligados à escravidão. O objeto de estranhamento era sempre o mesmo: a intrigante forma com que negros e brancos se relacionavam no Império.

O Império do Brasil: onde os negros tinham acesso a tudo

Vejamos como o Brasil era apresentado no artigo *"The Brazilians"*, publicado no mês de abril de 1849 no jornal quaker *Friend's Review*, da Filadélfia. Já nas primeiras linhas, os brasileiros eram descritos como "um povo peculiar", cujo sistema político era monárquico, mas funcionava como se fosse uma República. Sobre a população brasileira, as relações raciais e a inserção dos mulatos na sociedade, o artigo dizia:

> Dos sete milhões que constituem a população total do Brasil, estima-se que três milhões sejam escravos negros, dois milhões e meio sejam índios aborígines e negros livres, e o resíduo, um milhão e meio, sejam brancos. O estado social da população brasileira *não é marcado pela distinção de cor*, tão imperativa em outro país na produção de classes. No Brasil só existe distinção entre liberdade e servidão. *Os negros têm acesso a tudo* e estão em posse de muitos cargos de honra e confiança, além de engajados em todos os departamentos de negócios.

*A raça branca e a negra se encontram em termos
de perfeita igualdade* no intercurso social e casam-se
entre si sem escrúpulos... o escritor do [jornal]
North American Review... conheceu "a esposa de
um almirante, cuja pele era *a mais escura entre as
filhas da África*" e menciona "o desalento de um
agente diplomático americano, com a entrada
de um coronel negro na corte, a quem ele foi
apresentado". Nós temos a mesma notícia do
fato que, não faz muito tempo, o *embaixador
brasileiro na Inglaterra era um mulato,* e no
presente momento uma ampla maioria dos
membros do exército, tal como os oficiais, são
descendentes de africanos.[90]

O trecho transcrito tocava em vários pontos muito caros à sociedade estadunidense do fim da década de 1840 e 1850. No fragmento
destacado, temas como teses científicas sobre hibridismo e capacidade intelectual de negros e mulatos, amalgamação (ou mistura racial), a posição social de mulheres e homens negros, enfim,
assuntos que geravam intensos debates entre escravistas e abolicionistas, estavam presentes. Sendo um jornal da região Norte dos
Estados Unidos, que não era mais escravista, mas onde as regras
de segregação racial garantiam que negros e brancos estivessem
longe de ocupar um lugar social de igualdade, a realidade brasileira não deve ter deixado de chocar o observador, autor do registro.
Não sabemos ao certo a autoria do texto, mas o fato é que matérias
como essa eram replicadas em diversos jornais norte-americanos
do período. Douglass não perderia essa oportunidade: aproveitou
o conteúdo da matéria, apropriou-se do texto de forma bem estra-
tégica e também republicou o mesmo trecho no seu jornal, o *The
North Star,* na edição de 13 de julho de 1849, ou seja, poucos meses
depois da publicação do jornal *The Friend's Review.* No seu jornal,

Douglass apenas alterou o título da matéria, substituindo "The Brazilians" por "Blacks in Brazil".

O jornal *The North Star* publicava frequentemente notícias internacionais comparando os Estados Unidos a outros países. O artigo "Blacks in Brazil",[91] mais uma vez, enfatizava a ausência de preconceito racial no país, que continuava a ser citado como um exemplo oposto à sociedade norte-americana, então ancorada em valores democráticos e republicanos desde a sua fundação. Apresentando dados populacionais do vizinho latino-americano, o texto afirmava que o Brasil tinha uma população de sete milhões de habitantes dentre os quais somente um milhão e meio eram brancos ou podiam ser considerados socialmente brancos. O restante da população, uma maioria de cinco milhões e meio, era composta por indígenas e negros livres e escravizados, ou seja, "pessoas de cor".

Sobretudo no fim dos anos 1840, quando, como sabemos, já existia uma extensa bibliografia de viajantes sobre o Brasil, uma produção bastante popular nos Estados Unidos, a sociedade brasileira passou a ser vista como um exemplo que poderia constranger os racistas norte-americanos. Nesse sentido, o editorial oferecia um contundente exemplo de inserção dos mulatos brasileiros livres na alta esfera do governo ao afirmar que o embaixador brasileiro na Inglaterra era mulato, assim como a maioria daqueles que compunham o Exército Imperial. Em parte, o argumento presente no artigo estava correto, pois é reconhecida a presença de uma minoria de mulatos em posições de prestígio na sociedade brasileira da época e, embora o fato estivesse longe de representar a norma social, por outro lado, nos Estados Unidos, não era possível nem mesmo que uma minoria negra fizesse parte do governo do país.

Sabendo das hierarquias raciais vigentes no Brasil durante o século XIX, podemos nos questionar quais fontes de informação desse abolicionista o faziam acreditar que, na sociedade brasileira, as desigualdades eram baseadas na classe, ou seja, na condição social de livres e escravizados, e não na cor da pele. Além das obras dos viajantes, uma pista pode revelar outro possível tipo de fonte: na última linha do artigo em questão, havia a abreviatura "Jour. Com.", o que nos faz supor que as iniciais se referiam ao *Jornal do Comércio*, um periódico de tendências moderadas e de ampla circulação no Brasil durante o século XIX, devido à sua participação e influência nos debates políticos da época.[92] Acreditamos que era interesse do jornal carioca difundir a ideia de que o Brasil, ao contrário dos Estados Unidos, era um país escravista, mas sem preconceito racial, embora também vigorassem distinções raciais baseadas na cor da pele.[93]

No mesmo artigo, outro tema de grande importância para fortalecer os argumentos em prol da igualdade racial nos Estados Unidos era a mistura racial presente na sociedade brasileira. Chamava a atenção dos abolicionistas negros norte-americanos a ideia de que a mistura de raças podia ser vista como natural no Brasil e de que negros e brancos poderiam viver de forma harmônica na mesma sociedade e compartilhando os mesmos direitos. Além disso, a possibilidade de que homens e mulheres de diferentes raças pudessem se casar sem encontrar barreiras legais ou sociais ajudava a responder às questões levantadas nos calorosos debates sobre os resultados da abolição e da amalgamação na sociedade estadunidense: "No Brasil, as raças branca e negra estão em termos de igualdade no intercurso social e casam entre si sem escrúpulos, já que não existem obstáculos na posição relativa na vida das respectivas partes."[94]

Com tal citação, o jornal certamente buscava denunciar a gravidade do preconceito racial presente na sociedade norte-americana, apontando a suposta liberdade com que casais inter-raciais se relacionavam no Brasil. Como já visto, isso ocorria na mesma época em que os cientistas da Escola Americana afirmavam que a mistura racial era degenerativa e que os mulatos eram seres híbridos.[95] Além disso, os grupos antiabolicionistas dos Estados Unidos acusavam os homens negros de desejarem obter o direito de se casar com mulheres brancas, e, como elas eram vistas como responsáveis pela manutenção da brancura, portanto, um patrimônio nacional e familiar, deveriam ser "protegidas". A proteção das mulheres brancas justificou a criação de leis contra casamentos inter-raciais no Norte dos Estados Unidos. Lembremos, novamente, que aqui reside um fator de raça e também de gênero, uma vez que esse debate não levou em consideração as relações ilegítimas (consensuais ou não) entre mulheres negras e homens brancos no Sul.[96] No Norte, como não havia registros de casamentos entre abolicionistas brancos com mulheres negras, aparentemente, o que estava sendo reivindicado era a liberdade para que homens negros pudessem se casar com mulheres brancas, o que significava o total exercício das suas vontades como cidadãos livres.[97]

Para entender o contexto e o impacto das notícias do Brasil no fim dos anos 1840 e 1850 nos Estados Unidos, é importante lembrar que essa imagem apresentada ia contra a ideia de que pureza racial era algo definidor do sucesso de uma nação. Do mesmo modo, a mistura racial, como vimos com Josiah Nott, significava o fracasso, a degeneração do sangue caucasiano. Assim, relações raciais ilegítimas (pela natureza) representavam uma ameaça à nação americana.[98] Se as narrativas sobre o Brasil mostravam que negros e mulatos faziam parte do Império como livres e libertos e tinham acesso a tudo, Frederick Douglass viu aí uma excelente oportunidade de questionar a ciência e provar as capacidades da população negra e a possibilidade concreta da realização daquilo em que acreditava, uma sociedade multirracial. Assim, a releitura do abolicionista sobre o Brasil era positiva e dialogava com duas estratégias utilizadas por ele nas décadas de 1840 e 1850: enfatizar mais uma vez o excepcionalismo do racismo norte-americano e buscar o exemplo de outras comunidades negras bem-sucedidas em outras partes do que hoje chamamos de diáspora.

Um aspecto muito importante presente no artigo publicado por Douglass em seu jornal é a mensagem sobre mistura racial, apropriada pelo abolicionista inclusive para falar do racismo vigente na região Norte. De acordo com ele, mesmo estando livre de escravidão, a população negra do Norte não tinha acesso a direitos, à cidadania e até mesmo aos serviços públicos. A violência contra as populações negras cresceu de forma considerável nas décadas de 1820 e 1830, portanto logo depois do processo de abolição na região.[99] Diferentemente da América Latina, onde o caminho para a homogeneização racial escolhido foi a mistura racial, nos Estados Unidos a alternativa que garantiria a uniformidade racial da população era a segregação. Nos estados do Norte, as mesmas leis que proibiam o casamento inter-racial no período escravista continuaram em vigor no pós-abolição, como é o caso de Massachusetts e Rhode Island.[100] Além disso, na época, como visto, o conceito de amalgamação incluía compartilhar o espaço ou qualquer integração entre pessoas negras e brancas, o que motivou muitas revoltas, violências e motins.

Alguns meses antes da publicação do artigo "Blacks in Brazil" no seu jornal, naquele mesmo ano de 1849, o próprio Douglass havia sido vítima novamente de mais um episódio de violência motivado pela prática de amalgamação. No mês de maio, Douglass passeava pelas ruas de Nova York de braços entrelaçados com duas amigas brancas, as irmãs abolicionistas Julia e Eliza Griffiths, quando foi atacado por uma turba. O grupo justificou o ataque argumentando que o abolicionista havia violado regras de decoro moral praticando um ato "audacioso e desgraçado", que era um abuso contra o país, a constituição e seus cidadãos. O episódio é citado na obra recente do historiador David Blight, que procura investigar as dimensões políticas e pessoais da vida de Douglass. Blight entende que esse incidente provocou uma importante reflexão do abolicionista sobre o racismo nos Estados Unidos no século XIX.[101]

Depois desse ocorrido, Douglass havia afirmado que "preconceito" seria uma palavra muito fraca e até inocente para descrever o sentimento dos brancos contra os negros no seu país. Segundo ele, a palavra mais apropriada seria "um ódio infernal" dirigido aos homens negros. Portanto, concluía ele, o problema não estava no convívio entre homens negros e mulheres brancas, uma vez que senhoras conviviam com escravizados que lhe serviam no Sul escravista. O que motivaria tal ódio seria a rejeição à igualdade racial, e não necessariamente a cor da pele.[102]

O impacto das relações inter-raciais, sobretudo quando isso dizia respeito a relações entre homens negros e mulheres brancas, acompanharia Douglass até seus últimos dias de vida, e isso poderia explicar a razão do Brasil lhe parecer tão interessante. Em 1883, faleceu sua primeira esposa, Anna Murray Douglass, uma mulher nascida livre no estado de Maryland. Já no ano seguinte, Frederick se casaria novamente, dessa vez com uma mulher branca, a abolicionista e sufragista Helen Pitts Douglass. A relação considerada escandalosa na época foi tratada pelo abolicionista com sua típica ironia: "Isso prova que sou imparcial; minha primeira esposa era da cor da minha mãe e a segunda da cor do meu pai."[103]

Figura 14 Anna Murray Douglass.

Figura 15 A imagem é uma sátira produzida logo depois do casamento de Frederick e Helen Pitts Douglass. O casal sai de uma farmácia e o abolicionista leva um tônico "purificador do sangue". Na legenda, um dos garotos sugere que Douglass comprou o produto para clarear a pele.

Enquanto o próprio Douglass colecionava episódios em que era arrancado à força de hotéis, restaurantes, trens e até mesmo navios, sob a recusa dos homens brancos que não queriam compartilhar o espaço com um homem negro, no Império do Brasil havia descendentes de africanos que frequentavam a corte, ocupavam cargos importantes no governo, contestando ideias de inferioridade racial e do racismo como algo intransponível. O caso do "embaixador mulato" era um dos fortes exemplos que confrontavam as noções de degeneração racial que tanto incomodavam Douglass. Portanto, no Brasil, aparentemente, os homens negros tinham sua masculinidade reconhecida e respeitada, tal qual os homens brancos. A notícia de uma mulher negra, "a mais escura entre as filhas da África", que tinha o status de esposa de um almirante, era uma perfeita evidência de harmonia entre as raças.[104] O lugar dessa mulher, que na sociedade brasileira era de cônjuge, diferia bastante da realidade no Sul dos Estados Unidos, onde as mulheres, assim como a própria mãe de Douglass, tinham o único papel de trabalhadoras escravizadas, objeto dos abusos sexuais dos seus senhores e geradora de mulatos que engrossariam a escravaria.

Ao longo dos anos 1850, o Brasil permaneceria sendo uma referência para Douglass, sempre citado nos seus jornais para cumprir a tarefa de denunciar o preconceito racial norte-americano e reafirmar a possibilidade de existência de uma sociedade igualitária e multirracial, ainda que escravista. Embora em sua biografia houvesse afirmado que "nenhum homem de cor é realmente livre num estado escravista",[105] parecia-lhe possível que escravidão e cidadania convivessem na sociedade brasileira.

Episódios políticos importantes fizeram Douglass reforçar o tom da sua luta política na década de 1850, devido ao fortalecimento do poder escravista, que se estendia para a região Norte. No próprio ano de 1850, foi aprovada a Fugitive Slave Law [Lei do escravo fugitivo], lei que garantia que qualquer cidadão (homem branco) podia capturar uma pessoa negra no Norte e devolvê-la ao seu proprietário no Sul. Em 1854, foi aprovado o Kansas Nebraska Act [Ato de Kansas-Nebraska], lei que autorizava a expansão da escravidão para os novos estados de Kansas e Nebraska.[106] Essas leis demonstravam os interesses escravistas de se expandir, não apenas no território estadunidense, mas também latino-americano, o que preocupava muito Douglass, como veremos.

Já nos primeiros meses de 1852, ele levaria mais uma vez o Brasil para as páginas de um dos seus jornais, dessa vez o *Frederick Douglass, Paper*. A matéria intitulada "From South America", publicada originalmente em janeiro daquele mesmo ano no jornal *The National Era*, fonte da maioria das notícias sobre o Brasil para Douglass, trazia informações de um viajante que havia passado pelo Império brasileiro em 1851. A matéria apareceria no *Frederick Douglass,*

Paper em fevereiro, novamente com título modificado, agora certamente para causar mais impacto: "Slave Trade and Slavery in Brazil" [Tráfico de escravos e escravidão no Brasil], destacando, assim, temas que interessavam à comunidade negra estadunidense sobre o país latino-americano, como o tráfico de africanos, o movimento abolicionista ainda incipiente, a excepcionalidade do preconceito, a força do poder escravocrata estadunidense e a mistura racial.[107]

A matéria descrevia um país cuja disposição para abolir o tráfico e a escravidão se manifestava desde a independência de Portugal (1822), portanto não necessitando das pressões de um movimento abolicionista, mencionado como ainda "insignificante e quase sem influência". As leis antitráfico de 1831 e 1850 são citadas como marcos que demonstram o interesse brasileiro pelo fim desse comércio e também da escravidão. Entre aqueles que apoiavam o fim do cativeiro, segundo o artigo, estavam integrantes do governo, médicos, membros da nobreza e das elites imperiais, os quais não eram vítimas da violência dos seus opositores, afirmando, em seguida, com ironia: "ao contrário da tão iluminada nação dos Estados Unidos".

O número de negros no Brasil, maioria em relação aos brancos, gerava temor e motivava debates sobre politicas de deportação dos libertos nos Estados Unidos. Esse era outro aspecto que fazia do Império brasileiro um exemplo de sociedade multirracial, conforme o texto:

> A população do Brasil consiste, aproximadamente, em um milhão e quinhentos mil brancos, um milhão e quinhentos mil índios, a maioria deles selvagens, um milhão e quinhentos mil negros livres, a maioria mulatos, e três milhões e meio de escravos, a maioria negros, totalizando, juntos, oito milhões de almas, ou quase isso. O medo de que os negros, se libertos, superem a raça branca ou se tornem um fardo para eles não parece ser considerado algo tão sério como

> objeção à emancipação nesse país, onde há três
> brancos para cada sete negros, sem contar aqueles
> que são livres, comparado conosco [Estados Unidos],
> onde são vinte brancos para cada três negros [...]
> Os homens nesse país [Brasil] não aceitam a teoria
> da Carolina do Sul da bênção da escravidão e
> também rejeitam a outra doutrina, tão forte entre
> nós, da impossibilidade de uma abolição pacífica.
> Assim, enquanto a capital dos Estados Unidos está
> legislando sobre a expulsão dos negros livres do seu
> território, o Brasil está refletindo somente sobre a
> libertação dos escravos.[108]

Em 1852, representar o Império da Brasil como disposto a abolir o tráfico e a escravidão era uma tática narrativa do movimento abolicionista norte-americano, aqui estrategicamente empregada por Douglass. A mistura racial também seria mais uma vez citada como elemento capaz de explicar a disposição do brasileiro para a liberdade e para a não rejeição ao convívio com pessoas negras, inclusive na condição de livres, reforçando assim aquilo que Douglass já vinha defendendo, a excepcionalidade do preconceito, um sentimento muito presente nos Estados Unidos.

> Outro sério obstáculo para a disseminação dos
> princípios antiescravistas nos Estados Unidos é
> muito menos presente no Brasil, que é o sentido
> de casta e a antipatia dos brancos de se misturar
> ou se associar aos negros. Neste país, a mistura de
> raças e a mistura de cores já fez muito para nivelar
> esse impedimento com a aceitação da emancipação.
> Como consequência natural, é digno de nota que
> a incapacidade da raça negra de compartilhar com
> o branco os deveres e privilégios da cidadania

livre é um dogma que vem desaparecendo na
experiência do país.[109]

Embora o autor do texto reconhecesse que existiam alguns obstáculos para a abolição no Brasil, sobretudo o temor daqueles que
viviam da exploração do trabalho escravo de não conseguir mão
de obra livre suficiente, esse problema parecia um empecilho frágil
diante da suposta disposição para aceitar o processo de abolição
que se acreditava estar em curso no Brasil desde 1851. Na realidade,
sabemos que nesse período a abolição ainda era uma possibilidade distante, no entanto, as impressões do viajante reforçavam as
intenções de Douglass, que era isolar, em seu discurso, os Estados
Unidos escravistas de outras nações americanas, então percebidas
como mais atrasadas. O trecho final do texto era perfeito para esse
objetivo. Nele, especulava-se que era possível que o Império do
Brasil abolisse a escravidão antes mesmo dos Estados Unidos:

> Não parece impossível que o jovem Império do
> Brasil possa liderar nossa vangloriada nação
> anglo-saxã nos trabalhos pela emancipação e que
> a terra de Washington, de Adams e de Jefferson
> possa cair na distinção singular de ocupar o último
> lugar entre as nações civilizadas que aboliram a
> instituição da escravidão.[110]

Contudo, Douglass temia que os projetos imperialistas de expansão da escravidão encabeçados pelos estados escravistas do Sul
impedissem a continuação desse processo de abolição, que ele
acreditava estar em marcha não só no Brasil, como também em
Cuba. Essas preocupações foram expostas em um dos seus artigos
publicados no *Frederick Douglass, Paper*, em 1854, mesmo ano de
aprovação do Kansas Nebraska Act. O texto, que tinha como título
"Cuba", revelava o plano de setores escravistas dos Estados Unidos

de invadir a ilha e declarar guerra contra a Espanha, sob o argumento de impedir que a região se tornasse um "segundo Haiti". Douglass era terminantemente contra a invasão e afirmava que o real motivo para esse projeto eram "as últimas medidas de emancipação tomadas pelo governo espanhol e sua determinação de reforçar tais medidas, até que o trabalho livre substituísse completamente o trabalho escravo em Cuba". O artigo apresentava uma mistura de debates do governo, as argumentações do presidente Franklin Pierce, e sobretudo de ferrenhos defensores da invasão, como o senador escravista John Slidell. Douglass conseguia prever um conflito separatista, como de fato se concretizaria sete anos mais tarde com a deflagração da Guerra Civil, e a importância do Caribe e do Brasil para o Sul escravista, no caso de um desmembramento da União:

> Eles [os escravistas] já fixaram seus olhos sobre o rico Vale da Amazônia, promovendo explorações naquela região, estabelecendo usos peculiares com trabalho escravo e buscando estabelecer relações íntimas com o governo do Brasil [...]. O que eles realmente querem é um ponto de apoio no Vale, em que ganhos imensos serão garantidos com uso de trabalho escravo na produção de algodão, café e açúcar. O tráfico de escravos tem sido, de fato, suprimido no Brasil – as pessoas são indolentes –, não há preconceito de casta ou de cor em relação aos escravos, as tendências são de enfraquecimento e total erradicação desse sistema. Uma pequena infusão de energia anglo-americana investida no poder escravista talvez suprima essas tendências e traga o Brasil para dentro da linha escravista deste país.[111]

Douglass estava certo em suas especulações. Sabemos que, desde 1840, o capitão da marinha Americana Mathew Fountaine Maury rondava o vale amazônico (como era chamada a Amzônia em si) com a intenção de anexá-lo ao Sul dos Estados Unidos, empregando mão de obra escravizada e também de libertos afro-americanos que seriam deportados para aquela região. De acordo com Maury, aquela parte do Brasil deveria estar sob o controle do Sul, uma vez que a Amazônia estava mais próxima de estados sulistas, como Mississipi e Flórida, do que do Rio de Janeiro. A ocupação do Vale também resolveria um problema racial, transferindo parte da população negra dos Estados Unidos para uma região distante, suspendendo o risco de um dia se tornarem maioria no país, e obviamente, da mistura racial.[112]

Ainda na década de 1850, outros temas preocupavam Douglass e o Brasil ainda lhe servia para contrapô-los à realidade estadunidense. Em 1857, o Caso Dred Scott significou um golpe duro sobre a comunidade afro-americana, sobretudo aquela livre que vivia na região Norte. Isso porque Dred Scott requereu sua liberdade na corte após viver cinco anos como homem livre nos estados de Illinois e Minnesota. O chefe de justiça responsável pelo caso, um ex-senhor de escravos, declarou que Scott não era um cidadão por ser um homem negro e que, portanto, não tinha nenhum direito frente a uma corte federal.[113] Essa jurispridência, ao mesmo tempo em que gerou desespero e desamparo nos negros e negras do Norte, também marcou um endurecimento do discurso abolicionista. A partir de então, a pauta da cidadania dos afro-americanos tornou-se mais frequente, e, para fortalecer esse discurso, o Brasil teve um papel fundamental, uma vez que desde a Constituição de 1823 os libertos locais eram considerados cidadãos.

Em maio de 1858, durante um discurso intitulado "Cidadania e o espírito de casta", Frederick Douglass usou mais uma vez o Brasil, dessa vez para responder à proibição imposta à população negra de Nova York de utilizar o transporte público ou fazê-lo sob a condição de não o dividir espaço com pessoas brancas. Essa era uma das várias leis segregacionistas empregadas na região e que marcava a experiência dos libertos com episódios de racismo e violência. Além disso, à medida que os libertos abolicionistas exigiam mais direitos e cidadania, esses conflitos se acirravam. O discurso de Douglass foi ouvido pela comunidade negra seguidora da Igreja Presbiteriana de Shiloh, em Nova York, e seria publicado mais tarde em outros jornais, como o próprio *Frederick Douglass, Paper*.

Enfatizando o absurdo da necessidade de cidadãos livres reivindicarem os mais simples direitos, como o de utilizar o transporte público, Douglass afirmou em seu discurso que essa realidade era resultado do espírito de casta gerado, excepcionalmente, pela escravidão norte-americana. Revoltado com os argumentos de segregação racial baseados na inferioridade da raça negra, o abolicionista questionou:

> Por que os homens de cor no Norte progridem tão pouco? Por que eles não são mais ricos, melhores e mais sábios? Os homens que fazem essas perguntas respondem a elas do seu próprio jeito. Eles nos dizem que o homem negro é inferior em dotes naturais em relação aos homens da raça branca. Também dizem que o homem de cor não tem o vigor natural que é vital ao progresso que os distingue da raça branca. Eu trato com desprezo e indignação essa perspectiva sobre a minha raça.[114]

Douglass continuou seu discurso atribuindo o atraso da população negra que vivia no Norte dos Estados Unidos às restrições legais e ao desrespeito à sua liberdade e cidadania, o que aproximava as políticas vigentes na região àquelas empregadas no Sul escravista. Assim, nesse discurso, ele combatia dois argumentos frequentemente utilizados por grupos antiabolicionistas: a inferioridade da raça negra e o atraso natural dessa "espécie". Mais uma vez, na mesma fala, o abolicionista cita o Brasil como exemplo de nação mais democrática do que os Estados Unidos, a despeito das premissas frequentes de que se tratava de um país mais atrasado por ser miscigenado, latino-americano, tropical e católico:

> Eu duvido que já tenha existido um povo mais subjugado, mais desavergonhadamente massacrado e maliciosamente usado do que as pessoas livres de cor dos Estados Unidos. Mesmo em um país católico como o Brasil – um país que nós, com nosso orgulho, estigmatizamos como semibárbaro – não trata as pessoas de cor, sejam livres ou escravas, da forma injusta, bárbara e escandalosa como tratamos. As consequências dessa diferença são mais bem vistas na condição do homem livre de cor lá, que vive melhor do que os daqui. A prática do país é que, quando um escravo é emancipado, ele é de uma só vez investido de todos os direitos de um homem – feito igual em todos os outros aspectos do Império. Ele é um homem livre. Sua cor e suas características deixam de importar frente à chama da sua liberdade.[115]

Para fortalecer o argumento de que os Estados Unidos eram a única ou, pelo menos, a nação mais racista do mundo atlântico, Douglass elevou o Brasil à categoria de país onde a liberdade de pessoas libertas era plenamente reconhecida e respeitada. Com isso, ele fazia o contraponto com a denúncia de sua fala anterior, sobre a restrição do acesso ao transporte público imposta à população negra de Nova York. Questionamos, mais uma vez, qual seria a fonte de informação do abolicionista afro-americano. O historiador John Blassingame traz um importante indício ao afirmar que Douglass podia ter tido acesso à obra *Brazil and the Brazilians*, dos viajantes Kidder e Fletcher, além de *Life in Brazil*, de Thomas

Ewbank. Na primeira obra, sobretudo, as relações raciais no Brasil eram descritas como igualitárias.[116]

Douglass também citou o exemplo dos mulatos brasileiros e de como suas habilidades e intelectualidade afloravam quando encontravam um ambiente de incentivo e estímulo, o que só era possível quando não encontravam restrições à sua cidadania. Nesse sentido, ele mencionou o proprietário de uma importante tipografia no Rio de Janeiro que, segundo ele, era um homem de cor. Certamente ele se referia a Paula Brito, também citado em outros jornais abolicionistas que utilizaram a mesma fonte produzida por Kidder e Fletcher.[117] Por fim, Douglass conclui seu protesto afirmando:

> Se o homem de cor pôde se elevar da degradação
> à respeitabilidade no Brasil, com o mesmo
> tratamento nós também podemos nos elevar aqui.
> Se ele pode ser estimado como um homem pelo
> português, ele também pode ser tão estimado pelos
> anglo-saxões e celtas. Se ele pode obter justiça das
> mãos dos católicos, por que não também das mãos
> dos protestantes?[118]

Com essas comparações e a menção às potencialidades intelectuais dos mulatos brasileiros assim como à suposta ausência de leis segregacionistas que limitassem a cidadania da população liberta no Brasil, Douglass confrontava as teorias científicas que afirmavam a existência de limitações intelectuais e de caráter dos negros e mulatos norte-americanos. Além disso, mais uma vez, a experiência de outros povos negros da diáspora, como os afro-brasileiros, era aproximada da experiência dos afro-americanos e reforçava a ideia de que os povos negros de ambos os países compunham um único povo.[119] No fim de contas, as afirmações sobre a diferença e a desigualdade entre as raças, quando interessava aos seus formuladores, também eram aplicadas às populações negras que viviam no continente americano e africano. Isso foi feito por cientistas que utilizaram o exemplo do Brasil para provar exatamente o contrário do que os abolicionistas queriam comprovar.

A década de 1860 e o Brasil na imprensa estadunidense: deportação dos libertos, o remédio contra a mistura racial

Em abril de 1860, o jornal escravista *De Bow's Review* publicou um artigo sobre as características da escravidão no Brasil e a composição étnica da população. O texto situava o Brasil, os Estados Unidos e Cuba como únicas nações escravistas das Américas, revelando os planos expansionistas já conhecidos dos senhores de escravos sulistas. Em seguida, o texto elencava os pontos negativos do Império, aqueles capazes de provocar uma revolução e destruir o governo imperial, como o fato do exército ser composto por negros livres, que logo poderiam "ditar os termos da sua emancipação e transformar o Império em outra Venezuela".[120]

Segundo o artigo, o desequilíbrio entre os sexos – existia uma mulher para cada três homens – colocava o Brasil num estado de promiscuidade, onde a moral era refém dessa realidade. Como solução, o observador recomendava, apoiando e incentivando o tráfico de africanos após sua proibição no Império, a importação de mais mulheres africanas, evitando os males que também existiam em Cuba. A possibilidade de um escravo comprar a própria alforria também era visto como outro mal da sociedade brasileira, pois permitia a existência de mais libertos que "uma vez livres, poderiam se tornar até primeiros-ministros". No entanto, reafirmando as teses racialistas, o autor acreditava que os libertos nunca chegariam a tanto pela própria degeneração natural, alcançado, no máximo, posto de soldados. Os planos expansionistas e a fatalidade brasileira da mistura racial estavam expressas no trecho a seguir:

Se o Brasil tivesse vinte milhões de escravos na Amazônia, talvez tivesse se tornado um paraíso. Se o anglo-americano fosse o mestre daquele solo e tivesse aquela raça [a negra] como escrava, uma vez que deus tem nos dado a confiança conquistada para o bem-estar daqueles, o Brasil talvez executasse tudo aquilo que a fertilidade natural sugere. Da forma como o Brasil é, ele não tem poder de lutar com os preconceitos europeus. Uma raça que tem tanta mistura de castas não tem as qualidades essenciais para o progressivo desenvolvimento, uma vez que a ignorância, a superstição e a desarmonia politica e social [estão presentes], com tudo isso, o pior de tudo, uma amalgamação licenciosa, a crescente raça híbrida com títulos de liderança e de governo [fazem do Brasil] uma nação que, como povo, nunca teve e nem nunca vai ter uma história ou uma literatura.[121]

A teoria da degeneração dos mulatos perseguiria Douglass ainda na década de 1860 e continuaria por toda a sua vida. Àquela altura, sua capacidade intelectual intrigaria teóricos e adeptos do hibridismo que se questionavam quanto à sua performance política, oratória e escrita. Naquele mesmo ano de 1860, Douglass responderia a um desses questionamentos no seu outro jornal, o *Douglass' Monthly*, com uma matéria intitulada "A questão da amalgamação". Antes disso, Douglass reproduziu uma matéria publicada no jornal *Herald of Progress*, em que um leitor identificado como C. P. Coonly questionava Andrew Jackson Davis – pesquisador do mesmerismo e espiritismo – sobre os *"mongrels"*[122] (termo pejorativo usado na época), Frederick Douglass e Williams Wells Brown, outro abolicionista amigo de Douglass, também "mulato". As questões colocadas eram: Como explicar o desempenho dos dois abolicionistas, uma vez que se esperava do mulato ser uma raça inferior? Os sangues negro e branco poderiam, por alguma razão, misturar-se perfeitamente? Era possível que o mulato herdasse unicamente as capacidades do ancestral branco, escapando assim da sua condição de ser metade branco, metade negro?[123]

A resposta do pesquisador Andrew Jackson Davis foi, digamos, um empenho sobrenatural para reforçar as teses da inferioridade racial. Douglass demonstraria sua indignação classificando os argumentos como místicos, fruto da estupidez do preconceito, do desperdício de dinheiro em pesquisas levadas a cabo por falsos filósofos e falsos cientistas que usavam seu poder para degradar a raça escravizada. Na curiosa resposta de Davis, basicamente, o sangue tinha uma geometria espiritual, cujas formas só se encaixavam perfeitamente em indivíduos da mesma raça. Contudo, alguns fenômenos poderiam ocorrer quando a mistura não fosse de pessoas de raças completamente opostas:

> Por isso, para sempre será fisiologicamente impossível misturar ou hibridizar, perfeitamente, ou seja, harmonicamente e conjugalmente, a reprodução de nacionalidades extremamente diferentes [...] porque, quando o sangue do negro e do branco não são exatamente opostos, a prole pode ser considerada perfeita, mentalmente e fisicamente [...] o sangue parcial talvez se misture. Por isso, a amalgamação não pode ser praticada impunemente.[124]

Demonstrando irritação com o fato de ter tido suas capacidades intelectuais questionadas pelo que chamou ironicamente de "homens inteiros", Douglass afirmava como "homem metade" que responderia a essa "meia questão" com algumas "meias palavras". Utilizando-se de muitos trocadilhos e ironias ainda sobre o tema da "metade", o abolicionista desafiava Sr. Coonly a testar as habilidades dos mulatos para que pudesse constatar pessoalmente que eles eram também humanos. Em tom desafiador, Douglass provocava:

> A verdade é que a humanidade é a mesma. Quando os Britons eram bárbaros, eles se comportavam como bárbaros de outras cores e, quando se tornaram instruídos, comportaram-se como civilizados. Nós temos visto uma boa quantidade de brancos idiotas e de alguns mulatos também [...] nós, estes senhores mulatos, estamos prontos para confrontar o educado e astuto Mr. Coonly e respeitar o resultado. Mas nossa paciência com esse esforço miserável de colocar um estigma sobre uma classe já carregada de pressão e erros, em um jornal que se chama de "Arauto do progresso", já tem se esgotado, e nós deixamos Sr. Coonly digerir o que já agrada ao seu paladar. Porém, pela impertinência de citar nossos nomes, o assunto seguiu na sua geometria espiral imperturbável. Responda ao idiota de acordo com sua idiotice.[125]

Por conta de situações como essa, o exemplo da população brasileira continuava a ser importante para Douglass. O modelo de nação onde mulatos e negros eram livres para exercitar sua cidadania e capacidades intelectuais servia para demonstrar que tais exemplos não eram exceções.

Outra questão voltaria a desafiar Douglass na década de 1860: o projeto de deportação dos afro-americanos para o Brasil depois da abolição em 1863. Nesse momento, o projeto de expatriação dos afro-americanos ressurgiu reformulado no contexto da Guerra Civil e dos debates em torno do pós-abolição. Com a vitória do presidente Lincoln, o fim da escravidão se tornava cada vez mais real devido às suas posições, consideradas moderadas por seus opositores. O presidente Lincoln, ao mesmo tempo que defendia suas intenções de pôr fim ao cativeiro no Sul do país, não desejava ser vinculado ao movimento abolicionista, embora sua imagem tenha sido apropriada pelos militantes como um emancipador. Ele também deixava claro que a emancipação se daria concomitantemente à deportação da população liberta. Segundo ele, a expatriação da população negra evitaria as consequências negativas da emancipação dos escravizados: a amalgamação racial, a africanização da América e o negrismo livre.[126]

Foi então que James Watson Webb, ministro norte-americano no Brasil durante os anos da Guerra Civil, reformulou, no ano de 1862, a ideia já existente nos anos 1840 e a reapresentou ao presidente Lincoln como solução para o problema que seria causado nos Estados Unidos pelo fim da escravidão: a expatriação dos libertos para a Amazônia brasileira, região de antigo interesse do governo norte-americano.[127] Além disso, lançando mão de argumentos científicos que associavam o clima tropical ao ambiente natural dos africanos e seus descendentes, a proposta apontava que o Brasil tinha as características ideais para tal empreitada. Outro fator que fortalecia os argumentos de Webb era a suposta ausência de preconceito racial na sociedade brasileira, em que os afro-americanos encontrariam um ambiente no qual, diferentemente dos Estados Unidos, poderiam usufruir de igualdade sociopolítica e de oportunidades para ascender socialmente.[128]

A ideia da expatriação dividiu a comunidade afro-americana. Alguns setores, cansados das barreiras impostas pelo racismo nos Estados Unidos, decidiram deixar o país já na década de 1850, na esperança de reconstruir suas vidas em um lugar onde tivessem melhores oportunidades. O abolicionista afro-americano Martin Delany, neto de africanos, um homem nascido livre no estado escravista da Virgínia, era conhecido como líder desse movimento imigratório. Delany acreditava que, mesmo depois de decretada a abolição, os brancos do seu país jamais permitiriam que a população liberta fosse beneficiada pelos direitos à cidadania. Segundo ele, nos

Estados Unidos a cor branca era uma marca de distinção e superioridade, e os negros nunca deixariam de ser um símbolo de degradação. O próprio Delany havia vivido a experiência de estar entre os três primeiros homens negros a serem admitidos na escola de medicina de Harvard, encontrando grande resistência de seus colegas brancos, que não aceitavam compartilhar com ele a mesma sala de aula.

Assim, descrente das possibilidades de inserção social dos negros na sociedade norte-americana, Delany defendia que os afro-americanos emigrassem para lugares onde a população negra fosse maioria e que constituíssem, portanto, o elemento dominante do corpo político. Como opções de destino para essa emigração voluntária, Delany apresentava Cuba, Porto Rico e Brasil. Este último era visto com mais entusiasmo, pois, segundo ele, mesmo que ainda fosse escravista, como todas as outras alternativas, no Brasil o cativeiro era mais brando, "quase uma benção", se comparado à escravidão norte-americana. A condição dos libertos também era bastante favorável, uma vez que era sabido que no Império brasileiro a cor da pele não era uma barreira social que impedisse a sua ascensão e os negros eram política e socialmente iguais aos brancos. Delany ressaltava, em suma, que no Brasil os libertos tinham direitos garantidos pela constituição e eram cidadãos.[129]

Já outros grupos compostos por abolicionistas radicais rejeitaram incisivamente a ideia de deportação e da emigração e insistiram na luta por cidadania no país que reconheciam como terra natal.[130] Ao tomar conhecimento dos planos do governo norte-americano de enviar a população negra para a América Latina, os abolicionistas negros contrários ao projeto reagiram imediatamente, defendendo seu direito à cidadania e de permanência nos Estados Unidos. Algumas evidências podem nos revelar que, mesmo apontando o Brasil como lugar onde as relações raciais eram mais favoráveis, os militantes negros norte-americanos não desejavam se transferir para o país latino-americano após a abolição. Anos mais tarde, em 1878, no artigo "Ready for Brazil" [Prontos para o Brasil], o contratador

K. A. Murphy falava da dificuldade de se recrutar trabalhadores negros na capital estadunidense que estivessem dispostos a ir para o Brasil. Isso porque "líderes comunistas" estavam convencendo os trabalhadores de que "o governo dos Estados Unidos nos deve meios de viver... e nos deve isso aqui mesmo, na capital". O citado líder, provavelmente um abolicionista, lembrava aos trabalhadores que o Brasil ainda era um país escravista: "Isso não é nada mais do que um esquema para jogar vocês todos para a escravidão novamente depois que vocês chegarem ao Brasil."[131]

Nesse contexto dos debates sobre a expatriação, Frederick Douglass, mais uma vez, evocou o exemplo do Império brasileiro. Em outubro de 1862, citava o Brasil em seu jornal *Douglass Monthly*, respondendo às afirmações do general Montgomery Blair, aliado do presidente Lincoln, que defendia que os negros emancipados após a Guerra Civil deveriam ser expatriados para a América Central – revelando, assim, o projeto que já vinha sendo discutido nos bastidores por Lincoln, Webb e outros defensores da expatriação.[132]

Na resposta ao general, Frederick Douglass começou saudando Blair por ter afirmado que não acreditava na inferioridade dos negros em relação aos brancos e que essa não seria, portanto, a razão de sua defesa à expatriação. Em seguida, Douglass fez a sua defesa do direito da população negra de permanecer nos Estados Unidos, reiterado sua crença numa sociedade multirracial nos Estados Unidos.

> Eu não vejo nada na natureza que confirme a diferença entre as duas raças e que impeça a convivência pacífica e feliz [de brancos e negros] no mesmo país, sob o mesmo governo. Nós somos americanos de nascimento e formação e temos preferência por instituições americanas àquelas de qualquer outro país. O fato de desejarmos permanecer aqui é natural para nós, e eu repito, eu não vejo necessidade para a separação.[133]

Além de questionar as ideologias racialistas que estavam por trás do projeto de deportação da população negra e reafirmar o seu direito de permanência nos Estados Unidos, Douglass insistia no direito de autogoverno como algo inerente à liberdade. Uma vez libertos, os afro-americanos decidiriam onde construiriam sua vida em liberdade ou se ficariam no país e lutariam por ela. Como parte da estratégia argumentativa de Douglass, o Brasil é evocado mais uma vez como lugar onde, mesmo ainda havendo escravidão, não existia um projeto de expatriação da população liberta. O fato de que os libertos no Brasil tinham o "direito" de permanecer no país em que nasceram interessava bastante ao debate político travado pelo abolicionista, que desejava mostrar, mais uma vez, a intensidade e rigidez das regras de segregação racial no seu próprio país. Assim, fazendo uma comparação direta das sociedades brasileira e norte-americana e das relações raciais que operavam em ambas, ele escreveu:

> Por que os americanos devem ser menos tolerantes em relação às diferenças nacionais de formas, características e cor da pele do que outras nações de raça branca, que em muitos outros aspectos são muito menos iluminados do que nós? Por que é que nós não ouvimos falar em projetos para se livrar das pessoas de cor livres em Cuba ou no Brasil? Neste último país, onde há mais de quatro milhões de escravos negros, o homem livre de cor não é sujeito à expatriação. No momento em que as correntes são tiradas do seu corpo, ele está em plena liberdade para ocupar qualquer cargo desde que seus talentos e conhecimentos lhes caibam. Por que não deve existir a mesma facilidade aqui? O brasileiro branco é tão branco quanto o americano branco, e o negro no Brasil é tão negro quanto o homem negro aqui. Qual é a diferença?

> Será que o protestantismo é menos tolerante às
> diferenças nacionais do que o catolicismo? São as
> repúblicas menos liberais do que as monarquias?[134]

Mais de vinte anos depois dessa publicação, Douglass continuaria sua incansável luta contra a emigração forçada dos afro-americanos para outras localidades, fosse o Caribe ou a América do sul, fosse pelo clima ou pelas relações raciais mais favoráveis. Em maio de 1888, o abolicionista já sabia que o Império brasileiro não se adiantaria em relação aos Estados Unidos na abolição da escravidão. Àquela altura, o Brasil amargava a posição de última nação escravista das Américas, deixando provavelmente de ser uma referência para Douglass. Enquanto isso, ele continuaria a insistir na importância de que a comunidade afro-americana se mantivesse nos Estados Unidos e não se convencesse dos "benefícios" da emigração, ponderando que os obstáculos com uma língua desconhecida e modos de vida diferentes os colocariam em uma situação de pobreza muito pior do que vivenciavam em seu país. Douglass torcia para que a comunidade negra não fosse convencida por tais promessas e pelo esquema que tinha como premissa a hegemonia racial branca.[135] A luta por direitos iguais nos Estados Unidos seria longa, de modo que Douglass, que faleceu em 1895, deixaria seu legado à maioria dos afro-americanos que permaneceram no país e levaram a cabo o seu projeto de sociedade multirracial igualitária, o que até hoje, a despeito das conquistas, ainda está por se concretizar.

3

Os usos da ciência em tempos de guerra e de liberdade: a construção do imaginário sobre o Brasil no pós-Guerra Civil

Diante da agitação abolicionista surgida na primeira metade do século XIX, os sulistas já não podiam mais se contentar em afirmar que a escravidão era um "mal necessário" para organizar a sociedade de acordo com o lugar social de negros e brancos. Até então, os teóricos do escravismo recorriam a argumentos bíblicos para explicar a estrutura da sociedade sulista. O argumento central sustentava que negros eram descendentes de Cam, o filho de Noé, que teria sido amaldiçoado pelo pai, resultando na destinação dele e de seus descendentes à servidão sob os outros filhos, considerados brancos.

Sobretudo durante a década de 1850, a ciência ganhou espaço nas narrativas em favor da escravidão, provocando o surgimento de teorias que se dedicaram a provar que a escravidão era a melhor condição para a população negra e um elemento fundamental para o progresso da sociedade norte-americana.

O médico sulista Samuel Cartwright foi um desses teóricos. Sua experiência em tratar "doenças de escravos" lhe conferia a autoridade de quem conhecia as "peculiaridades" físicas e mentais das raças africanas. Assim, em 1851, Cartwright tornou-se conhecido por propor um "diagnóstico", a *drapetomania*, "doença" que atingia especificamente pessoas escravizadas e lhes induzia a fugir do cativeiro. Ele também inventou a "doença" mental *dysaesthesia*, que gerava "preguiça" entre a população negra, sobretudo naqueles que eram livres.

Outra importante referência entre os teóricos sulistas da escravidão foi o advogado George Fitzhugh. Nascido no estado da Virgínia, ele defendia que os negros tinham mentes e corpos frágeis, e que a escravidão era o único meio de torná-los produtivos, o que caracterizava o Sul como uma região onde as pessoas negras, escravizadas, eram mais bem tratadas pelos brancos. Para ele, a liberdade favorecia o capitalismo da região Norte, a qual "explorava e oprimia" os negros libertos. Além dos vários artigos publicados em periódicos escravistas em todo o Sul, as teses paternalistas de Fitzhugh foram amplamente divulgadas nas suas obras, *Sociology for the South or, the Failure of Free Society* [Sociologia para o Sul, ou a falência da sociedade livre] (1854), e *Cannibals All!, or Slaves without Másters* [Todos canibais! ou escravos sem mestres] (1857). Nesta última obra, de grande repercussão, Fitzhugh fez uma dura crítica ao abolicionismo e ao trabalho livre do Norte, o qual ele, mais uma vez, condenava como uma cruel forma de explorar o trabalho da população negra.[1]

As ideias sobre a escravidão defendidas pelos teóricos sulistas perderam força devido ao discurso abolicionista cristão dos *quakers* e metodistas, os quais, já no século XVIII, também utilizaram argumentos bíblicos, mas, agora, para promover a causa da liberdade. Como reação, as justificativas pró-escravidão ganharam mais espaço entre esses teóricos sulistas depois dos anos 1820. As teses de Cartwright e Fitzhugh fortaleceram essa tendência na forma de argumentos os quais enfatizavam que as raças negras eram de natureza infantil e incapazes de se autogovernar. Eles também destacavam que as relações paternalistas deveriam orientar a economia da administração dos escravizados. Com isso, o senhor deveria punir e, ao mesmo tempo, "cuidar", estratégia de controle que exigia equilíbrio entre disciplina e obediência. Assim, as teorias pró-escravidão desenvolvidas no Sul resultaram em uma produção intelectual única em defesa da escravidão nos Estados Unidos, algo que não foi tão sistematicamente elaborado em outras sociedades escravistas.[2]

No final da década de 1850, a Escola Americana[3] já havia fornecido às populações do Norte e do Sul dos Estados Unidos teses científicas que se adequavam aos interesses diversos das elites de ambas as regiões. Aqueles que defendiam a escravidão agora argumentavam que ela era legítima, porque o negro era considerado um ser inferior, quiçá humano. Na região Norte, onde a maioria das organizações abolicionistas estava concentrada, defendia-se que o negro, embora merecesse a liberdade, tinha uma condição natural inferior que o incapacitava para a vida em liberdade. Poligenistas ou monogenistas, cientistas, políticos, senhores de escravos ou leigos: todos tinham uma opinião sobre o assunto e já traçavam projeções sobre uma sociedade norte-americana sem as barreiras raciais impostas pelo escravismo.

Nesse período em que era intenso o jogo de forças entre escravistas e abolicionistas, negros e brancos, aqueles que buscavam traçar uma perspectiva dos resultados da abolição nos Estados Unidos observavam o exemplo de outras sociedades pós-escravistas. Assim, apropriaram-se dos modelos que vinham de terras estrangeiras, em um processo que visava construir uma noção de superioridade sobre o outro – no caso, as nações latino-americanas –, sempre em consonância com a ideia de que as outras nações eram degeneradas e atrasadas. Utilizando critérios fundamentais como marcadores de diferença de uma nação e outra, a pureza e a mistura racial (impureza) se destacavam como quesitos básicos para situar e definir o lugar de civilização das regiões Norte e Sul dos Estado Unidos.[4]

Este capítulo vai tratar sobre como, depois da Guerra Civil, o temor de que a "nação americana" se tornasse uma "república mulata" levou setores conservadores brancos dos Estados Unidos a adotarem o modelo brasileiro como um exemplo a ser evitado caso os afro-americanos libertos ganhassem a cidadania plena. Na construção desse discurso, em que uma nação era definida em contraste com outra, o tema da mistura racial teve fundamental importância, fazendo com que a sociedade brasileira fosse sendo retratada como mestiça e degenerada, em contraponto à norte-americana, descrita como superior e racialmente pura. Portanto, o que estava em questão era a defesa das diferenças raciais que norteariam políticas públicas. Elas garantiriam a manutenção do projeto original de nação norte-americana, que, segundo as elites racistas, escravistas ou abolicionistas, não deveria mudar no pós-abolição.[5]

À medida que a Guerra Civil se anunciava como um conflito inevitável, alguns defensores do escravismo, em um último esforço, acusavam os abolicionistas de hipocrisia, argumentando que eles criticavam a escravidão nos Estados Unidos, mas ignoravam o cativeiro em Cuba e no Brasil. Afirmavam que "certamente a condição dos escravos desses países era muito mais miserável e carecia mais da atenção dos filantropos (abolicionistas) do que nos estados do Sul".[6] Além disso, argumentavam que, em relação a outros países, as pessoas escravizadas nos Estados Unidos "recebiam um tratamento mais humano" e viviam sob "condições mais confortáveis". Em um jogo de argumentos que insistia nos supostos aspectos positivos da escravidão, senhores de escravos nos Estados Unidos ainda acreditavam que no Sul vigorava um cativeiro mais "brando" do que nos países latino-americanos.[7]

A ciência era utilizada nesse debate para fortalecer os argumentos pró-escravistas e influenciar a opinião pública, que cada vez mais acreditava que os africanos e seus descendentes faziam parte de uma raça inferior, inapta à vida em liberdade. Em 1860, Sidney George Fisher, um senhor de escravos do estado de Maryland, publicou uma obra dedicada a esse tema, *The Laws of Race, as Connected with Slavery* [As leis da raça conectadas com a escravidão].

Fisher era advogado, e não cientista, mas seguiu o mesmo caminho de outros teóricos escravistas. Ele utilizou as teses de Morton, Gliddon, Josiah Nott e Gobineau para construir um argumento cientificamente orientado para a defesa da escravidão nas vésperas da Guerra Civil. Em suas palestras e publicações, Fisher afirmava que a escravidão, embora fosse ruim, desempenhava um papel fundamental na orientação dos Estados Unidos. Além disso, sustentava que o cativeiro tinha uma dinâmica própria que envolvia e organizava negros e brancos do país, os quais ocupavam lugares distintos na sociedade devido às suas qualidades físicas e morais. O autor ainda afirmava o seguinte: "Para entender a escravidão é preciso entender a natureza do homem branco e do negro."[8] Dessa forma, vinculava suas crenças a argumentos já apontados pela ciência racialista da época, que explicava as diferenças consideradas naturais em termos de hierarquização das populações.

Ao afirmar que todas as diferenças impostas pela natureza eram resultado dos desígnios divinos, a equação de Fisher era uma versão simplificada das teorias poligenistas. Segundo ele, a ciência havia fornecido à sociedade informações que ajudavam a compreender a origem da espécie humana, "provando" que ela era dividida em espécies, as quais tinham capacidades morais e intelectuais distintas; que as raças não poderiam se amalgamar; e que a criação de uma terceira raça era algo impossível.[9] Em seguida, após traduzir para o leitor escravista as teses básicas da Escola Americana de Etnologia, Fisher afirmava que, no *ranking* da humanidade, a raça branca era superior, e a raça negra era inferior, pois não era capaz de produzir, criar, compreender ou fundar civilizações, uma vez que era bárbara por natureza. Assim, como princípio fundamental de uma sociedade multirracial, ele acreditava que "onde quer que as duas raças vivessem juntas, os brancos deveriam governar os negros".[10]

Para ele, assim como para muitos escravistas, a diferença racial deveria servir de base para os princípios políticos do país, sobretudo no que diz respeito à cidadania. Nesse sentido, o determinismo biológico desempenhou um papel fundamental na política e nos debates sobre liberdade na sociedade norte-americana do século XIX. Segundo Stephen Jay Gould, o determinismo biológico se tornou uma arma social contra os "outros" das sociedades, que passaram a ter seu status legal e social definido por políticas que se sustentam nas diferenças. Além disso, Gould afirma a necessidade de dar importância e historicidade às teses científicas, a fim de questioná-las e entender quais contextos, usos e interesses orientavam suas produções. Segundo ele, a ciência também é objeto de investigação histórica, sobretudo quando, na contemporaneidade, discursos sobre "qualidades inatas" e determinismo biológico ainda continuam em voga e têm grande influência na opinião pública. Além disso, sobre o risco de parecer incontestável e neutra, a análise histórica pode revelar suas fragilidades e usos sociais, a exemplo da Escola Americana de Etnologia, do monogenismo e do compromisso deste com interesses escravistas.[11]

Nos Estados Unidos, a tese do determinismo biológico foi uma estratégia poderosa de estigmatização dos afro-americanos, sobretudo quando popularizadas em obras como as de Fisher. Em resposta à campanha abolicionista que mobilizava o discurso de Thomas Jefferson[12] em que este afirmou que "todos os homens são criados iguais", Fisher contra-argumentava da seguinte forma: "A Constituição não foi feita para *eles*, *eles* não são parte do nosso povo, *eles* não são nem mesmo homens, *eles* são propriedade."[13] Para os negros, considerados indolentes, preguiçosos e inaptos à vida em liberdade, o sistema de compulsão era o que melhor se adequava às suas condições de vida, uma vez que acreditava-se que, sem a escravidão, os negros não trabalhariam. Daí partia outro argumento: o de que a escravidão era benéfica para o próprio negro porque explorava suas capacidades positivas, orientava, assegurava obediência e temperança, além de ser uma fonte de riqueza física e mental para os cativos. No plano religioso, somente por meio da escravidão os negros poderiam ser convertidos ao cristianismo e gozar das suas benesses.

Esse discurso, que transitava entre a desumanização e a infantilização, fazia parte de uma prática comum no Sul escravista e que adentrou os últimos anos do cativeiro nos Estados Unidos. Como já discutido, o suposto caráter manso e infantil do negro reforçava a defesa da escravidão pela necessidade de tutela daqueles que careciam de direcionamento. Durante a Guerra Civil e depois da abolição, tal ideia sustentaria os argumentos anticidadania no Norte e no Sul dos Estados Unidos, e seriam defendidos por aqueles que advogavam por uma versão racializada da democracia norte-americana, que deveria ser privilégio dos caucasianos. Aos negros cabiam o trabalho compulsório e a desigualdade civil, rebaixando-os a uma categoria subcidadã, a que seriam dirigidas políticas de tutela.[14] Fisher acreditava que a escravidão era uma bênção, uma salvação, e que o seu problema estava no tráfico, este sim, cruel. Segundo ele, tal crueldade era consequência das leis: "Se o tráfico fosse liberado, isto tornaria os navios negreiros confortáveis, proporcionando um trajeto mais aprazível aos africanos." Alertando para os riscos de uma guerra, como de fato ocorreu no ano seguinte, Fisher afirmava que o conflito de interesses entre o Sul e o Norte acabaria dividindo as duas regiões por causa de uma disputa de poder que poderia ser evitada caso essas leis da natureza fossem obedecidas.[15]

Nesse contexto, os defensores da escravidão consideravam a ideia de liberdade e igualdade de direitos, promovida pelos abolicionistas mais radicais, algo absurdo. A propaganda não se limitava a citar casos de negros libertos que viviam no Norte; ela também buscava exemplos no Atlântico para demonstrar o fracasso da liberdade.

Convictos de que os negros não trabalhariam quando a escravidão fosse abolida, os senhores de escravos norte-americanos usaram o exemplo das colônias britânicas no Caribe, onde a abolição da escravatura ocorreu em 1834, para sustentar os seus argumentos. O objetivo era criar um cenário de revanchismo racial, com *plantations* abandonadas, suposta preguiça, desolação e inversão das ordens de decoro racial. A imprensa pró-escravidão teve um papel fundamental na disseminação dessa visão sobre sociedades pós-escravistas.[16]

O principal jornal da imprensa pró-escravidão do Sul – o já mencionado *De Bow's Review* – publicou vários artigos que descreviam as cenas "assustadoras" do Caribe, usando-as como modelo para o que seria o futuro dos Estados Unidos caso os abolicionistas obtivessem sucesso. Em 1858, publicou o artigo "Equality of the Races, Haitian and British Experiments: the Dogma of the Natural Mental Equality of the Black and White Races Considered" [Igualdade de raças, experiências haitianas e britânicas: o dogma da natural igualdade mental das raças negra e branca considerado]; no qual descrevia a situação dos negros livres que viviam no próprio Sul como sendo marcada por "ignorância, indolência, desleixo, pobreza [...] e inúmeras violações das leis criminais". Em seguida, o autor do artigo analisava a conjuntura do Haiti, país frequentemente citado por abolicionistas negros como símbolo de liberdade e autonomia dos negros no Atlântico.

A imprensa escravista, por outro lado, descrevia o Haiti como o maior exemplo da suposta incapacidade dos negros de viver em liberdade e de governar uma nação. O artigo afirmava que, após sete anos de independência de Santo Domingo (Haiti) – tempo necessário, segundo o autor, para que um homem branco adquirisse habilidades acima da média –, nem um único homem havia evoluído naquele país. Agora adotando uma visão positiva da mistura racial e reivindicando as habilidades notáveis dos ancestrais brancos, alegava que a revolta do Haiti não fora promovida pelos escravizados, e sim por mulatos livres, ou seja, indivíduos parcialmente brancos. Para o autor, mais do que a abolição, o erro do Haiti fora a adoção do princípio da igualdade, que equiparou o status legal de negros, mulatos e brancos.[17]

O mesmo artigo mencionava a experiência da colônia da Libéria, fundada em 1820 para abrigar afro-americanos livres. Também eram citadas as colônias inglesas no Caribe. Mais uma vez, a mistura racial foi utilizada para justificar o fato de que "os dirigentes (da Libéria) são mulatos", ou seja, meio negros, mas também meio brancos, o que justificaria alguma capacidade de liderança. Mesmo assim, afirmava que o resultado da colônia poderia ser descrito como um "completo fracasso". As colônias britânicas eram citadas para confirmar a crença de que, sem a escravidão, os negros se tornariam pessoas ociosas.

As descrições dos "horrores de Santo Domingo" ou do "cenário desolador" das colônias britânicas estavam diretamente relacionadas à conjuntura dos Estados Unidos antes e durante a Guerra Civil, sobretudo para os defensores da escravidão do Sul do país. A visão negativa da liberdade no Atlântico era parte da estratégia de propaganda para a manutenção e expansão do sistema escravista em um momento em que os estados sulistas estavam "cercados" pela crescente pressão pró-abolição do Norte e pelo avanço da influência do abolicionismo inglês.

Com o Caribe – uma região geograficamente próxima ao sul dos Estados Unidos – vivenciando um contexto de emancipações, restavam apenas Cuba e o Brasil como os últimos países escravistas nas Américas. Assim, a tarefa era convencer a sociedade norte-americana de que o movimento abolicionista era impulsionado por fanáticos e que a abolição resultaria na ruína econômica do Sul, à semelhança do que ocorreu em outros países, como Jamaica, Barbados, Antígua e Haiti. Segundo o historiador Edward Rugemer, fatores externos desempenharam um papel central nos debates sobre a escravidão na sociedade norte-americana, pois eles ultrapassavam as barreiras nacionais, em um mundo atlântico cada vez mais interligado, inclusive no que dizia respeito aos interesses escravistas. Para Rugemer, a abolição nas colônias britânicas teve muita influência no fortalecimento do *Slave Power* e, portanto, na Guerra Civil, uma vez que os escravistas se sentiram ameaçados pelo avanço do processo de abolição no Caribe.[18]

Motivadas por um pensamento conspiratório que fantasiava uma união de negros afro-americanos e caribenhos, apoiados por ingleses, as forças pró-escravidão nos Estados Unidos nutriam temores quanto aos supostos "horrores" do pós-abolição. Esperava-se que esse momento fosse marcado por episódios nos quais a população branca seria vítima de violência, barbarismo e revanchismo por parte de homens e mulheres movidos por instintos animais, incapazes de estruturar ou liderar uma nação. Além disso, despertavam preocupação os exemplos das sociedades onde a escravidão havia sido abolida, de onde sempre chegavam notícias de quebra de deferência racial e de inversão da ordem: os brancos estariam sujeitos àqueles que até pouco tempo eram seus escravizados.

Em 1859, o mesmo *De Bow's Review* publicou um artigo intitulado "Free Negroes in Haiti", dessa vez enfatizando a vida dos negros livres do Haiti. Segundo o autor do texto, o clima do país garantia aos recém-libertos um ambiente mais favorável ao seu pleno desenvolvimento, e a população encontrava todos os elementos para evoluir. Contudo, a sua prosperidade fora interrompida depois que "um imperador negro" assumira o poder na ilha. Números questionáveis eram utilizados para comprovar esses "fatos": afirmava-se, por exemplo, que antes da independência o Haiti exportava quarenta vezes mais algodão que os Estados Unidos, mas, em 1841, exportava "quinhentas vezes" mais que a colônia recém-independente. O autor assegurava, então, que "se o sucesso econômico dos Estados Unidos era fruto da escravidão, a decadência do Haiti era fruto da liberdade". Alegava, ainda, que os investimentos em educação eram inúteis, pois o número de iletrados era o mesmo de antes da abolição; que a fé católica contribuía para o cenário de ruína e ignorância; que os casamentos eram raros; que as crianças eram vítimas dos desmandos de suas mães. Desse modo, o artigo induzia à seguinte conclusão: a despeito do acesso à educação e do clima favorável, os negros sob escravidão eram mais industriosos do que quando estavam livres.[19]

Na perspectiva dos defensores da escravidão, o Caribe continuou, por muito tempo, a ser um laboratório negativo dos efeitos da abolição; por outro lado, os abolicionistas exploravam os seus efeitos positivos, reivindicando o mesmo para os Estados Unidos. Novamente, em 1860, o jornal *De Bow's Review* publicou um artigo sobre o tema, dessa vez intitulado "The Free Negro Rule: Free Negroes in Trinidad, British Guiana, The French Colonies, The Danish Colonies, The Mauritius, Peru, Cuba, México, Nova-Scotia, Canadá, Panamá, London, Sierra Leone and Libéria" [A regra do negro livre: negros livres em Trinidad, Guiana Inglesa, colônias francesas, colônias dinamarquesas, Ilhas Maurício, Peru, Cuba, México, Nova-Escócia, Canadá, Panamá, Londres, Serra Leoa e Libéria]. O texto começava dando a impressão de que os autores buscavam verdadeiramente encontrar nações onde a abolição havia obtido sucesso: "Nós estamos procurando uma comunidade onde os negros livres vivam de forma moral, feliz, e onde sejam voluntariamente industriosos [...] nós supomos que tal comunidade não exista na face da Terra." De acordo com os observadores escravistas, o cenário de Trinidad e Tobago, onde a abolição havia sido decretada em 1838, poderia ser estendido para todas as colônias. Afirmava-se que os negros viviam uma vida indolente, não queriam trabalhar nas *plantations*, fumavam e dormiam mais do que trabalhavam porque a liberdade os havia feito retroceder ao estado anterior (e original) de selvageria. A educação havia sido um empreendimento inútil; mantendo uma leitura paternalista das relações entre senhores e escravizados, os observadores sulistas afirmavam que aqueles negros letrados certamente haviam aprendido a ler e escrever com as famílias dos senhores de escravos, e não nas escolas.[20]

Segundo o artigo, a mistura de idiomas e de raças, que fora agravada pela chegada de trabalhadores chineses, só fez tornar os negros ainda mais degenerados em Trinidad e Tobago. O mesmo teria ocorrido na Guiana Inglesa, que haveria testemunhado o mau uso das terras concedidas aos libertos. No Peru, ainda de acordo com o texto, os libertos eram uma praga na sociedade, uma vez que cometiam a maioria dos crimes. Por fim, afirmando a necessidade de tutela, concluía que os libertos de Cuba, México e Canadá viviam em condições muito mais degradantes do que os negros escravizados do Sul norte-americano.[21]

Mais tarde, já durante a Guerra Civil, o jornal *The New York Herald* apresentaria uma proposta mais moderada para o problema da abolição no artigo "What is to be Done with the Negroes and what with the Abolitionists?" [O que fazer com os negros e o que fazer com os abolicionistas?], no qual o autor reconhecia que a manutenção da mão de obra negra no Sul era importante, e, caso fossem expatriados após a abolição, isso poderia significar a ruína econômica da região. Defendendo uma abolição gradual – processo que deveria acontecer por iniciativa de cada estado, e não por imposição de uma lei federal –, o autor propunha que os libertos vivessem em colônias separadas, e justificava a segregação da seguinte forma:

> Sob uma monarquia os negros vivem em liberdade lado a lado com o homem branco, mas não numa República, onde os homens têm voz para fazer as leis. Repúblicas são fundadas sob as bases da inteligência. O homem negro não tem inteligência suficiente para o autogoverno e para as instituições democráticas.[22]

Segundo o artigo, a igualdade política traria, portanto, o efeito negativo já experimentado nas américas Central e do Sul.

Raça, ciência e autoafirmação da comunidade negra durante a Guerra Civil

Conforme discutido anteriormente, a crença na inferioridade dos africanos era amplamente difundida na sociedade norte-americana antes, durante e após a Guerra Civil, e defensores da escravidão e muitos abolicionistas brancos concordavam que negros e brancos não eram iguais. A Guerra Civil, por sua vez, exacerbou essa hostilidade contra a população afro-americana. Nesse mesmo período, testemunhou-se o fortalecimento de uma onda conservadora que recorria à violência para atacar os abolicionistas à medida que a abolição se tornava iminente.[23]

No ano de 1861, portanto no início da guerra, o jornal *De Bow's Review* mais uma vez demonstrou sua influência na campanha escravista do Sul ao publicar um artigo acusando os abolicionistas de distorcerem o sentido da palavra "homens" na Declaração de Independência. Segundo o jornal, ao promoverem uma interpretação literal da Declaração, os abolicionistas estavam equivocados em insistir que negros estavam incluídos na frase *"all men are created equal"* [todos os homens são criados igualmente]. O autor argumentava que a omissão da palavra *"white"* [brancos] entre *"all men"* [todos os homens] não era uma brecha para que abolicionistas entendessem que a população negra estivesse incluída no referido texto. Setores escravistas defendiam essa ideia argumentando que os negros não eram homens. Além disso, segundo eles, a palavra *men* era utilizada no sentido hebreu, em que *"men"* significava *"white man"*.[24]

É interessante notar que até mesmo a imprensa abolicionista muitas vezes incorporava crenças baseadas no determinismo biológico, que colocavam os africanos em um lugar de tutela e inferioridade. Apesar de enfatizar a sua capacidade de progredir intelectual e socialmente após a libertação da escravidão, isso era frequentemente justificado destacando suas habilidades imitativas, docilidade e lealdade, características que em tese os capacitariam a se elevar sob a influência de povos "civilizados". Segundo o artigo, essas "influências favoráveis" poderiam superar as características tipicamente associadas a ambientes tropicais (ambientalismo) e permitir que os afro-americanos alcançassem o sucesso que não seria possível para outros grupos, como os indígenas.

No entanto, para que isso acontecesse, era considerado crucial que os africanos mantivessem sua pureza racial, ou seja, não se misturassem com os brancos.[25]

A participação de homens negros como soldados no exército da União trouxe mais evidências que desafiariam a crença em uma suposta inferioridade da chamada raça etíope. A sua atuação nas tropas do Norte também abalaria os argumentos de que eles tinham características consideradas femininas, tais como obediência, lealdade e passividade.[26] O alistamento dos afro-americanos nas tropas federais, permitido somente em 1862, representou um momento-chave durante a Guerra Civil. Essa participação foi muito bem aceita e logo se tornou alvo de desconfiança daqueles vários que se preocupavam com o fato de negros pegarem em armas e lutarem lado a lado com soldados brancos. Essa seria a primeira vez que a maior parte desses homens brancos compartilhariam o espaço com homens negros armados, embora as barreiras raciais vigentes no Norte fossem mantidas mesmo quando defendiam o mesmo lado do conflito: os batalhões eram segregados, o soldo dos afro-americanos era menor que o dos brancos, que, mesmo quando abolicionistas, tinham sentimentos ambíguos a respeito da nova experiência. Por outro lado, era o momento de os negros libertos do Norte darem provas da sua humanidade/masculinidade e demonstrarem seu patriotismo e compromisso com a nação norte-americana. No caso dos escravizados, era a possibilidade de adquirirem a sua própria liberdade e a de suas famílias.[27]

Como já mencionado, entre as décadas de 1840 e 1850, antes do alistamento militar, os abolicionistas negros afirmavam sua humanidade por meio de argumentos bíblicos. As capacidades intelectuais eram certificadas por releituras das teses científicas que negavam as teses poligenistas e pela divulgação de pesquisas que rejeitavam a existência de diferenças entre africanos e caucasianos, como a do alemão Fredrick Tiedemann. Tais estratégias visavam construir uma autoimagem positiva que buscava influenciar grupos escravistas do

Sul, bem como antiabolicionistas e abolicionistas brancos do Norte, além de inspirar a comunidade afro-americana.[28]

Os abolicionistas negros foram grandes incentivadores do alistamento dos libertos que viviam no Norte. Segundo James McPherson, a despeito de todos os limites e desafios que envolveram o alistamento dos afro-americanos no Exército da União, como hesitações e injustiças, essa ainda foi uma das características mais radicais da Guerra Civil. Os abolicionistas da época, durante a campanha e o alistamento, tentavam convencer os libertos a se alistarem alegando que a omissão seria vista como covardia e incompetência.[29]

Até então, eles só tinham o registro de experiências semelhantes de participação militar de libertos em outras partes da diáspora, como no caso do Haiti e até mesmo do Brasil.[30] Em fevereiro de 1862, meses antes do início do alistamento dos afro-americanos, Frederick Douglass utilizou sua influência entre a comunidade negra liberta do Norte para proferir um discurso em que ele afirmava que a referida comunidade estava em um fogo cruzado entre os sulistas escravistas e os nortistas antiescravistas. Os dois grupos tinham em comum o fato de serem contrários à concessão de cidadania aos libertos e, até mesmo, à sua permanência nos Estados Unidos.[31]

Foi assim que, diante de uma plateia de negros e brancos, e cercados por policiais que antecipavam a possibilidade de um quebra-quebra – algo que era comum nos eventos abolicionistas que ocorriam na região Norte –, Frederick Douglass reafirmou que a causa da Guerra Civil era a escravidão. Na mesma oportunidade, enfatizou que a maior preocupação da sociedade norte-americana era, na verdade, o destino dos negros depois de emancipados – segundo ele, tratava-se de quatro milhões de pessoas. Ela ainda ironizou o dilema do destino dos libertos, afirmando que a sociedade norte-americana deveria estar mais preocupada com o que fazer com 350 mil senhores de escravos, e usava a oportunidade para defender que "depois de os escravos serem emancipados, eles deveriam ser deixados em paz, nada deveria ser feito em relação a eles". Sobre dúvidas a respeito da capacidade intelectual ou da cidadania dos libertos, ele respondia que "deixassem eles (os libertos) tomarem conta de si mesmos, assim como todas as pessoas fazem". Em um discurso em que o tema central era autonomia, o abolicionista afirmou que os escravizados podiam cuidar dos seus senhores e senhoras, portanto saberiam tomar conta de si mesmos depois de libertos.[32]

Douglass discursava também sobre patriotismo, humanidade e cidadania. Recusando a condição de *outsider* dentro da nação em que havia nascido, ele se definia como um "cidadão americano" e afirmava que "nada o faria deixar de ser um cidadão de cor, orgulhoso do seu país". Recebendo aplausos e palavras de apoio, ele enfatizava a bravura e o patriotismo de outros afro-americanos envolvidos em conflitos militares nos Estados Unidos desde a independência, reiterando a lealdade desses homens ao exército nacional. Quanto às propostas de expatriação dos libertos, o abolicionista defendia que os afro-americanos deveriam, sim, permanecer no país, e que a "América protestante deveria fazer pelos negros o que o Brasil católico havia feito" pelos libertos. Nesse momento, Douglass mencionou o Brasil pela ausência de um plano de expatriação dos libertos, mas não apontou que ainda existia escravidão no país.[33]

Durante os anos da Guerra Civil (1861-1865) e à medida que a abolição se aproximava, os escravistas do Sul sentiam-se cada vez mais aterrorizados. Isso resultou em duras críticas ao presidente Lincoln, sobretudo após o alistamento dos libertos e a proclamação da abolição nos estados do Sul, em 1863. Em janeiro daquele ano, quando a escravidão foi abolida por decreto presidencial, um artigo expressou a revolta que a medida provocou entre os sulistas. Eles se queixavam de que, pela primeira vez, um presidente havia dado demasiada atenção ao tema da abolição em um discurso anual.

Para os escravistas, as inclinações abolicionistas do presidente Lincoln se revelavam na atenção excessiva que ele dava aos negros durante a guerra, deslocando o foco dos soldados brancos, que, segundo eles, deveria ser central, para uma posição secundária. Eles questionavam como o fim da escravidão poderia salvar o país, pois viam a abolição como uma ameaça à ideia de *white supremacy* que guiava o sistema político, vinculando cidadania à raça e à masculinidade.

Nesse clima de alarde e incertezas, projetava-se um cenário da sociedade norte-americana pós-escravidão no qual os brancos perderiam o poder sobre o país. As elites escravistas temiam que os estados Unidos deixassem de ser um "país de homens brancos" e fosse condenado à destruição, assim como, segundo eles, havia acontecido no Haiti e na Jamaica.[34]

Nesse mesmo período, sobretudo depois da abolição da escravidão nos estados do Sul, o movimento abolicionista ganhou novo fôlego. Agora, seus militantes insistiam ainda mais no direito à cidadania, na capacidade de autogoverno e na autoafirmação das habilidades intelectuais das pessoas negras. A questão do momento era, sobretudo, a luta por direitos iguais, pois, como havia dito Frederick Douglass desde o discurso de 1862: "*Peace without Freedom would be a Hollow Peace*" [Paz sem liberdade seria uma paz oca].[35] Em junho de 1863, depois de decretada a abolição no Sul, Douglass continuava a insistir na pauta da liberdade com igualdade de direitos, algo que parecia incerto e que encontrava rejeição até mesmo no Norte do país. Recusando a ideia de expatriar os libertos como solução para a questão "o que fazer com os negros depois de libertos?", ele defendia veementemente que a abolição deveria levar à completa integração de homens e mulheres negros na "grande família nacional americana". Ele acreditava que, assim como ocorrera em outras sociedades escravistas, como o Brasil, negros e brancos nos Estados Unidos também poderiam viver em condições de igualdade. Assim, rebatia os argumentos da inaptidão natural dos negros para a vida em liberdade classificando a tese da inferioridade como uma "ferramenta de opressão". Douglass seguia reafirmando que o negro era um ser humano e que até mesmo suas imperfeições eram evidências da sua masculinidade.[36]

Para as lideranças negras, o pós-abolição e a Guerra Civil representavam uma oportunidade de redefinir sua identidade. As propostas de expatriação, assim como as dúvidas quanto à disposição dos libertos para o trabalho, coexistiam com a busca por empoderamento político no pós-abolição, mesmo que isso fosse reivindicado em uma sociedade segregada.[37]

Em 1862, Mary Isabela Dove usou as páginas do jornal *The Christian Recorder* para dirigir uma mensagem à sua comunidade sobre a importância da educação. Dove certamente representava uma elite negra liberta que vivia no Norte e, assim como Frederick Douglass e outros abolicionistas negros, via a educação como ferramenta de ascensão social, autonomia e, também, como prova de humanidade dos africanos e seus descendentes na América. Ela celebrava a chegada da época em que, "graças a Deus, a raça africana se sentia interessada em literatura e ciências naturais". A abolicionista convidava homens e mulheres afro-americanas a desafiarem aqueles que acreditavam que negros só deveriam aprender a "cozinhar, lavar, passar, serrar madeira e dirigir carroça".

De acordo com o historiador Eric Foner, em 1860, 90% da população negra do Sul dos Estados Unidos era composta de pessoas analfabetas, um reflexo das leis que as proibiam de aprender a ler e escrever. Após a Guerra Civil, muitos homens e mulheres negras da região Norte, a exemplo de Mary Dove, rumaram para o Sul a fim de trabalhar como docentes e tutores. Para a população liberta, o letramento, associado à liberdade, passou a ter um valor central.[38] Acerca daquele momento em que a educação era uma importante arma de agenciamento dos libertos, Mary Dove afirmou o seguinte: "Nós não podemos ficar para trás nem acreditar que educação foi feita somente para as pessoas brancas."[39]

Jornais com tendências abolicionistas e pró-igualdade civil divulgavam matérias em que eram citados diversos exemplos de pessoas negras de inteligência notável e eloquência reconhecida. O exemplo de George, o escravizado que teve os primeiros contatos com as letras a partir da observação das aulas proferidas aos filhos do seu senhor, apareceu no jornal *Friend's Inteligencer*, em um artigo intitulado "The Self Educated Negro" [O negro autodidata]. George tinha várias habilidades intelectuais, dentre elas a de falar inglês "sem os vícios de linguagem da maioria dos negros e dos *poor white trash*[40], ou até mesmo das classes mais bem educadas do Sul". Mais tarde, ainda como escravizado, George aprendeu grego e latim, trocando aulas secretas por doses de whisky que ele fornecia ao seu professor irlandês. Em 1864, já liberto, ele compôs um dos batalhões de homens negros da União durante a Guerra Civil.[41]

Pouco antes do fim da guerra, os abolicionistas combatiam a ideia de que os Estados Unidos estavam à beira de uma guerra racial, motivada pelo espírito de revanche e pelo comportamento bárbaro dos libertos. Naquele momento, enfatizavam as qualidades dos afro-americanos, como o patriotismo, e suas habilidades intelectuais. Ao mesmo tempo, alguns abolicionistas brancos também tentavam convencer os sulistas de que a abolição se daria num processo seguro, e que as antigas hierarquias raciais seriam mantidas devido ao espírito de gratidão e ao paternalismo nutrido entre negros e brancos. Tais promessas eram importantes na produção de um cenário positivo do mundo do trabalho e das relações raciais no pós-abolição, de forma a reduzir a insatisfação dos senhores de escravos. A palavra dos abolicionistas brancos era algo fundamental para convencer a sociedade dos benefícios da abolição. O jornal *The Liberator* publicou as impressões de um autor identificado como J. L. P., que se disse surpreso com a eloquência e a capacidade de articulação dos libertos durante um evento da *American Freedman's Friend Society*. Todos os oradores eram negros, segundo o observador, que se revelou surpreendido com a inteligência de todos eles e com os planos que tinham de promover a educação dos seus pares no Sul. O patriotismo também atraiu a atenção de J. L. P., assim como os exemplos dos soldados afro-americanos que estavam lutando na condição de libertos durante a Guerra Civil.[42]

Em paralelo, os próprios membros da comunidade afro-americana questionavam as teses da inferioridade publicadas nos jornais ou defendidas nos púlpitos das igrejas. Conforme exposto, desde a década de 1820, e sobretudo após os anos 1840, os jornais da imprensa negra eram o principal espaço de debate da comunidade liberta, nos quais poderiam responder às afirmações que atentavam contra sua humanidade.[43] O reverendo B.W. Roberts, filiado à *African Methodist Episcopal Church*, fundada em 1816 na Filadélfia, também recorreu às páginas da imprensa negra para refutar as palavras do bispo Pierce, também da Igreja Metodista, só que de uma congregação de brancos. O bispo havia publicado em um jornal que os negros faziam parte de uma raça distinta e peculiar, o que os separava dos brancos. O reverendo respondeu reiterando que os negros eram descendentes de Adão, e que a única diferença entre eles e os brancos era a cor da pele. Em um tom mais agressivo, algo considerado ousado até mesmo no Norte dos Estados Unidos, o reverendo Roberts foi incisivo: "Da mesma forma que há homens de cor ignorantes, também há homens brancos ignorantes." Acerca das acusações de que os negros eram preconceituosos, ele respondeu: "Permita-me perguntar, os homens brancos não têm preconceito também?"[44]

Além de igualar negros e brancos nas suas dimensões humanas e origens, fundamentando-se nas escrituras bíblicas, Roberts também culpou a escravidão e a falta de acesso à educação pelas limitações sociais enfrentadas pelos negros no pós-abolição. Em vez de aceitar a noção de que as limitações intelectuais eram resultado da suposta natureza inferior da "raça", como afirmavam os cientistas, Roberts explicava as más condições de vida da comunidade afro-americana pós-abolição por meio do seguinte argumento:

> Durante séculos a raça caucasiana vem desfrutando de todas as vantagens da educação, e faz apenas vinte

> anos que o negro deste país saiu da escravidão, que não só acorrentou suas mãos, mas também os seus cérebros, e tem degradado a ele e a seus descendentes à condição em que hoje eles se encontram.[45]

A luta pelo reconhecimento da humanidade e pela cidadania nos Estados Unidos atingiu um momento decisivo no pós-abolição. Nesse sentido, a ciência continuou a fornecer à sociedade argumentos fundamentais que seriam mobilizados nesse jogo de forças. A elite afro-americana estava convencida de que a ciência que os definia estava comprometida com o cativeiro e/ou com a manutenção das desigualdades. Além disso, a promoção da educação e da cidadania plena e irrestrita era a principal agenda no período pós-guerra entre os abolicionistas mais radicais. Contudo, outros temores ressurgiram ainda mais acentuados entre a população branca: o receio de que a igualdade permitisse a livre competição, a quebra dos privilégios – até então justificados com base em supostas habilidades naturais – e a mistura racial como forma de integração dos negros ao mundo dos brancos.

O espelho da degeneração: miscigenação na América Latina e a ameaça à pureza racial nos Estados Unidos

No ano de 1864, o jornal sulista *The Charleston Mercury* – um periódico da cidade de Charleston, importante centro escravista – publicou uma matéria que abordava o maior dos pesadelos da sociedade norte-americana no pós-abolição: a mistura racial. Recém--batizada com o nome de miscigenação, termo cunhado em 1863, a matéria "Miscegenation at the North" [Miscigenação no Norte] havia sido originalmente publicada no jornal *The New York Times* sob o título "What are We Coming To, and When Shall We Reach It?" [Para onde estamos indo e quando chegaremos lá?].

O autor do artigo destacava um fenômeno descrito por ele como "anormal e detestável", que estava se tornando comum nas ruas de Nova York, agora tomada por rostos de tez cada vez mais "amarronzada". Alertava a sociedade para a prática dos abolicionistas radicais de apoiar e influenciar pessoas brancas a se casarem com negros, o que punha em risco um país "grandioso e próspero" onde, em pouco tempo, os brancos deixariam de existir. Devido aos casamentos inter-raciais incentivados pelos abolicionistas, afirmava o autor, em breve todas as famílias teriam um genro negro, o que tornaria todos mulatos e, consequentemente, afetados "por todas as peculiaridades físicas e mentais da raça infeliz". "Adeus, um longo adeus à nossa brancura", lastimava o autor, que defendia que algo deveria ser feito para "preservar a pureza do sangue" das pessoas brancas.[46]

Em geral, tanto no Norte quanto no Sul, a sociedade branca norte-americana condenava a miscigenação racial. O médico Josiah Nott – sulista e pró-escravidão, cujas ideias sobre hibridismo já discutimos – compartilhava a aversão à miscigenação racial com o cientista Louis Agassiz, que havia se estabelecido no Norte do país e era contrário ao cativeiro. Portanto, um artigo de um jornal do Norte, republicado em Charleston, principal centro escravista do Sul, ilustra como noções negativas sobre a miscigenação racial podiam unir grupos que normalmente estavam em oposição.

Mesmo antes da Guerra Civil, os abolicionistas eram acusados de defender o fim da escravidão para que casamentos entre negros e brancos fossem permitidos. Além disso, conforme mencionado na matéria do *The New York Times*, os abolicionistas estavam dispostos a se casar com negros como prova de testemunho da sua crença na igualdade racial.

Conforme exposto antes, a forma de relacionamento mais repudiada era o casamento entre a mulher branca e o homem negro.[47] Notícias sobre filhas de abolicionistas brancos do Norte que se casavam com negros eram muito comuns na imprensa sulista.

Um exemplo foi o casamento de Sarah Judson, filha de um "abolicionista radical", cuja história foi publicada no jornal *Memphis Daily Appeal* em 1859. Segundo o autor, "era de revirar o estômago de qualquer branco", e a noiva teria sido induzida pelo pai a se casar com um homem negro, "contrariando os desígnios da natureza".[48]

Para compreender a origem desses temores no pós-abolição, é preciso analisar por que a miscigenação, embora já existente tanto no Norte quanto no Sul do país, despertou ainda mais preocupação entre os brancos naquele período. De acordo com a historiadora Martha Hodes, foi durante e após a Guerra Civil que as relações sexo-afetivas entre negros e brancos passaram a ser vistas com mais intolerância, sobretudo em relações em que a mulher pertencia à "raça branca". À medida que a guerra se aproximava e, portanto, a abolição parecia ser inevitável, filhos de mães brancas e pais negros passaram a ameaçar o sistema escravista, já que a condição da mãe definia o status da prole. Esses indivíduos, chamados mulatos, quando filhos de mães brancas, eram considerados cidadãos livres – portanto, desestabilizavam um sistema que se sustentava cada vez mais na diferença racial e na origem africana. Além disso, as relações entre homens brancos e mulheres negras, muitas vezes resultado da violência sexual e/ou coerção, retroalimentava o sistema escravista, uma vez que elas geravam indivíduos escravizados que carregavam o status da mãe.[49]

A década de 1860 marcou uma intensificação das polêmicas em torno do tema da miscigenação racial, sobretudo após a abolição e a reeleição de Lincoln, em 1863 e 1864, respectivamente, e no pós-guerra. Isso acabou por moldar os debates e as políticas futuras relacionadas à manutenção ou à eliminação das desigualdades raciais, isto é, se os libertos deveriam ser integrados à sociedade com os mesmos direitos que os brancos.

Ao mesmo tempo, a aversão à miscigenação racial estava ligada à crença na degeneração e na impureza, concebendo que isso contaminaria a sociedade norte-americana branca (ou seja, os cidadãos) e ameaçaria a pureza que garantia a suposta superioridade dos anglo-saxões. Somente a deportação dos libertos ou a existência de barreiras legais severas manteriam o projeto de nação americana ligado à raça, pureza e cidadania, tal como podemos perceber no discurso científico e também no senso comum.[50]

O que significaria, então, para os Estados Unidos, tornarem-se um país de mulatos, onde os brancos "em breve deixariam de existir", segundo as previsões pessimistas do jornal *The Charleston Mercury* e do *The New York Times* em 1864? De que maneira a miscigenação era incompatível com o projeto de "país grandioso e próspero" tal como era defendido nesse mesmo artigo? Para exemplificar como a mistura racial ia na contramão do ideal de nação defendido pelas elites norte-americanas, mesmo depois da abolição, a América Latina era citada para evidenciar a necessidade da construção (ou manutenção) de um projeto nacional diferente daquele existente na parte sul do Atlântico.

A miscigenação nos trópicos era vista como fonte de degeneração, ideia justificada não apenas por teses científicas da época, mas também por argumentos morais, já que o intercurso sexual entre negros, brancos e indígenas também revelava uma ausência de políticas de controle sexual das populações locais. As elites norte-americanas acreditavam que isso deixaria homens e, sobretudo, mulheres nativas reféns dos seus impulsos considerados "primitivos". No caso dos Estados Unidos, acreditava-se, ainda, que o país deveria observar o exemplo negativo de outros países americanos e se proteger dos males que degeneravam a América Latina. Além disso, julgavam-se responsáveis por exportar políticas de sanitarização, controle sexual e segregação, acreditando que elas seriam fundamentais para levar avanços culturais e sociais a essas regiões.[51]

Em 1860, mais uma vez o jornal *De Bow's Review* forneceu à sociedade norte-americana um suposto exemplo do que poderia acontecer com um país próspero e de grande potencial se não existissem leis que impusessem barreiras ao convívio entre negros e brancos.

> Infelizmente a Constituição do Brasil considera todos os homens iguais se eles são livres, sejam eles homens negros ou homens brancos. Os efeitos da igualdade dessas leis não precisam de demonstração. Isso tem mergulhado o Brasil numa revolução política que vem destruindo o governo Imperial e seu exército, composto na sua maioria por negros que irão em breve ditar os termos da emancipação à nação, e o Império será convertido em outra Venezuela.[52]

O autor do artigo, identificado como J. R. H., lamentava que a Amazônia fosse pouco explorada, e afirmava como seria benéfico que esse território estivesse sob o controle dos sulistas, que usariam a mão de obra escravizada para desenvolvê-lo. Além disso, ele chamava a atenção para a baixa taxa de reprodução dos escravos e defendia que a questão seria resolvida com a importação de mais mulheres africanas – essa solução era empregada por senhores de escravos dos Estados Unidos para aumentar a sua propriedade escravizada.

Segundo J. R. H., o Brasil era um país rico em recursos naturais; no entanto, o crescimento daquilo que ele chamava de "raça híbrida", cujos indivíduos tinham o privilégio da cidadania, franqueava uma possibilidade de ascensão social irrestrita, inclusive com a chance de "liderar o governo" caso tivessem capacidade para tal. Alegava, então, que isso condenava o país ao fracasso. O autor acreditava que a miscigenação extensa no Brasil impedia seu progresso. Ele atribuía essa situação à falta de moral dos nativos e à ausência de políticas locais que impusessem barreiras raciais à população. Além disso, culpava o abolicionismo inglês, que, segundo ele, havia transformado o Brasil "na sua própria Jamaica", ou seja, numa colônia inglesa. Por fim, o autor tranquilizava os seus interlocutores, enfatizando a condição distinta (superior) dos Estados Unidos em relação ao país latino-americano: "As condições atuais do Brasil podem nos alertar para os perigos de que nós escapamos, em meio ao fanatismo que tem nos atormentado." O autor estava se referindo ao abolicionismo, considerado um movimento de fanáticos por aqueles que defendiam a escravidão.

O Brasil, assim como outros países latino-americanos, continuou a ser citado por muito tempo como um laboratório dos piores efeitos da miscigenação, um observatório de sociedades sem um projeto de *white man nation*.[53] Nesse sentido, México, Cuba, Brasil e a já citada Venezuela eram exemplos dignos de observação e, ao mesmo tempo, de repugnância.[54] A necessidade de políticas de segregação racial no pós-Guerra Civil nos Estados Unidos intensificou o debate sobre os efeitos da mistura racial e as políticas que visavam evitá-la, uma vez que a abolição não resolveu o "problema racial" no país. Em 1866, em um artigo chamado "The Negro in America" [O negro na América], um autor não identificado tomava uma postura ainda mais radical ao afirmar que os caucasianos que invadiram e ocuparam a África haviam "cometido suicídio e se autodestruído ao se amalgamarem com as raças inferiores ou pior, com as piores espécies do continente". Segundo o texto, os europeus haviam cometido o mesmo erro na América hispânica.[55]

Porém, houve quem pensasse de forma diferente a respeito da mistura racial. Em 1863, Frederick Douglass já havia anunciado que todas as vezes que os Estados Unidos vislumbravam conquistar algum povo ou território, as elites brancas mobilizavam o argumento da inferioridade. Isso havia acontecido com a população negra e com o território mexicano, quando os norte-americanos usaram justificativas "monstruosas" que, segundo o abolicionista, estavam a "serviço da opressão".[56] Desde 1861, havia quem defendesse que a mistura racial traria benefícios aos Estados Unidos. Em um artigo chamado "The Colored Creole" [O crioulo de cor], um autor não identificado trazia para a sociedade norte-americana os resultados positivos da mistura racial nas colônias britânicas pós-abolição e até mesmo no Brasil escravista. De acordo com o

180

texto, a miscigenação seria responsável por diminuir o preconceito racial. Assim, defendendo pontos tão controversos, torna-se compreensível que ele tenha evitado revelar seu nome.[57]

O artigo informava que havia treze milhões de africanos e seus descendentes nas Américas, distribuídos em diversos países, como Brasil, onde havia mais de quatro milhões, seguido de Cuba e Porto Rico, Haiti, colônias francesas e britânicas, além do México. Metade dos nove milhões de negros que estavam nas Américas, exceto nos Estados Unidos, eram de origem birracial e, em alguns países, como Brasil, Guatemala, Granada, Bahamas, Barbados, Jamaica e até mesmo Haiti, a suposta ausência de preconceito racial possibilitava que essa população participasse completamente da sociedade. Segundo o autor anônimo, embora em Barbados fosse possível perceber distinções raciais, era inegável que os mulatos tensionavam a sociedade, recusando-se a viver em condições de subalternidade em relação aos brancos. Para o autor, esses filhos de negros e brancos nas colônias britânicas compunham uma raça intermediária, que não era africana nem europeia, chamada por ele de *West Indian*.[58]

A ideia defendida em "The Colored Creole" era a de que não haveria alternativa para os brancos dos Estados Unidos senão aceitar pacificamente a participação dos mestiços na sociedade, inclusive na condição de cidadãos. Na América Latina e no Caribe, citava o artigo, os mestiços haviam demonstrado capacidade de atingir bom desempenho intelectual, além de habilidades para o trabalho. Indivíduos de origem birracial também serviam como uma classe intermediária que poderia arrefecer possíveis tensões raciais, como ocorrera de forma extrema no Haiti, segundo o texto.[59] Seguindo a mesma linha de defesa da miscigenação, embora isso fosse incomum, em 1864, o abolicionista branco Theodore Tilton também se pronunciou publicamente a favor da miscigenação. Para ele, seria a melhor solução para o futuro dos Estados Unidos pós-abolição, pois a considerava como um estágio intermediário para o branqueamento, ao passo que a sociedade se tornaria menos preconceituosa. Ele metaforicamente afirmava que a palma da mão do negro era branca para que se encontrasse com a mão do branco, revelando, assim, uma perspectiva conciliatória promovida pela mistura de raças, que já havia impulsionado o progresso também em outras civilizações.[60]

Apesar de ser uma visão pouco comum, havia defensores da miscigenação, no pós-abolição, que insistiam em apontar outros países como nações beneficiadas pelos seus efeitos. O artigo "The Mixed Human Race" [A raça humana mestiça], por exemplo, destacava tais benefícios no Haiti, Brasil, dentre outros locais onde "os mulatos são compatíveis com os brancos de forma favorável em vários aspectos". Seguindo as teorias de Tilton e do francês M. de Quatrefages, a província de São Paulo, no Brasil, era um lugar onde a mistura entre portugueses e aimorés, guaianazes e carijós havia produzido uma raça híbrida superior. A miscigenação fazia esses indivíduos mais bem adaptados ao clima local do que aqueles considerados "puros".[61]

O exemplo do Brasil levava alguns a acreditarem que, de forma análoga, a integração dos negros à sociedade por meio dessa miscigenação eliminaria o preconceito racial vigente nos Estados Unidos. No artigo "Emancipation in Brazil" [Emancipação no Brasil], o autor, anônimo, afirmava que o *melting pot* brasileiro, ou seja, a mistura de raças, fazia do país latino-americano um exemplo de bom convívio que, naturalmente, levaria ao fim da escravidão. A sociedade brasileira era, ainda assim, reconhecidamente estratificada: no topo da elite nacional estavam os brancos, descendentes de europeus (portugueses, franceses, alemães); depois vinham os brasileiros brancos; e, por último, estavam os mulatos de todas as cores – descendentes de brancos e indígenas, de africanos e indígenas, negros livres e indígenas "incivilizados" e "domesticados".[62]

A mistura racial, fosse ela o intercurso sexual ou o convívio entre negros e brancos, significava, de forma efetiva e simbólica, a quebra das barreiras que, durante a escravidão, colocaram negros e brancos em papéis sociais distintos na sociedade estadunidense. Dos pontos de vista científico e político da época, a miscigenação também significava a decadência da população anglo-saxã. O cientista Agassiz, citado anteriormente, acreditava, por exemplo, que, devido à ameaça percebida e à impossibilidade de coexistência entre negros e brancos no pós-abolição, os negros migrariam espontaneamente para o Sul do país, formando um conglomerado de *Negro States*,[63] que seriam áreas nos estados do Sul exclusivos para pessoas negras livres e libertas. Enquanto isso, os brancos permaneceriam no Norte; os mulatos, mais fracos e inférteis, de acordo com as teorias de Agassiz, sucumbiriam aos desígnios da natureza e seriam exterminados por causa de suas próprias limitações.[64]

Ainda em 1863, Agassiz abandonou a ideia dos *Negro States* porque duvidou que a distância entre Norte e Sul dentro do mesmo país fosse suficiente para garantir a separação da população negra e branca. Assim, ele passou a defender que os negros e os ditos "mulatos dos Estados Unidos" fossem retirados do país com o argumento de que essa seria a forma de proteger a sociedade branca da miscigenação, prática que, como já sabemos, ele considerava "repugnante".

Além dos supostos males afirmados pela ciência, a miscigenação também era considerada um pecado moral, porque significava a subversão de regras de conduta sociais e cristãs, já que a prática expunha homens e mulheres brancas, sobretudo as mulheres, à sexualidade excessiva de pessoas negras. Segundo McClintock, a ideia de que povos nativos ou não brancos constituem as chamadas "classes perigosas" é um indicativo de que o discurso colonial se faz em uma intersecção entre categorias raciais, de classe e, também, de gênero. O imperialismo, incluindo os discursos nacionais, orienta-se na perspectiva de poder do homem branco, o qual também é representante de uma elite sociopolítica. No outro extremo, as mulheres negras, escravizadas ou libertas, são responsabilizadas pelos descontroles sociais desses mesmos homens que representavam o ideal de civilização, devido à sua sexualidade desenfreada. Isso explica a necessidade de políticas de controle dos corpos dessas mulheres.[65]

O resultado da mistura racial, o chamado "mulato", ameaçava o progresso e a civilização, porque degenerava a sociedade e criava categorias sociorraciais que desestabilizavam a ordem social.[66] Durante essa campanha promovida por grupos racistas e segregacionistas preocupados em demonstrar a ameaça que a miscigenação representava para o país, o Brasil se consolidou como laboratório das raças em que os norte-americanos poderiam constatar os resultados físicos, políticos e morais da miscigenação desenfreada. As fotografias produzidas pela equipe do cientista Louis Agassiz entre 1865 e 1866 retratavam homens e mulheres africanas "puras", e os mestiços como "raças impuras" ou "mistas".[67] As imagens, a exemplo do que vimos no capítulo 2, pretendiam ser uma ilustração do que a população dos Estados Unidos poderia se tornar sem rígidas políticas de segregação racial. As constatações de Agassiz sobre os efeitos perigosos da mistura racial foram apropriadas pela sociedade norte-americana, sobretudo entre aquela parte considerável da população que se mostrava preocupada com o futuro do país sob a ameaça de se tornar, como muitos temiam, uma República de mulatos.

Era o que constava no editorial de fevereiro de 1868 do jornal *New York Observer and Chronicle*, no qual as notícias sobre o Brasil trazidas por Agassiz eram divulgadas em forte tom de advertência. O jornal argumentava que o cientista era a pessoa mais qualificada no momento para falar sobre o resultado da mistura de raças. Assim, reproduzindo o que dizia ser conclusões de Agassiz, afirmava que aqueles que duvidavam dos males da mistura racial e dos equívocos causados pela quebra de barreiras deveriam ir para o Brasil.[68]

No jornal, Agassiz afirmava que, no Brasil, a amalgamação era mais praticada que em qualquer outro lugar do mundo, causando a deterioração do país e produzindo um *mongrel non-descript type* [tipo vira-lata inclassificável],[69] com supostas deficiências físicas e mentais. Ainda segundo ele, embora o país ainda fosse escravista, a ausência de barreiras raciais fazia com que os libertos tivessem mais liberdade que os recém-libertos dos Estados Unidos pós-abolição. De acordo com o jornal, Agassiz concluía, com base no exemplo brasileiro:

> Vamos assim aprender duas lições: ofereça todos
> os benefícios da educação para o negro e dê a ele
> todas as oportunidades de sucesso que a cultura dá
> ao homem que sabe como utilizá-la, mas respeite as
> leis da natureza e permita que nossas formas de lidar
> com o homem negro sejam preservadas o quanto
> seja possível, assim como as distinções das suas
> características nacionais e nossa própria integridade.[70]

Uma matéria muito semelhante citando a obra de Agassiz foi publicada meses mais tarde, dessa vez no jornal sulista *Georgia Weekly Telegraph*.[71] A matéria anterior havia sido publicada no Norte, o que nos revela que, no pós-abolição, a miscigenação provocava reações semelhantes em todo o país. Os efeitos da mistura racial no Brasil, de acordo com Agassiz, também foram tema do artigo chamado "Effects of the Admixture of Races" [Os efeitos da miscigenação das raças], publicado no *Medical News* em 1870, que também reproduziu trechos da obra do cientista, descrevendo as características da população local e atribuindo diferentes terminologias para cada tipo de mistura.

Segundo o artigo, o indivíduo "cafuzo", resultante da miscigenação do indígena com o negro, não possuía nada da "delicadeza dos mulatos" e era descrito como "de pele escura, cabelo longo, ondulado e encaracolado". Em relação ao caráter, Agassiz os definia como "portadores de uma feliz combinação entre a disposição alegre do negro e a bravura enérgica dos índios".[72] Continuando com os detalhes da população brasileira, o "mameluco" era descrito como a mistura do indígena com o branco, resultando em um ser "pálido, afeminado, preguiçoso, débil". Agassiz explicava tal fato sugerindo que as características dos "índios" haviam obliterado as do ancestral branco. Após afirmar que os indígenas comprometiam as qualidades positivas do outro ancestral do mestiço em qualquer combinação, fosse com o branco ou com negro, o artigo terminava com a mesma citação acima, sobre a necessidade de manutenção das desigualdades explicadas, em parte, pelas próprias limitações de negros e mestiços.[73]

As impressões do capitão John Codman, autor de *Ten Years in Brazil* [Dez anos no Brasil], também serviram para reforçar a propaganda contra a mistura racial nos Estados Unidos, elaborada por meio do olhar sobre a experiência brasileira. Em 1876, o jornal *The Galaxy* publicou trechos da obra de Codman em que ele descrevia o povo brasileiro como "enfaticamente preguiçoso", culpa da mistura racial, que fez com que o sangue do português desaparecesse das veias da população do país. Miscigenação e degeneração eram ainda descritas como práticas comuns entre as "raças latinas", e tal era a razão de sua péssima reputação moral.[74]

Uma solução inusitada para resolver as tensões raciais que supostamente aconteceriam nos Estados Unidos foi proposta por Charles Gardiner, autor do artigo "The Future of the Negro" [O futuro do negro], publicado em 1884. Gardiner olhava com preocupação para o crescimento da população negra nos Estados Unidos pós-abolição: contrariando as previsões de que os libertos desapareceriam do país, a população negra havia aumentado em 35% em apenas uma década, conforme os dados do censo de 1880. O dado alarmante era que a população branca havia crescido somente 20%. Assim, o autor especulava que, em um futuro próximo, os negros seriam maioria nos estados do Sul do país. Tentando garantir que a região não saísse do controle da política nacional, a amalgamação era apresentada como uma alternativa inevitável para os brancos que se recusassem a sair da região.[75]

Gardiner, contrariando a maioria das opiniões sobre miscigenação, afirmava que ela havia sido a solução encontrada para apaziguar os "problemas raciais" em outras nações: alemães haviam se misturado aos hotentotes na África do Sul; os "zambos" eram fruto da mistura racial na América do Sul; portugueses haviam se misturado com negros no Brasil; os mestiços eram fruto da mistura racial no México: todos eram citados como exemplos de fusão moderna. Ao mesmo tempo, o autor reconhecia as limitações dos indivíduos mestiços, resgatando, de forma tardia, as teses científicas de tendências poligenistas. Ele citava conclusões de Sanford B. Hunt, que mediu crânios de soldados negros, mestiços e brancos durante a Guerra Civil e classificou os indivíduos em brancos, 3/4 brancos, 1/2 brancos, 1/4 brancos, 1/8 brancos e 1/16 brancos, para concluir que os soldados iam perdendo suas capacidades de desenvolvimento cerebral à medida que a mistura com os negros diminuía a presença do "sangue branco".[76]

Além disso, Gardiner afirmava que dali a cinquenta anos a população negra seria maioria no Sul e tomaria o lugar dos caucasianos, os quais se tornariam uma raça inferior. Segundo ele, até então, o equilíbrio entre negros e brancos na região havia produzido um mulato que carregava características predominantes do ancestral negro. O aumento do número de negros no Sul era inevitável, e as propostas de expatriação, para Gardiner, pareciam irreais.

> O negro é um cidadão, e seu consentimento tem que ser obtido antes dele ser exportado para a África ou qualquer outro lugar. Ele está orgulhoso da sua cidadania, e é estúpido achar que ele vai se expatriar voluntariamente... O negro está aqui, sua igualdade legal está declarada, sua casa é o Sul, e não há evidências de que ele esteja disposto a deixar a região.[77]

Assim, ele oferecia uma solução pragmática para o que parecia inaceitável para muitos setores da sociedade norte-americana: propunha que a amalgamação no Sul era possível e já vinha acontecendo entre aqueles (brancos) que já haviam perdido seu "orgulho racial" e "espírito de raça". A proposta, então, era que os brancos de tais regiões migrassem para o Norte, e os que permanecessem no Sul se misturassem com os negros. Caso os brancos que permanecessem no Sul se recusassem a sucumbir à mistura racial, então, eles deveriam aceitar fazer parte dessa sociedade como um elemento inferior, sendo submetidos ao que Charles chamou de *negro supremacy*.[78]

No período anterior à Guerra Civil, antes de os Estados Unidos adotarem um rígido código de segregação racial que classificaria a população de forma binária, o tema do lugar social das pessoas de ancestralidade mista foi extremamente debatido. Como já discutimos, foi na década de 1850, quando havia uma quantidade considerável de escravizados de pele clara, que os "mulatos" também foram perdendo seu status intermediário e sendo cada vez mais "aproximados" da categoria de negros. No caso daqueles que podiam ser confundidos com brancos, a possibilidade de *passing*,[79] facilitada pela imprecisão de se identificar alguém como negro ou branco, revelava as falhas e brechas do sistema racial.

De acordo com Williamson, até a década de 1850, os chamados "mulatos livres" tentavam se aproximar do mundo dos brancos, o que era possível em regiões do extremo Sul. Entre as décadas de 1850 e 1860, o número de mulatos cresceu consideravelmente, inclusive daqueles que eram escravizados. Em uma década, o número de mulatos escravizados cresceu de 66,9% para 72,3%. Em 1860, 94,2% dos mulatos que viviam no Sul haviam sido escravizados, e uma onda de intolerância se acentuou na população branca contra aqueles que eram livres. Ou seja, mais uma vez, o problema não era somente a mistura racial, mas o fato de isso produzir um indivíduo livre. À medida que a população escravizada foi se tornando mais clara e a escravidão mais ameaçada, a regra do *one drop* – uma gota de sangue negro – foi sendo mais aplicada para identificar a raça das pessoas.[80]

O próprio abolicionista Frederick Douglass já havia ironizado a suposta precisão com que os brancos acreditavam poder identificar negros que tentavam se passar por brancos, não importando o grau de mistura ao narrar o episódio em que fora confundido com um indígena.[81] Não saber diferenciar um negro de um indígena ou não saber reconhecer um mestiço, por mais clara que fosse a pele dessa pessoa, era algo que aterrorizava a população branca. Isso os ameaçava com a possibilidade de, sem saberem, acabarem se "contaminando" com o sangue africano que, possivelmente, circulava entre indivíduos que se passavam por brancos nos círculos sociais e no núcleo familiar nos quais tentavam se resguardar da mistura racial. Por outro lado, tanto no Norte quanto no Sul do país, homens e mulheres de pele clara, e que eram considerados "pessoas de cor", faziam uso dessa imprecisão, tentando viver como se fossem brancos, usando estratégias que envolviam dissimulação e performance. Assim poderiam se inserir e até ser aceitos nas comunidades adversas à mistura racial.[82]

Para mostrar que a condição dos indivíduos de *mixing race* [raça misturada] era bastante complexa nos Estados Unidos, um autor que utilizava o codinome Amalgamated Man [Homem Amalgamado] e se identificava como mestiço expressava a sua opinião sobre a condição social desse grupo que ele chamava de "classe infeliz".[83] Afirmava que pessoas como ele tinham a sua condição social agravada pelo fato de serem vítimas de preconceito por parte das pessoas de "sangue puro". Embora, segundo ele, as pessoas de origem birracial não nutrissem preconceito contra ninguém, comentava o lugar marginal dos mulatos na sociedade americana. A comunidade branca não os aceitava porque os considerava seres inferiores em todos os sentidos, e a comunidade negra não os aceitava porque os considerava egoístas, uma característica que acreditavam ter sido herdada do seu ancestral branco.[84]

O autor questionava os dados que apontavam a existência de uma pequena quantidade de mestiços nos Estados Unidos, ideia que tentava confirmar as teorias científicas que previam a curta longevidade desses indivíduos. Ele afirmava que os *mixed bloods* [sangues mestiços], em 1860, eram 1/4 da população "de cor", e não 1/9, número oficial do censo. Segundo ele, tais números expressavam "os interesses da escravidão". Além disso, afirmava que muitos indivíduos de pele escura também eram de origem birracial e registrados como *colored*, e indivíduos registrados como brancos eram, na verdade, "mestiços". Aqui ele apontava como "se passar por branco" era um fenômeno que desafiava a ciência racista, que prometia que a identificação visual era suficiente para diferenciar brancos de não brancos. Além da ciência, Amalgamated Man afirmava que, embora soubesse que "quase todos os homens brancos se orgulham da sua habilidade de saber quem era negro no primeiro olhar", tal forma de identificação continha falhas.[85]

O *passing*, segundo ele, fazia com que a quantificação da população miscigenada nos Estados Unidos fosse imprecisa, o que explicava por que tal número parecia tão inexpressivo no censo. Muitos desses indivíduos de pele clara decidiam quebrar os vínculos com a comunidade negra, estabeleciam-se em pequenas cidades e se inseriam na comunidade branca, vivendo e atuando como se fossem brancos. Assim, muitos indivíduos de origem birracial poderiam obter sucesso e ascender socialmente. Antes da Guerra Civil, o status de escravizado ou livre facilitava a identificação racial da população; no entanto, com a abolição, a possibilidade de tirar proveito da ambiguidade racial, somada aos velhos signos que estavam associados a "ser branco", criava algumas brechas. Performance, ou seja, a habilidade de agir como branco, e aceitação na sociedade branca, além de traços físicos, eram elementos que quando combinados possibilitavam o que o autor apontava como uma alternativa entre muitos dos seus conhecidos: estarem imersos no "mundo branco".[86]

Amalgamated Man acreditava que a emigração para o Canadá, a Europa e o Caribe também refletia no decréscimo do número de pessoas mestiças. Isso fazia certo sentido, já que durante a Guerra Civil muitas famílias negras de pele clara migraram para o Norte, fugindo da possibilidade de receberem o mesmo tratamento dispensado aos negros e tentando reconstruir suas vidas em locais onde fosse possível serem vistos como brancos – ou quase isso. Alguns emigraram para o Haiti; outros permaneceram no Sul e se alistaram no Exército Confederado. No entanto, depois de sofrerem práticas abusivas e não receberem os privilégios que esperavam, foram desarmados e rebaixados para o batalhão de negros.[87]

Um artigo publicado em 1886 no jornal abolicionista negro *The Christian Recorder* previa um futuro em que negros e brancos, ao passarem a compartilhar a mesma cultura e história, se fundiriam, formando uma nova raça, por meio da superação das divisões raciais no país – algo que, para o autor, seria resultado inevitável da miscigenação.[88] Essa parece ter sido a crença dos abolicionistas radicais, negros e brancos, para a solução das diferenças raciais nos Estados Unidos: a mistura racial como caminho de fusão das duas raças e construção de uma identidade nacional fundada em uma sociedade multirracial no pós-abolição. Seguindo a mesma lógica, o influente poeta e jornalista canadense John Reade deu sua contribuição sobre o assunto na revista *The Popular Science Monthly*, voltada para informar o leitor leigo sobre ciência. No artigo "The Intermingling of Races" [A mistura de raças], afirmava que a mistura racial já acontecia em todas as regiões nos Estados Unidos e apresentava resultados positivos no sentido de formar uma nação civilizada e uniforme.[89]

Reade trazia o exemplo dos nativos e brancos que se misturavam nos territórios indígenas do país. Segundo ele, os homens brancos estavam se relacionando com mulheres de etnia cherokee e choctaw, que, "por sua beleza e inteligência, poderiam ser comparadas a qualquer senhora do Sul". Citava a sobrinha de um senador que, a despeito da sua ancestralidade indígena, tinha olhos azuis e era capaz de ensinar línguas, filosofia e matemática, mas esquecera-se de sua língua materna. O exemplo da "índia de olhos azuis" que apropriava a cultura ocidental ao passo que esquecia a língua materna (indígena) era, para Reade, a prova do potencial positivo da mistura racial, que seria apagar o passado não europeu da sociedade americana representado na mulher de outra "raça". Além de a "fusão de sangues distintos" representar o caminho para a civilização, o jornalista também afirmava que a mistura racial apaziguaria conflitos e preconceitos, o que já estava acontecendo entre indígenas e brancos que viviam nos territórios indígenas de forma harmoniosa.[90]

Os resultados positivos e a inevitabilidade da mistura racial na América Latina eram exemplos citados pelo autor para convencer a sociedade norte-americana de que esse era o melhor caminho a ser trilhado pelo país depois da abolição. Ele afirmava que, embora a escravidão tivesse ficado no passado, o cativeiro havia deixado uma questão a ser solucionada e que se arrastava nas décadas seguintes. Reade apresentava dados que informavam que, no México e na América do Sul, os *mixed blood* compunham 1/5 da população, somente 20% era composta de europeus e 3/4 de indígenas. Seguindo essa tendência, em países como Guatemala, Honduras, Nicarágua, San Salvador e Costa Rica, a maioria da população era indígena e mestiça. Na América do Sul, afirmava ele, as *mixed races* [raças de mestiços] eram a parte mais numerosa da população e, até mesmo no Brasil, parte significativa dos escravizados e libertos era um "mix" de mestiços e indígenas. Aliás, Reade afirmava que os portugueses eram constantes "amalgamadores" que se misturavam com todas as populações que conquistavam, como era o caso do próprio Brasil, onde se misturaram com o negro e o indígena, e o mesmo aconteceu na África. No Haiti, em Santo Domingo, na Venezuela, no Peru, no Chile e na Argentina, a tendência era a mesma: os indivíduos miscigenados faziam parte, inclusive, das lideranças políticas do país. O autor afirmava que, nos Estados Unidos, era difícil apontar essa mesma tendência de crescimento da população de origem birracial, uma vez que mestiçagem era uma marca de inferioridade, e, portanto, os indivíduos mestiços que estavam vivendo como brancos jamais revelariam suas reais origens.[91]

John Reade, assim como outros setores da sociedade que representavam uma minoria, propunha que os Estados Unidos adotassem oficialmente a mesma alternativa escolhida pela maioria dos países latino-americanos: a mistura racial como o caminho que homogeneizaria a população do país. Porém, esse projeto alternativo, que resolveria as tensões raciais pela via da integração, foi rapidamente sufocado e abortado pelas elites brancas do país. Nos Estados Unidos, desde a Revolução Americana (1875-1883), a ideia de nação era associada a uma terra de homens brancos, e o caminho visto para a homogeneização, sobretudo depois da abolição, era a eliminação ou a expatriação dos negros da sociedade. Com os anos finais da escravidão, a raça como categoria de classificação racial e a ideia de pureza foram se tornando mais determinantes na sociedade americana. Miscigenação é algo que está na fundação das nações Norte e Sul-Americanas, mas, ao contrário dos europeus na América Latina, os Estados Unidos trilhariam, ao longo dos séculos, outro caminho, outra base fundaria suas instituições, que primariam pela "pureza racial", associando miscigenação, dentre outras coisas, a ilegitimidade. A violência foi historicamente uma importante ferramenta na manutenção da segregação e da "pureza racial", explicando a existência de um sistema de classificação binário que marcaria a sociedade norte-americana até os dias atuais.[92]

É preciso pensar que ambos os sistemas raciais – tanto aquele que se baseia na pureza racial quanto o que aceita e até incentiva a mistura racial, como é o caso da América Latina – têm em comum a valorização da ancestralidade europeia que ainda é o ideal de civilização. Na América Latina, a mestiçagem seria um processo que conduziria à uniformidade da população, ao mesmo tempo que o passado africano e indígena seria deixado para trás, como é citado por John Reade no caso da "índia dos olhos azuis", exemplo máximo do potencial da mistura racial. A mestiçagem carregaria um sentido pejorativo em ambas as sociedades: na América Latina, porque traria a presença física e a memória das raças "cósmicas", indígenas e africanos, que deveriam permanecer invisíveis, imateriais, etéreas; no caso dos Estados Unidos, a mestiçagem era perigosa porque gerava indivíduos "de cor", mas que podiam ser livres, contrariando a associação de liberdade e *whiteness* [brancura ou branquitude], sendo a branquitude considerada uma condição para ser livre. Além de tudo, os mestiços que se passavam por brancos [*passing*] contrariavam a ordem escravista e frequentemente se inseriam no mundo branco, que seria contaminado com sua impureza. Assim, tanto a ideia norte-americana de *white supremacy* quanto a política e o discurso latino-americano pró-mistura racial se apoiam na negação das populações indígenas e africanas.[93]

Decifrando o *"melting pot"* do Brasil: o imaginário racial brasileiro na imprensa americana

Como já demonstrado, o pós-abolição nos Estados Unidos foi um período marcado por uma nova dinâmica nas relações de trabalho e pela tentativa de reformulação das hierarquias raciais vigentes na sociedade, sobretudo na região Sul, pois, ao mesmo tempo que a comunidade negra aspirava à plena participação na vida social e política do país, velhos valores racistas subsistiam entre a comunidade branca, que insistia em manter as antigas hierarquias raciais. Essa tensão instalou no país uma política de segregação racial que adentraria o século XX, na tentativa de conservar o Sul como último bastião da pureza racial no país. Um clima de paranoia e perseguição cercou a região, e um rígido sistema de discriminação foi sendo elaborado para colocar os negros – agora incluindo os que antes eram considerados "mulatos" – em uma condição muito próxima daquela em que estavam durante a escravidão. No final do século XIX, a mistura racial, que já havia sido, até certo ponto, tolerada, era vista pelos sulistas como uma característica deplorável das populações dos estados do Norte e de outros países.[94]

O futuro dos Estados Unidos como uma sociedade multirracial despertava a insegurança das elites conservadoras do país, que continuaram a buscar referências em outras nações ainda escravistas, como o Brasil. O país continuou a ser observado para se entender como a nação se organizava (ou não) sem a existência de leis de segregação racial e, também, para perceber os efeitos da miscigenação entre a população. A capacidade do Império de manter a escravidão por tanto tempo, sobrevivendo à Guerra Civil Americana, era um enigma que despertava o interesse de escravistas e abolicionistas dispostos a entender a fórmula brasileira para manter o cativeiro até o final do século XIX. A partir disso, eles visavam buscar paradigmas para a sociedade norte-americana pós-abolição.

O jornalista e abolicionista James Redpath publicou suas análises sobre a escravidão brasileira no jornal *New York Tribune*, que tinha tendências abolicionistas. O artigo foi elaborado a partir da observação da obra do inglês Henry Koster, que escreveu sobre a escravidão brasileira na obra *Travels in Brazil*, publicada em 1816.[95] Em 1857, após uma temporada viajando pelo Sul dos Estados Unidos, onde entrevistou indivíduos e observou a vida de pessoas escravizadas, o jornalista criou no jornal uma coluna chamada "Berwick Letters" [Cartas de Berwick], na qual eram frequentemente publicadas suas impressões da viagem às *plantations* sulistas e, mais tarde, sobre a escravidão em outros países. Em 1866, seria a vez de James Redpath dedicar sua coluna ao tema da escravidão no Brasil. Ele se dizia cético sobre as notícias de uma escravidão excepcionalmente branda no país; portanto, analisou aspectos específicos que confirmassem ou contradissessem tal impressão.[96]

O jornalista apresentava alguns pontos de análise que problematizavam a suposta brandura da escravidão brasileira. O primeiro era o fato de que, no Brasil, a maioria da população era negra, o que por si já constituía uma ameaça à segurança dos senhores de escravos, visto que atos de excessiva violência poderiam despertar a ira de escravizados e libertos. Outro sinal da suposta "bondade" dos senhores brasileiros era a concessão de alforrias que, segundo Redpath, só ocorriam quando os escravizados eram muito idosos. Questionando crenças sobre a ausência de violência no Brasil,

Redpath afirmava que havia recebido notícias da reconhecida cruel-dade dos capitães do mato e dos senhores de escravos quando cas-tigavam os fugitivos. A venda para províncias, onde a condição de vida da população escravizada era mais dura, era uma frequente forma de castigo: "O Maranhão é para Pernambuco o que a Louisia-na era para o negro da Virgínia: um terror."[97]

Certamente, as relações raciais e a miscigenação foram tema da análise de Redpath. O autor também citava, embora com descon-fiança, outros observadores que afirmavam que a escravidão bra-sileira era uma "relação pessoal" não entre negros e brancos, mas entre senhores e escravizados. A fusão social, proporcionada pela suposta ausência de preconceito racial, evitava revoltas e insurrei-ções. O sistema escravista no Brasil tinha uma particularidade inte-ressante: muitos senhores de escravos também eram negros, o que atraía a atenção de africanos e seus descendentes. Além disso, ha-via uma crença, questionável entre alguns autores e comentaristas, de que a miscigenação racial acabaria com a escravidão no Brasil. O jornalista analisava com cautela também as afirmações de que os libertos no Brasil desfrutavam de uma condição melhor em compa-ração aos Estados Unidos.[98]

Outro aspecto que chamou a atenção foi o resultado da mistura racial que, segundo as informações que recebeu, produzia uma variação de cores entre indivíduos da mesma família. O jornalista ponderava que, no Brasil, tal variação era tão grande, que ficava di-fícil saber se era resultado da mistura racial ou dos desmandos se-xuais das mães, que poderiam ser infiéis aos seus parceiros. Essa úl-tima possibilidade trazida por James Redpath também revela traços dos seus preconceitos sobre a conduta sexual das mulheres negras nos trópicos: sendo ela a transmissora de parte das características da sua prole, a variação dos parceiros poderia explicar as diferen-ças entre seus filhos. Ainda de acordo com uma informante, uma mulher definida como "mulata", "os filhos dos mulatos são como filhotes de animais, eles são de todas as cores".[99]

O Brasil permaneceria por muito tempo no imaginário dos Estados Unidos como um lugar onde a mistura racial era central para distinguir os dois países. Além disso, essa imagem caótica era agravada pela presença de indivíduos que pareciam brancos, mas, na verdade, eram mestiços e poderiam se inserir na sociedade a despeito da sua origem obscura. As histórias vindas do Brasil também carregavam um forte tom de advertência, tanto no sentido da possibilidade de algo semelhante vir a acontecer nos Estados Unidos quanto da importância da manutenção de políticas que reforçassem a segregação racial, visando proteger os brancos do país e a suposta pureza de suas famílias. Retratada de forma romantizada, a sociedade brasileira era um Éden sem regras, onde o sexo inter-racial era livre, o que contribuía ainda mais para a construção de uma ideia sobre a vida no exótico (erótico) mundo tropical. Essa imagem do Brasil era inventada, reforçada e necessária para a construção de uma imagem oposta de "nação americana", uma ideia que também ia sendo construída sob características e valores completamente contrários.

O escritor Frank Carpenter, por exemplo, contou no romance *Round about Rio* [Ao redor do Rio] a história de uma família norte-americana no Rio de Janeiro, em que os viajantes narravam suas experiências e suas impressões sobre negros e mulatos locais.[100] Ele também escreveu sobre o país não apenas como romancista, mas também como observador estrangeiro que tentava entender a dinâmica local, estabelecendo pontos de comparação com a sociedade norte-americana. Em 1881, publicou essas impressões no artigo "Race in Brazil" [Raça no Brasil], por meio do qual analisava as razões da ausência de preconceito no Brasil e como a mistura racial, vista como uma prática natural no país, orientava diversos aspectos da vida do brasileiro.

No seu desejo de autodesenvolvimento, o Brasil
tem avançado por passos exaustivos com um

crescimento forçado e destruidor. O país tem trazido um grande número de imigrantes de todas as nações para o seu litoral, e, entre eles, evidentemente, os homens têm predominado. Esses homens têm que ter esposas e, desde que o país não tem mulheres brancas o suficiente para atender à demanda, eles têm sido obrigados a aceitar mulheres descendentes de negros, e de indígenas. Em consequência, os três sangues estão se misturando fortemente em todos os níveis da sociedade brasileira, e uma linha de cor é produzida de forma indistinta. Como o nascer da manhã, é difícil dizer onde a escuridão termina e a luz começa.[101]

O escritor dizia perceber que, assim como nos Estados Unidos, a presença da população negra era maléfica para o Brasil. Além disso, mesmo afirmando que o preconceito racial era um sentimento injusto e antirrepublicano, fortemente enraizado na sociedade norte-americana, Carpenter não acreditava que negros e brancos deveriam ocupar o mesmo lugar na sociedade ou, até mesmo, que fossem iguais. Para ele, a ausência de preconceito racial no Brasil era resultado da miscigenação, que aproximava, arrefecia os ânimos, mas, ao mesmo tempo, degenerava a população. O observador se surpreendia com a existência de um santo negro, São Benedito, o qual representava essa parcela negra da população. Ademais, as hierarquias raciais eram respeitadas no Exército, onde havia uma intensa diversidade racial – no entanto, "desde que os negros são inquestionavelmente uma raça inferior", segundo suas palavras, os brancos eram aqueles que ocupavam o alto escalão das Forças Armadas.[102]

Frank Carpenter também acionou sua imaginação literária para divagar um pouco mais sobre a intrigante aceitação da miscigenação na sociedade brasileira. Segundo ele, em uma noite maravilhosa, depois de abrir sua janela e receber a brisa do inverno tropical, ele ouviu a música da ópera *Aída*, que, provavelmente, estaria sendo tocada por um pianista mulato. O cenário poético foi fonte de inspiração para que o romancista se percebesse "filosofando de forma amadora" sobre o sucesso de tal ópera no Brasil. Assim, Carpenter concluiu que o sucesso de *Aída* estava no romance inter-racial entre "a princesa etíope de pele escura e seu amante egípcio do norte", o general branco Radamés.[103]

O romance entre Aída e Radamés, de acordo com Carpenter, atraía a atenção e a simpatia dos brasileiros, porque a relação amorosa e transgressora entre a princesa negra e o general branco despertava neles um sentimento de aprovação ao que o observador chamou de "crime da miscigenação". Com a mesma temática, um amor inter-racial impossível, a ópera brasileira *O Guarani*, de Carlos Gomes, também era, na opinião dele, uma representação do sentimento nacional sobre a mistura racial: "Uma heroína portuguesa de olhos azuis e cabelo dourado, e o herói, um indígena de sangue puro." A naturalidade com que a sociedade brasileira aceitava relações entre pessoas de "raças distintas" era, para o escritor, um reflexo daquilo que evitava animosidades raciais no país, ao passo que também impedia o progresso da sociedade, moral e fisicamente.[104]

O tema da miscigenação também estava presente na ficção norte-americana sobre os Estados Unidos antes e após a Guerra Civil. Porém, naquele momento a "culpa" pela mistura racial saiu completamente das mãos dos senhores de escravos e foi transferida para os negros, sobretudo as mulheres, as quais eram acusadas de seduzir os homens brancos com a sua sexualidade excessiva. Assim como em outros países, nos Estados Unidos pós-abolição, a produção cultural estava comprometida com uma determinada ideia de nação e revelava um projeto oficial e as expectativas populares sobre os resultados da mistura racial. Dessa forma, na literatura da época, a personagem do mulato, homem ou mulher, era representada como uma pessoa perigosa e confusa a respeito da sua identidade. Em tais narrativas, a aproximação delas com o mundo dos brancos sempre resultava em tragédias que acabavam engrossando os argumentos defensores de políticas de segregação racial e controle da sexualidade visando proteger a pureza de sangue no país, ainda que baseando-se na ficção.[105]

Os escritores de ficção também encontraram uma fórmula em comum para retratar como romance e mistura racial "aconteciam" nos Estados Unidos. Nas narrativas, inicialmente, havia uma situação de *passing*, ou seja, uma personagem negra, homem ou mulher, tirava vantagem da pele clara, passando-se por branca. Além disso, havia outros elementos, como sotaque, domínio da dinâmica racial local, certa atitude diante de pessoas brancas e negras, capacidade de dissimulação, ou seja, uma performance da branquitude era necessária para que essa pessoa fosse inserida no mundo dos brancos. Havia regiões onde os *passings* eram mais favoráveis, pelo menos na ficção: Nova Orleans e Charlotte, cidades com grande circularidade de estrangeiros e mais próximas da América Latina e do Caribe, eram cenários preferenciais para favorecer esse tipo de encontro. Mesmo assim, o desfecho era sempre trágico: o impostor, ou *tragic mulato*, era descoberto; a mensagem final era que a mistura racial definitivamente deveria ser condenada nos Estados Unidos.[106]

O jornal *The State*, da Carolina do Sul, publicou em 1892 o artigo "A Creole Beauty" [Uma beleza crioula]. O texto, que mais parecia uma ficção, contava a história de Elizabeth Farnese, que chegou a Nova Orleans vinda de Santiago de Cuba, trazida por uma mulher de quem era criada. Elizabeth é descrita no artigo como uma mulher de cerca de 18 anos de idade, dotada de "olhos encantadores e cabelos brilhantes". O segredo dela é revelado pelo autor já no início do artigo, quando ele descreve a cor da sua pele: "A moça tinha a quantidade suficiente de sangue negro nas suas veias para dar uma [leve] cor escura à sua pele ricamente macia." Elizabeth afirmava ser *creole*, termo que, nos Estados Unidos, definia alguém nativo das Índias Ocidentais ou da América do Sul, com ancestralidade europeia. O mesmo termo também era utilizado para designar "qualquer pessoa nascida próxima aos trópicos".[107] Assim, Elizabeth tentava escapar das especulações sobre sua origem racial usando a ambiguidade da sua imagem e justificando o tom "bronzeado" de sua pele com suas origens latino-europeias.

A personagem Elizabeth Farnese parece ter sido uma imagem corrente na ficção do Sul dos Estados Unidos, onde se imaginava que europeus de origem latina (portugueses, espanhóis) tinham a pele escura, ou bronzeada, em relação aos anglo-saxões. Assim, o homem ou mulher que praticava *passing* deveria adotar um sobrenome latino, o que justificaria a cor da sua pele. Segundo Williamson, até a Guerra Civil, existia no Sul alguma tolerância em relação a indivíduos de pele escura que eram de origem latina, ou seja, de outra nacionalidade. Porém, sobretudo depois da guerra, ao passo que a obsessão com a pureza racial aumentava, inclusive com a implementação de leis que proibiam o casamento inter-racial, esses indivíduos também foram aproximados à categoria de negros. Vale ressaltar que relações sexuais, conquanto ilegítimas e privadas, não eram proibidas, somente casamentos. No estado da Louisiana, por exemplo, casamentos entre negros e brancos foram proibidos até o ano de 1967.[108]

Voltando à narrativa de Elizabeth, outra coisa que a *creole* teria de explicar era o motivo que a havia levado à pobreza, o que a forçava a trabalhar como serviçal. Conhecedora das narrativas sobre as relações raciais e seu suposto lugar social na América do Sul, Elizabeth complementou sua performance afirmando ser filha de um plantador de café no Brasil que, depois de acumular fortuna, havia caído na bancarrota. A origem burguesa explicava seus bons modos, sua aparente boa educação e seu inglês falado com um "leve sotaque estrangeiro". Vivendo na sociedade sulista, aceita nos círculos sociais brancos, transitando entre os jovens como "uma igual", ela conseguiu atrair a atenção de um rico rapaz inglês que a pediu em casamento. O conto de fadas de Elizabeth começou a desmoronar à medida que a sua verdadeira identidade começou a ser investigada pela "ambiciosa" mãe do noivo, que associou o nome de Elizabeth Farnese às dinastias italiana e espanhola. Investigando a linhagem dela, a futura sogra escreveu diversas cartas à América do Sul para tentar comprovar a origem da tal *creole* de pele duvidosamente bronzeada.[109]

Por fim, descobriu-se que, na verdade, Elizabeth era filha de "um humilde casal de mulatos que por anos havia cuidado de uma igreja em Santiago", em Cuba. A boa educação e os modos sofisticados eram justificados pela educação em um convento, fruto da compaixão dos fiéis da igreja, compadecidos pela pobreza da "família de cor". Descobertas as origens afrodescendentes de Elizabeth, a preservação da pureza racial da família do seu então futuro noivo fez com que o casamento fosse cancelado e o escândalo abafado com o pagamento de uma soma de dinheiro que comprou o silêncio da moça.

O quase noivo sofreu com a forçada separação e passou a ser alvo de deboche em seus círculos sociais. Além disso, teve de esperar que, da próxima vez, sua mãe escolhesse um par "mais apropriado" para ele se casar. Segundo o jornal, ele nunca mais foi visto com *spanish beauties*. A *creole beauty*, que até então vivera como branca, foi buscar uma nova vida na América do Sul, herdou uma herança e se casou com um homem falido. Porém, na América do Sul, onde pessoas com a origem racial de Elizabeth tinham possibilidades de ascensão social, uma vez que poderiam viver como brancas, sua história teve final feliz: um de seus filhos se tornou "um rico oficial do governo e influente cidadão da República do Brasil".[110]

Verídica ou não, a história de Elizabeth Farnese e sua tentativa de *passing* no Sul dos Estados Unidos revelam muito da política racial do país e da projeção das elites sobre a dinâmica racial da América Latina. Primeiro, a família inglesa por pouco não fora "contaminada" pela miscigenação, o que era uma advertência às famílias do Sul para que garantissem a pureza da sua linhagem, tomando cuidado com os indivíduos, homens e mulheres, que, embora vivessem como brancos, na verdade, eram negros.

A história também revela a imprecisão dessas categorias raciais: *creole*, *spanish*, *mulatto*, *latin* eram termos apropriados por pessoas como Elizabeth e que viviam na sociedade sulista, mobilizando as possibilidades de atuarem como brancos, de forma a lhes garantir melhores condições de vida.

Elizabeth Farnese, com base na sua narrativa de ser filha de um senhor de café no Brasil, escolheu o país como justificativa para sua origem, visto que isso a equiparava em uma sociedade enraizada na escravidão. Ela viu o Brasil como seu destino porque, na América Latina, pessoas como ela podiam transitar no mundo branco e eram reconhecidas como parte dele, de acordo com os padrões locais, nos quais a mistura social era comum. Nesse contexto, ela acreditava que sua linhagem teria um futuro promissor, concretizado na trajetória de seu filho, que se tornara parte das elites brasileiras e desfrutava plenamente de sua cidadania, assim como os recém-libertos naquele país. Apenas no Brasil, onde a aceitação da miscigenação racial era completa, Elizabeth Farnese seria reconhecida como branca. Nos Estados Unidos, depois de descoberta a sua ancestralidade africana, ela seria mais uma *tragic mulata* [mulata trágica].

Nos anos pós-Guerra Civil, a sociedade norte-americana sentiu a necessidade de se reinventar. Já que a escravidão, que ordenava o lugar social de negros e brancos, não existia mais nos estados sulistas, era o momento de criar regras para manter velhos modelos de diferença e segregação baseados na diferença racial. Assim, os olhos das elites norte-americanas se voltaram para países latino--americanos, a fim de construir uma ideia de nação a partir daquilo que os fazia diferente dos "outros". O Brasil, como grande nação escravista, teve papel fundamental no processo de criação da "nação americana" no pós-guerra, pois, em vista dos temores de que a proximidade entre negros e brancos resultasse em uma "latinização" da população, foram reforçadas as defesas da pureza racial a partir da manutenção de antigas teorias que condenavam a miscigenação como prática que degenerava a população branca.

Nesse sentido, a sociedade brasileira apareceu como exemplo daquilo que a sociedade norte-americana, evitava se tornar. Artigos de jornais, romances, debates e uma intensa produção da mídia da época formavam as opiniões dos norte-americanos que, cada vez mais, viam o Brasil como "paraíso dos mulatos", que se passavam por brancos – era, portanto, o "inferno" daqueles que se consideravam "brancos puros". Ainda assim, alguns setores acreditavam que tais "defeitos" do Brasil poderiam indicar a falta de lideranças em condições de comandar a nação, uma vez que est tinha riquezas naturais e, sobretudo, mantinha a escravidão. Alguns norte-americanos viram nesses fatores e no grande número de população mestiça – e degenerada, segundo eles – uma possibilidade de transplantar os sonhos escravistas e de *white supremacy* [supremacia branca] para a América Latina. É o que veremos no capítulo a seguir.

4

O medo do "despotismo africano": relações raciais no Sul pós-abolição e emigração confederada para o Brasil

A Guerra Civil Americana, conflito que ocorreu entre os anos de 1861 e 1865, foi o momento final de anos de discordância entre os estados do Sul e do Norte dos Estados Unidos sobre a manutenção e expansão da escravidão no país. A ideia de separação, ou secessão, foi fruto da impossibilidade de acordo entre políticos pró e contra o cativeiro a partir de fundamentos que iam se sofisticando nas décadas de 1840 e 1850. À medida que se acentuavam os conflitos ideológicos, também se acirravam as disputas entre as regiões. A derrota dos confederados provocou diferentes sentimentos e expectativas entre a população negra e branca que vivia na região Sul do país.[1]

Para a população negra, a ocupação do exército ianque nos estados do Sul significou a possibilidade de uma vida autônoma, o que gerou um remodelamento de planos e perspectivas de vida futura em um país onde agora eram livres. Já para a população branca sulista, a abolição significou pânico, incerteza e expectativa de um futuro de humilhações; isso porque, em uma sociedade escravista, a autoridade branca e patriarcal estava diretamente relacionada à antiga condição de senhores de escravos. Tal autoridade, segundo eles, era fruto de um lugar natural dos brancos na sociedade, assim como o dos homens e mulheres negras era o de respeito e subalternidade a eles.[2]

Temendo que tais mudanças também trouxessem novas regras raciais que derrubariam a autoridade e a supremacia branca na região, muitas famílias sulistas emigraram para o Brasil. O país foi escolhido porque ainda mantinha o principal atrativo, a escravidão. O cativeiro no Império criava expectativas de que, na América Latina, eles poderiam reconstituir suas vidas e viver exatamente como viviam no Sul. Assim, quando vieram para o Brasil imbuídos de fortes valores de pureza racial, segregação e supremacia branca, os sulistas estadunidenses encontraram uma sociedade com hierarquias sociais e regras raciais extremamente complexas, muitas vezes distintas daquelas vigentes em seu local de origem.

Neste capítulo, vamos debater as interpretações dos confederados, muitos deles ex-senhores de escravos, sobre a sociedade brasileira. Interessa-nos discutir as diversas comparações que fizeram entre o país e sua terra natal, além de perceber como, na América Latina, reforçaram suas ideias segregacionistas e racistas entre os anos de 1865 e a década de 1880. Depois da experiência brasileira, muitos deles voltariam para os Estados Unidos ainda mais crentes na ideia de pureza racial, fortalecida após terem visto de perto os efeitos da "mistura de raças" no Brasil.

A abolição, segundo os sulistas brancos, não apenas representava um prejuízo à economia da região, mas também um golpe sobre sua autoridade, uma vez que afetava as rígidas hierarquias raciais vigentes – segundo eles, fundamentais para manter a harmonia e a ordem da sociedade. Como já afirmamos, a população branca do Sul esperava uma completa inversão da ordem, marcada por ondas de violência e revanchismo racial que motivariam ataques dos negros contra os brancos. Ainda mais graves eram as previsões de que os negros se tornariam uma maioria numérica e política, elaborando leis e novas práticas sociais que fariam com que brancos fossem seus subalternos e vítimas de uma suposta supremacia negra.[3] James McFadden Gaston, um médico da Carolina do Sul que havia atuado na guerra como cirurgião no exército confederado e futuramente emigraria para o Brasil, expressou sua revolta ao descrever para a esposa seus sentimentos quanto à participação de homens negros no exército da União, após presenciar o que chamou de insubordinação de soldados negros. "O insulto diabólico do nosso inimigo é provocar essa vergonhosa cena que eu descrevi. Se eles pudessem apreciar a verdadeira relação entre negros e brancos e entre senhores e servos no Sul, veriam a maldade e insensatez de provocar esta Guerra."[4]

Para o confederado era inconcebível que homens negros, a quem ele se referia como *darkies* [escurinhos], pegassem em armas para lutar contra brancos em favor da sua liberdade. Além do mais, o alistamento de negros no exército lutando contra aqueles que até pouco tempo eram seus proprietários significava uma intervenção violenta sobre as regras de paternalismo e submissão que orientavam as relações entre negros e brancos no Sul dos Estados Unidos. Por isso, quando escreveu à sua esposa, James McFadden Gaston descreveu a cena como "o primeiro ato de hostilidade entre negros e brancos". Para o médico, os atos de insubordinação da população negra, vistos como desordem, eram causados pelas ideias abolicionistas sobre a política pró-abolição do recém-empossado presidente Lincoln, e o motivo principal da guerra era a escravidão.

O historiador Steve Hahn questiona por que a historiografia da Guerra Civil não considera rebeliões de escravizados os atos de insubordinação que ocorreram concomitantemente ao conflito. Para o pesquisador, a comunidade afro-americana do Sul foi responsável por tensionar o momento, pautando a questão da liberdade durante um conflito que, a princípio, não visava abolir a escravidão. A participação e o protagonismo negro culminaram no desgaste do sistema escravista, após fugas – inclusive para exércitos da União e para o Norte –, organizando-se e formando comunidades de pessoas livres e escravizadas, apropriando e celebrando a abolição em outras nações, como o Haiti. Essa história contraria uma narrativa que representa homens e mulheres negros escravizados no Sul como pessoas subalternas que nutriam relações paternalistas com seus senhores.[5]

O temor de uma vingança promovida pelos negros e a desconfiança, que causava uma forte sensação de vulnerabilidade no pós-guerra, também permeavam as fantasias da sulista Julia Schwartz, do estado da Georgia. Para se ter uma ideia de quão longo seria esse sentimento de insegurança e inconformidade com a abolição, em 1874 – quase dez anos depois do fim da guerra, em um período chamado de Reconstrução –,[6] Julia revelou que ainda se sentia insegura quando muito próxima a homens e mulheres negras. Em carta aos seus irmãos, futuros emigrantes para o Brasil, afirmava "não estar boa para nada" e ansiar por melhorar sua saúde, afetada por males cardíacos. Ela acreditava que havia sido "envenenada por uma mulher negra" contratada para ajudá-la nos afazeres domésticos.[7]

A rebeldia e a insubordinação da população negra livre eram temidas não só no âmbito doméstico, mas também nas *plantations*, onde os resultados da nova ordem eram percebidos nas relações de trabalho. Em 1866, o tenente confederado James Peter Baltzell estava passando por dificuldades financeiras e afirmava trabalhar duro para administrar sua *plantation* no Sul após a abolição. Para ele, aquele ano estava sendo um pouco melhor que o anterior, quando a Guerra Civil havia terminado. Em 1865, ele também dizia não ter extraído muito trabalho daqueles que ainda chamava de "meus negros". A queda da produtividade na mão de obra era intensificada durante o verão, quando, segundo Baltzell, eles "iam se registrar para votar e começavam a faltar ao trabalho".[8]

O desejo de participação política da população negra não incomodava James P. Baltzell somente porque eles faltavam ao trabalho para lutar pelo direito ao voto. A apropriação dos direitos políticos por parte de homens que, pela primeira vez, poderiam determinar o futuro da região Sul também despertava preocupações sobre seu potencial de intervenção política, uma vez que, depois da abolição, os homens afro-americanos galgaram mais direitos políticos. As leis que garantiam os votos dos negros, chamadas por Baltzell de "leis contra os sulistas", faziam com que os negros estivessem "orgulhosos da sua importância", e esse orgulho dos que, até pouco tempo, eram escravizados indicava que eles não renunciariam a todos os "privilégios" que pudessem desfrutar na arena política e social.[9]

Os novos direitos adquiridos pelos libertos foram garantidos no conjunto de medidas aplicadas durante a Reconstrução, período que sucedeu a Guerra Civil. A partir de 1867, a Reconstrução visava garantir o trabalho remunerado na região Sul, a reincorporação dos Estados Confederados à União, além do direito ao voto da população negra e da concessão de cidadania aos afro-americanos, o que aconteceu somente com a 14ª Emenda, implementada em 1868. A liberdade e a Reconstrução mudaram drasticamente a dinâmica da vida no Sul, já que, a partir de então, homens e mulheres negras poderiam, de alguma forma, impor suas condições de trabalho – por exemplo, recusando-se a trabalhar para seus ex-senhores. Outros mantinham esses vínculos, mas passaram a receber salários. As famílias nucleares cresceram entre a comunidade afro-americana, adotando modelos convencionais, em alguns casos, com as esposas cuidando da casa enquanto os maridos trabalhavam. Muitos decidiram deixar o Sul e se mudar para os estados do Norte.[10]

Essa autonomia foi vista com antipatia e revolta, além de ter sido entendida como inversão da ordem social, insubordinação e quebra das regras paternalistas que, inclusive, garantiam que a população branca interferisse e determinasse as escolhas pessoais da população negra. Com o poder de controle agora limitado, a elite política do Sul se viu destituída de tal domínio, o que gerou mais resistência à abolição e provocou diversos atos de violência que tinham como alvo homens e mulheres negras. Os ex-senhores de escravos começaram a entender que, sem a escravidão orientando as relações raciais, eles sofreriam uma drástica perda da soberania que os distinguia do resto da população.

O general Robert Augustus Toombs, um dos líderes fundadores dos Estados Confederados, expressou medo e revolta quanto aos novos rumos do Sul em uma carta escrita no ano de 1867 para o general John Cabell Breckinridge, que havia sido secretário de Guerra dos Estados Confederados e vice-presidente dos Estados Unidos entre os anos de 1857 e 1861. Quando voltou a Nova Orleans naquele ano, após uma viagem à Europa, Toombs recebeu com surpresa a notícia da aprovação da lei que impunha a Reconstrução no Sul, o que o fez "desejar voltar para Paris".

> Tudo parece muito pior do que eu esperava. As mudanças têm sido rápidas e radicais. O espírito do melhor grupo de pessoas tem sido completamente destruído. Falência e ruína têm se espelhado pela região... as pessoas mais sérias e elevadas estão em desespero diante do que tem acontecido.[11]

De acordo com Toombs, as leis que ampliavam os direitos dos libertos, ao mesmo tempo que enfraqueciam os ex-senhores de escravos, tinham um único efeito positivo: a resistência organizada de setores escravistas e confederados. Ele informava Breckinridge sobre a participação de negros e nortistas no programa de Reconstrução. Segundo Robert Augustus Toombs, a situação ainda estava controlada em regiões afastadas dos centros urbanos, onde os negros "se comportavam bem, desde que longe das cidades e da influência maligna dos Yankees". Para ele, os negros viviam muito bem e felizes quando escravizados e "cuidados" pelos seus senhores, e até os unionistas incutirem em suas cabeças que viver como livre era melhor que viver como escravizado, já que não eram capazes de discernir os benefícios da autonomia e da submissão. Esse era um típico exemplo do pensamento paternalista que orientava as relações entre negros e brancos no Sul escravista.[12]

O destinatário da carta, John Cabell Breckinridge, havia trocado o Sul dos Estados Unidos por Cuba, depois Londres e Canadá, e viveu na Europa entre 1866 e 1868, quando voltou ao seu país natal. Já Robert Augustus Toombs parecia estar mais interessado em proteger sua esposa e seus "netinhos" do que em lutar para restabelecer o poder político confederado. Ainda na carta, ele anunciava o projeto de seguir os mesmos passos do amigo e emigrar para Toronto. Segundo ele, essa seria a melhor solução para se proteger da "tempestade", ou melhor, do que chamou de "despotismo africano".[13]

Rancor, ódio racial e resistência em aceitar uma nova ordem que submetia os confederados à União motivaram muitas famílias sulistas a deixarem os Estados Unidos.[14] Além disso, migrar para outras nações escravistas tornaria possível a continuação da vida sob regras raciais que eram familiares e confortáveis para os confederados. Robert Augustus Toombs justificou sua decisão como parte de uma tendência que vinha ocorrendo no Sul.

> Eu acho que os radicais serão bem-sucedidos na sua política: o abandono do país acontecerá numa proporção que eu não tenho ideia. Na verdade, as opiniões estão cada vez mais inclinadas a defender a ida para o Brasil, onde o governo parece estar extremamente ansioso para promover a imigração. Uma grande quantidade das melhores pessoas do Sul está determinada a abandonar o país quando ficar evidente que eles não poderão defendê-lo [...] em dois anos vai acontecer uma guerra ou o maior êxodo que nós testemunhamos nos tempos modernos.[15]

Assim, a decisão de deixar os Estados Unidos pós-abolição não foi uma medida individual de homens que desejavam proteger suas famílias. A emigração para outras nações escravistas, como Brasil e Cuba – ou para onde os confederados acreditavam que era possível constituir uma classe dominante – foi um movimento político, uma reação de recusa à vida em uma sociedade pós-escravista. Como dito por Toombs, o Brasil era preferido por sua reputação de Império escravista e estável, algo bastante atrativo para os emigrantes sulistas que tencionavam expandir negócios fundamentalmente baseados na continuação do trabalho escravo, mas também em regras sociais que eles acreditavam que os manteriam como uma elite escravista e racial. No entanto, as famílias confederadas não contavam com as particularidades do escravismo e das relações raciais da sociedade brasileira, o que faria da sua experiência algo muito mais complexo do que podiam imaginar.

Rumo a um "país de selvagens": o sonho escravista norte-americano no Brasil

A derrota na Guerra Civil teve implicações muito mais profundas para os confederados do que apenas o impacto econômico resultante do fim da escravidão – ser senhor de escravos constituía a identidade dos homens brancos da região. Os mesmos códigos de conduta associados a masculinidade, patriotismo e branquitude faziam com que homens e mulheres brancos, fossem proprietários de escravos ou não, participassem e apoiassem a Guerra Civil, entendida como necessária à preservação do cativeiro e, portanto, da supremacia branca nos Estados Confederados. A abolição imposta pelos "ianques" provocou a perda dos referenciais sobre os quais estavam sustentadas a masculinidade e a crença na invencibilidade e superioridade que distinguia os homens do Sul do resto do país e do mundo, sobretudo homens e mulheres negras que agora, como eles, também eram livres.[16]

Diante da nova ordem instalada pela guerra, também chamada de "causa perdida", muitos homens decidiram abandonar o Sul norte-americano e buscar reconstruir seu estilo de vida, da forma mais familiar possível, em outras terras. As origens eram distintas: eles vinham de estados como Texas, Carolina do Norte, Carolina do Sul, Louisiana e Alabama. Os destinos escolhidos também variavam muito: Cuba, Canadá, México, Venezuela, Jamaica, Honduras Britânica, Egito, Japão e Brasil; a maioria deles, cerca de oito a dez mil, partiu com suas famílias para países da América Latina. A condição de classe desses imigrantes também era diversificada, uma vez que muitos faziam parte de uma elite sulista, composta por médicos, advogados e senhores de escravos e de terras que eram, em geral, os líderes das campanhas de emigração e mantinham ligações próximas com membros dos governos dos países para onde imigraram. Muitos dos confederados eram pobres ou pequenos agricultores que, na lista de imigração, não tinham nem mesmo seus nomes mencionados.[17]

Esses homens acreditavam que, na América Latina, havia carência de uma classe que liderasse a região. Portanto, tinham quase a certeza de que poderiam ocupar um lugar de liderança, mesmo que em terras alheias. As impressões sobre o local como um lugar rico em fontes naturais, de clima tropical, subaproveitado pelas populações negras e indígenas incapazes de desenvolver e explorar esses países, pesaram na escolha do sul do Equador.[18] Dentre os vários destinos possíveis na América Latina, o Brasil recebeu especial destaque. Os números revelam que cerca de vinte mil confederados escolheram o país, uma decisão que não foi aleatória, sem avaliação prévia dos benefícios e potencialidades, já que permanecer nos Estados Unidos era algo impensável para muitas famílias. Como havia afirmado um jovem imigrante no Brasil: "Não há possibilidade de paz, conforto ou um governo satisfatório no Sul nos próximos vinte anos."[19]

Os benefícios oferecidos pelo Império brasileiro eram diversos, pois havia interesse de que os sulistas viessem para o país. Essa relação amistosa entre o governo brasileiro e os sulistas teve origem ainda durante a Guerra Civil, quando o país latino-americano, contrariando as determinações do governo federal dos Estados

Unidos (União), recusou-se a tratar os navios sulistas como piratas, negando-se a romper relações com os Estados Confederados.[20] Em 1860, o Império do Brasil formalizou o convite de imigração que desenvolveria o país com seu trabalho livre. É importante enfatizar que o Brasil não tinha interesse em imigrantes negros livres, uma vez que também já estava preocupado com a considerável população negra que habitava o país. Portanto, a imigração tinha intuitos econômicos, mas também visava mudar as características da população nacional, fazendo com que as elites brasileiras aguardassem com entusiasmo a vinda da população branca e escravista do Sul dos Estados Unidos. Um artigo publicado no jornal brasileiro *Diário de São Paulo*, em 1865, expressou os sentimentos e expectativas brasileiras quanto à vinda dos confederados:[21]

> A raça anglo-americana não tem rival no mundo.
> A grande luta pela qual eles têm passado deixa sua
> superioridade bem estabelecida. Esta é a raça mais
> apropriada para nós. Eminentemente industriosos,
> trabalhadores e perseverantes, eles trarão um
> impulso notável para nosso país. É impossível
> calcular o progresso que o país terá se essa raça vier
> para tornar bem aproveitadas suas fontes naturais.[22]

Com o anúncio da derrota dos confederados, o convite para o Brasil partiu do próprio d. Pedro II, através de anúncios nos jornais norte-americanos. A oferta brasileira era tentadora também devido aos vários incentivos oferecidos pelo governo: passagens dos Estados Unidos para o Brasil eram financiadas em diversos pagamentos, às vezes gratuitas e, além disso, as terras eram consideradas baratas no país e, devido à sua vastidão, muitas ainda estavam inexploradas. O Brasil, como o Sul dos Estados Unidos, era rural, e o governo incentivava os futuros agricultores estrangeiros com apoio à compra de equipamentos; a população era considerada hospitaleira e, principalmente, o Brasil era um país escravista em que os cativos eram ainda mais baratos do que nos Estados Unidos. Assim, parecia que, no novo país, a continuidade da vida de senhor de escravos era possível tanto para aqueles que haviam sido ricos no Sul norte-americano quanto para os brancos pobres que, assim como os mais abastados, viram no Brasil uma possibilidade promissora.[23]

Portanto, não foi por acaso que os confederados escolheram o Brasil, assim como outros países escravistas, como possíveis destinos de imigração após a Guerra Civil. É fato que os sulistas norte-americanos já tinham algum conhecimento sobre o país desde os anos 1840, quando surgiram os primeiros projetos de colonização da Amazônia, elaborados pelo agente da marinha americana Mathew Fontaine Maury. Outras fontes, como cartas e livros escritos por diversos viajantes, também traziam informações sobre o território brasileiro. Nesse processo, comissários e despachantes foram enviados para o Brasil, assim como para o México, Cuba e países do Caribe, com o intuito de obter mais informações sobre a economia, política, agricultura e escravidão locais, fosse por projetos expansionistas, justificados pelo destino manifesto, fosse fins imigratórios.[24] Além disso, os sulistas faziam parte de um sistema escravista atlântico que extrapolava as fronteiras nacionais.

Assim, diversas gerações de confederados estavam habituadas a estender suas possibilidades de investimentos financeiros a localidades onde fosse possível implementar o mesmo modelo de atividade capitalista, escravista e agrária que praticavam no próprio país. Combinar terras e escravidão, além de redes de relações internacionais, era suficiente para o sucesso da aventura.[25]

O já citado imigrante James McFadden Gaston, em sua obra *Hunting a Home in Brazil* [Procurando uma casa no Brasil] – livro que serviu como principal veículo de propaganda da imigração –, prometeu fornecer aos leitores que se interessassem pela "região de recursos tão vastos" uma "descrição fiel do solo, do clima produtivo, das pessoas e do governo do país". A primeira descrição do

Brasil também não deixava de ser pitoresca, pois no início da obra a curiosidade do leitor era despertada pela narrativa sobre o Pão de Açúcar, uma "pedra gigante e alta" que chamava a atenção na cidade, junto com outras formações rochosas gigantescas que compunham a paisagem do Rio de Janeiro. A temperatura também era descrita como "muito confortável", melhorada pela brisa do mar, que deixava o clima sempre fresco.[26]

O porto do Rio de Janeiro fornecia uma primeira impressão do Brasil, segundo o confederado, que, ao mesmo tempo que enfatizava o lado pitoresco, também descrevia o lado familiar das sociedades escravistas, exportadoras e portuárias. Logo, os futuros imigrantes poderiam criar esperanças de que, na América Latina, sobretudo no Brasil, suas vidas não seriam tão diferentes, preservando o cotidiano e a dinâmica que haviam perdido no pós-guerra. A cidade também revelava intensa movimentação de negócios no centro: frutas e legumes, vendidos por homens e mulheres livres e escravizadas, eram descritos por Gaston como um indicativo da riqueza do solo brasileiro.[27] Obviamente, a mão de obra escravizada, empregada em todas as atividades, fornecia a certeza de que a abolição, motivo que os fazia deixar seu país natal, estava longe de acontecer no Brasil:

> Passando pela área de comércio da cidade, vários homens negros foram vistos vestindo nada mais que um pano amarrado nos lombos, carregando fardos imensos. Enquanto isso, as mulheres negras estavam sentadas nas calçadas com o corpo [vestido] com um tecido que era a única cobertura acima das suas cinturas. Estas mulheres estavam envolvidas no comércio de produtos de vários tipos e pareciam estar inteiramente inconscientes de qualquer exposição inapropriada, como nós podemos supor que igualmente Eva estava originalmente no Jardim do Éden.[28]

Outro imigrante confederado, o ex-dono de fazenda de algodão no Alabama, Charles Gunter também fazia questão de enfatizar os benefícios da região, na tentativa de convencer o filho William a emigrar para o Brasil com o resto da família. Para isso, realçava com entusiasmo os diversos motivos que faziam da vinda para o país latino-americano sua decisão mais acertada. No ano de 1865, Charles Gunter, então hospedado no Rio de Janeiro, dava notícias da sua chegada e das primeiras impressões, as quais geravam esperanças sobre uma vida promissora no Brasil: "Nós estamos todos satisfeitos com as pessoas, o clima e o governo do país." Outros recursos disponíveis, como a mão de obra escravizada, também davam a imediata certeza do sucesso da empreitada. Muitos homens de posses estavam interessados em comprar terras, e uma importante notícia era afirmada: "Eles dizem [que] nós podemos comprar uma terra tão grande quanto a quantidade de escravos que nós quisermos. Nós devemos viajar em alguns dias para a Bahia sob a proteção e influência do governo para examinar alguns [escravos]."[29]

Em outra carta para o filho William, escrita durante uma visita preliminar ao Brasil, Charles Gunter se referiu ao país como "nosso futuro lar". Ele decidiu alugar terras depois da certeza de que "[produziria] algodão com perfeição, tabaco igual ao de Cuba e açúcar igual a qualquer vale sobre o globo". O entusiasmo de Gunter e a possibilidade de reproduzir a vida tal e qual aquela que tinha como senhor de escravos no Alabama o fazia crer que ele e seus familiares não retornariam aos Estados Unidos. Assim, sugeriu ao filho que vendesse tudo e viesse para o Brasil: "Eu nunca mais devo retornar aos Estados Unidos, a menos que seja para fazer negócios para meu próprio benefício."[30]

Outro filho de Gunter, Harry, que imigrou com o pai, também estava empenhado em convencer William a vir para o Brasil, enfatizando os benefícios do clima do país:

Eu espero que, quando vier no outono, você fique no Rio de Janeiro, e que nosso irmão Tom se estabeleça aqui. Eu sei que uma vez que ele vier para este país ele será persuadido a tentar fazer uma viagem para o bem da sua saúde. Eu não tenho dúvidas que isso fará bem à saúde dele.

O clima tropical e a política de governo do Brasil também, segundo Harry, trariam benefícios para a saúde de outros confederados derrotados após a guerra, como um amigo da família que havia acabado de falecer: "Eu tenho certeza de que o clima e a liberdade da *arrogância política* iriam adicionar dez anos à sua vida. Você não pode imaginar quanta melhora isso tem feito ao semblante dos homens mais velhos." Certamente, a tal "arrogância política" era uma referência à ocupação do exército da União e à liberdade agora obtida pela população negra sulista.[31]

Segundo o historiador Matthew Pratt Guterl, essas conexões internacionais dos senhores de escravos eram possíveis por causa de uma compreensão, da parte dos sulistas, de que a escravidão africana era algo universal. O autor afirma, ainda, que os sulistas também tinham uma identidade flexível, o que lhes permitia carregar uma forte identificação com a própria região, ao mesmo tempo que também poderiam desenvolver outras identidades, ligadas ao seu pertencimento racial e à sua condição de senhores de escravos, ou seja, à sua condição de raça e à classe social a qual pertenciam. Assim, mesmo que o Sul fosse visto como um lugar superior e a América Latina como uma região que deveria ser controlada pelos senhores de escravos norte-americanos, os confederados acreditavam que, em outros países escravistas, eles encontrariam parceiros e interlocutores. Em comum, defendiam a manutenção da escravidão e o fortalecimento das sociedades escravistas para além das fronteiras nacionais.[32]

Graças a esse caráter cosmopolita dos senhores de escravos do Sul dos Estados Unidos, a aproximação da Guerra Civil fez com que eles começassem a buscar alternativas de emigração, priorizando os lugares que já conheciam e com os quais já haviam estabelecido relações. Jamaica e Haiti eram exemplos negativos, uma vez que a abolição fazia desses países lugares descartáveis como alternativa de emigração. Cuba era o país com o qual os confederados mantinham relações mais estreitas, embora houvesse um problema racial futuro a ser enfrentado – da mesma forma que os sulistas desejavam tomar a ilha, os espanhóis (ou os ingleses) poderiam abolir a escravidão em breve. O Brasil, então, surgia como possibilidade. Além de ser considerado próspero pela manutenção da escravidão, era visto como estável devido a um governo que apoiava esse sistema, e d. Pedro II era benquisto entre os sulistas. Também era promissor porque era possível comprar escravizados, e o governo oferecia diversos benefícios para a vinda dos imigrantes.[33] O historiador Gerald Horne aponta mais uma razão para a vinda dos sulistas. Além do desejo de estabelecer um novo Sul na América Latina, transferindo seu modo de vida para o país, Horne acredita que os imigrantes também planejavam articular uma reação confederada nos Estados Unidos, restabelecendo a escravidão no país com o apoio de outros países escravistas, como o próprio Brasil.[34]

Contudo, a despeito de uma produção de notícias da época, que já apontava as peculiaridades que marcavam as relações raciais e as características físicas da população brasileira, resultadas de uma ampla mistura racial, no momento de decidir sobre o Brasil como destino de imigração, esses fatores parecem ter sido ignorados ou subestimados pelos sulistas. É possível que tenham focado o fato de a sociedade brasileira ser escravista, mas tomaram como surpresa a relativa ascensão dos libertos, com quem, muitas vezes, foram obrigados a interagir. Tais aspectos foram pontuados por diversos setores contrários à emigração, por considerarem que ela estava despovoando a região Sul e transferindo para o Brasil as melhores pessoas do país.

Portanto, a emigração não era consenso entre os sulistas, e os debates sobre os prós e os contras do Império do Brasil foram parar nos jornais e nas cartas trocadas entre incentivadores da emigração, que buscavam investimentos; bem como de grupos contrários, que negavam esse apoio. James McFadden Gaston, que era agente de imigração, informava, ainda na obra *Hunting for a Home in Brazil* [Caçando uma casa no Brasil], sobre os incentivos à compra de terras para os imigrantes mais pobres que, inclusive, poderiam dividir o pagamento em várias parcelas. Ele ainda relatou detalhes sobre seu encontro com o ministro da Agricultura, Antônio de Paula e Souza, ocasião em que enfatizou a sua intenção de trazer imigrantes para o Brasil:

> Eu disse a ele que o objetivo da minha visita era buscar um país para a minha família e fazer uma análise sobre o local, com a intenção de fornecer um relatório do resultado da minha visita para outras famílias, cuja situação infeliz no Sul os induziu ao desejo de mudar de residência e que, assim como eu, esperam que a localização desejada seja encontrada neste país. Ele [o ministro] expressou um grande desejo de incentivar a vinda do grupo de pessoas às quais eu me referi, e disse que iria considerar o assunto e fazer um plano para assistir aqueles que estão desejosos de vir para o Brasil e que são oriundos dos estados do Sul.[35]

Aparentemente, a despeito do entusiasmo inicial, o desejo de emigrar para o Brasil foi arrefecido pelas dificuldades em falar uma língua muito diferente do inglês, mas, sobretudo, pela dinâmica das relações raciais brasileiras, pois os "modos e atitudes" dos "povos de cor" da América Latina contrariavam os valores sulistas e eram inconciliáveis com o "preconceito de cor", o que fazia prever que eles não se adaptariam a este "ambiente estranho".[36]

As notícias da "excentricidade" das relações raciais no Brasil fortaleceram os argumentos daqueles que levaram aos jornais os aspectos negativos do país, na intenção de desencorajar a emigração. Por meio de relatos de viajantes publicados em livros e artigos de jornais da imprensa norte-americana, os autores enfatizavam certos pontos como o clima tropical, que tornava as populações pouco dispostas ao trabalho; a quantidade de pessoas negras, que fazia as capitais brasileiras mais parecerem metrópoles africanas; a liberdade excessiva dos libertos; e aquele que seria o pior problema do país: a mistura racial, que produzia uma população, no mínimo, degenerada, segundo o vocabulário científico.[37]

Em 1867, uma resenha sobre o livro de Gaston foi publicada no jornal *Southern Presbyterian Review*, tecendo duras críticas ao seu tom encorajador. O artigo o acusava de promover a emigração motivado por interesses próprios, e não visando ajudar os sulistas a emigrarem para um lugar melhor do que os Estados Unidos pós-abolição. Dizia: "É uma grande responsabilidade que dr. Gaston assumiu em aconselhar as pessoas a se mudarem para qualquer parte do Brasil. Ele prova sua própria sinceridade após ter levado a sua própria [família] para aquele país desde a publicação do seu livro." Porém, mesmo reconhecendo a seriedade e a crença de Gaston no Brasil, os críticos afirmavam que a própria obra trazia indícios de que o país latino-americano "não era o país para ser feito de casa por nós".[38]

Os grupos contrários à emigração afirmavam que os indivíduos interessados em emigrar estavam motivados por orgulho e antipatriotismo, e que a falta de familiaridade com uma terra estranha e selvagem seria um dos motivos para o fracasso da empreitada. Muitos artigos publicados em jornais sulistas ridicularizavam os emigrantes, considerados precipitados ao acreditarem que qualquer país latino-americano poderia ser melhor que o Sul dos Estados Unidos, ainda que no pós-guerra. Além disso, a emigração tirava do país seus melhores cidadãos, os quais, com a sua partida, colaboravam para o desenvolvimento de outra nação.[39] Mesmo assim, as informações sobre o Brasil que mais alimentaram a campanha contrária à emigração eram aquelas relacionadas às características e relações raciais vigentes na sociedade brasileira.

Os relatos de viagem publicados nos Estados Unidos entre as décadas de 1840 e 1850 já haviam fornecido informações suficientes sobre a grande quantidade de negros, africanos e brasileiros, escravizados e libertos, que viviam no país. A maioria dessa população, advertiam os contrários à emigração, inevitavelmente estaria em contato com os imigrantes, interagindo com muitos deles como cidadãos brasileiros livres, e tal cenário despertaria saudades do velho Sul.[40] Enquanto para muitos indivíduos a presença considerável de escravizados no Brasil parecia atraente, para John Cardwell, do Texas, isso indicava que, após a abolição, essa maioria assumiria o poder, formando um "governo africanizado". Além das preocupações com insetos, doenças e clima desfavorável, incluindo o calor intenso, Cardwell via os brasileiros como um povo "miscigenado, impuro e decadente". Portanto, para aqueles que nunca haviam estado no Brasil, decidir mudar-se definitivamente para lá era, na sua opinião, um ato precipitado e equivocado.[41]

Na tentativa de advertir seus pares de que a ida para o Brasil não os pouparia de conviver com os "horrores" provocados pela igualdade racial, os setores contrários à emigração citaram exemplos de brasileiros libertos e descendentes de africanos que ocupavam cargos importantes no Império. Vejamos o editorial do *Louisville Daily Journal*, de 27 de novembro de 1865, que publicou um artigo originalmente impresso pelo jornal *Richmond Whig*, da Virgínia, e que tinha como título: "Brazil: the Charm Broken" [Brasil: o charme desfeito]. A matéria era uma advertência explícita aos confederados que desejavam emigrar e não estavam cientes da mistura racial e da ascensão dos negros naquele país:

> Os sulistas que pretendem emigrar estão cientes
> de que o Gabinete (ou Ministério) do Imperador é

majoritariamente composto por negros? Eles sabem que, às vezes, não há um único homem de puro sangue branco no Ministério sob o comando do Imperador? Estão eles cientes de que os juízes que presidem as cortes, diante das quais eles devem se apresentar em processos civis e criminais, são na maioria das vezes, quando não sempre, juízes negros? Caso esses fatos sejam verdadeiros, e nós acreditamos que são, eles sejam conhecidos por poucos ou por nenhum daqueles que consideram emigrar para o Brasil em consequência da sua ligação com a instituição da escravidão.[42]

Mesmo com tais notícias, para muitos confederados o Brasil era a única alternativa ao cenário desolador do Sul pós-guerra. James McCue, por exemplo, escreveu uma longa carta ao amigo Cyrus McCormick, informando-lhe sobre a decisão de emigrar para o Brasil, além de convidá-lo para juntar-se a ele na expedição. O Sul, principalmente a Virgínia, seu estado, parecia-lhe um lugar sem grandes perspectivas, e tal seria "a causa que fazia com que milhares da nossa melhor gente procurasse algum asilo para onde eles pudessem ir. A atenção de muitos de nós está voltada agora para o Brasil". McCue citava notícias de outros sulistas que haviam visitado o Brasil, como o reverendo Porter, o qual deu boas referências sobre a política de governo de d. Pedro. O religioso também descreveu positivamente o clima, segundo ele "agradável, e o solo luxurioso". As frutas e a boa qualidade da água também eram enfatizadas como benefícios da vida nos trópicos.[43]

McCue havia decidido: ainda que fosse uma escolha dolorosa, estava disposto a reunir suas posses, deixar o estado da Virgínia e se juntar às muitas famílias que haviam se fixado "nas terras ensolaradas do Brasil". Para ele, era uma alternativa mais barata do que a mudança para o Norte dos Estados Unidos e, mesmo que isso não fosse mencionado diretamente, a manutenção da escravidão no país latino-americano também deve ter pesado na escolha. McCue, citando o sucesso de outros imigrantes, pedia emprestada ao amigo a quantia de oito a dez mil dólares para concluir seu novo projeto e, por fim, afirmava confiante: "Agora, meu caro senhor, isso não lhe parece um eldorado para nosso pobre povo oprimido?"[44]

O tema da emigração colocou os amigos em campos opostos, pois, para Cyrus McCormick, as vantagens do Brasil não eram tão óbvias. A princípio, ele não concordava que o cenário do Sul era tão trágico. McCormick conseguia perceber que Norte e Sul estavam quase em um processo pacífico de reconciliação, já que os Estados Confederados haviam aceitado o Ato de Reconstrução. Assim, entendia que, a despeito das previsões mais alarmantes, a ordem não seria invertida no Sul, ou seja, a população branca continuaria a ocupar um lugar privilegiado no pós-abolição, e os negros, mesmo livres, continuariam a ser seus subordinados:

> Eu nunca duvidei de que os brancos do Sul fossem controlar o voto dos negros. Enquanto isso, acredito que existe alguma possibilidade de que nós possamos eleger o próximo presidente com os democratas do Norte. Mesmo que isso não aconteça, o partido radical será derrubado, e quando [isso acontecer] será grande a queda deles. Assim, com a abolição da escravidão, que o povo da Virgínia já teria realizado há muito tempo, se não tivesse sido abandonado, ela [a abolição] estabeleceria, se não a extinção da raça até o seu fim, o extermínio das referidas características odiosas. Por isso, meu amigo, eu não vou trocar meu país por um país de selvagens, ao menos que como missionário, e somente com o verdadeiro e único espírito missionário. Com tudo isso, não será menos grandioso o futuro deste país.[45]

McCormick acreditava nas relações de controle e paternalismo como instrumentos de domínio das vontades políticas da população negra liberta, ainda que ela fosse maioria em alguns estados do Sul. Em tom patriótico, afirmava que o futuro do seu grande país não estava comprometido. McCue discordava e, sem perceber o cenário otimista desenhado pelo amigo, afirmava que negros e brancos pobres controlariam o governo da Virgínia. Assim, continuava defendendo que sua decisão de trocar o Sul dos Estados Unidos pelo país latino-americano ainda era a melhor e, respondeu às opiniões de McCormick sobre a falta de civilização dos brasileiros:

> Você desencoraja a ideia de emigração para o Brasil dizendo que esta é uma terra de selvagens. Você está errado, porque o governo daquele país é estável, esclarecido e liberal [...] D. Pedro tem visões mais inteligentes, esclarecidas e liberais. O Brasil tem clima agradável, é saudável, tem bom solo e boa água. Os imigrantes sulistas estão satisfeitos, e um número imenso irá para lá. Se eu pudesse vender minha propriedade, eu iria amanhã [...] Eu vou para o Brasil porque cada dia um perco um pouco de dignidade permanecendo aqui [...] alguém me escreveu de Saint Louis dizendo que ele prevê opressão, revolução, repúdio e derramamento de sangue num futuro próximo [...] Meu amigo, nós não podemos esquecer o passado, que eu não espero que seja reconstruído. Isso faz com que, quando eu olho para nossa bandeira, que um dia eu amei, mas não vou amar mais, meu sangue ferva e meu olho queime.[46]

De um modo geral, os confederados rejeitavam a integração racial e a cidadania dos libertos na sociedade norte-americana, e esse sentimento se estendia aos libertos no Brasil. Portanto, a persistência dos confederados na promoção da emigração para o Brasil poderia ser explicada apenas pelo desconhecimento da situação social dos libertos brasileiros.[47] Os detalhes sobre a dinâmica racial da sociedade brasileira que circularam na imprensa sulista durante os anos de emigração parecem ter sido desconhecidos ou subestimados pela maioria dos emigrantes norte-americanos, que devem ter pressuposto que as regras de convívio de negros e brancos nas sociedades escravistas, por mais que variassem, sempre preservariam um lugar subserviente e secundário para a população negra, liberta ou escravizada. O Brasil mantinha o que mais interessava aos confederados, a escravidão, a qual, eles tinham certeza, não seria mais possível nos Estados Unidos.

Um paraíso (im)perfeito: escravidão, liberdade e relações raciais na sociedade brasileira sob a perspectiva dos imigrantes confederados

Mesmo conhecendo pouco sobre a sociedade brasileira e obtendo informações a partir de livros de viagem ou escritos por agentes de imigração como James McFadden Gaston, muitos confederados acreditaram que o Brasil era, após a abolição nos Estados Unidos, o melhor lugar para reconstruírem suas vidas. Apesar dos preconceitos que nutriam em relação às nações latino-americanas, entendidas como degeneradas, miscigenadas e inferiores, o Brasil lhes parecia promissor, porque ainda mantinha aquilo que definia a economia, a identidade e a relações político-sociais no Sul: a escravidão.[48]

O Brasil era visto como um parceiro na possível missão de virar o jogo que derrotou os confederados na Guerra Civil. Sulistas mais inconformados com a derrota acreditavam em uma aliança entre Estados Confederados, Brasil e Cuba, que invadiriam os Estados Unidos e restabeleceriam a escravidão no país. A análise dos motivos que despertaram o interesse dos confederados pelo

Brasil é um tema que gera divergências na bibliografia especializada. Embora alguns estudos tendam a minimizar a relevância da escravidão nesse contexto, é notável que mesmo essa literatura reconheça a recorrência do tema do cativeiro no Brasil entre os confederados. Dessa forma, é crucial aprofundar a investigação ao examinar a extensa documentação produzida pelos sulistas. Isso permitirá compreender como a possibilidade de adquirir escravizados era frequentemente discutida e considerada, transparecendo em cartas, livros e artigos de jornais produzidos por esse grupo.

O historiador Gerald Horne é um dos poucos pesquisadores que defendem que a escravidão brasileira teria sido o principal motivo de os confederados se interessarem pelo país, o qual era atrativo por ser um importante aliado escravista em um possível projeto de retomada do Sul norte-americano e por permitir que os imigrantes ainda pudessem adquirir escravizados. Além disso, esperava-se que as regras de autoridade racial vigentes no Sul fossem mantidas na sociedade brasileira. Já uma bibliografia mais tradicional sobre a vinda dos sulistas para o Brasil, menos baseada em fontes primárias e, aparentemente, mais preocupada em manter a memória da experiência dos confederados e seus descendentes no Brasil, defende que a escravidão não foi o mote da sua vinda.[49]

Cyrus B. Dawsey e James M. Dawsey argumentam que, embora os emigrantes soubessem da escravidão no Brasil, a maioria deles não tinha recursos para adquirir cativos. Além disso, os autores também acreditam que eles ouvissem rumores de que a escravidão no Brasil estava com seus dias contados e, portanto, essa não foi a principal motivação da vinda deles para o Império brasileiro. Com esses argumentos, Dawsey e Dawsey consideram simplista atribuir à escravidão o peso principal na escolha dos futuros imigrantes. Eugene C. Harter, escritor, diplomata e descendente de confederados, também descredita a escravidão como o principal motivo que levou os confederados a escolherem o Brasil como novo lar. Segundo ele, embora sem revelar dados documentais, poucos confederados adquiriram escravizados, e há escassas evidências de que o fariam caso tivessem recursos financeiros. Harter afirma que "muitos estavam simplesmente buscando melhores oportunidades econômicas". Assim, percebemos uma tendência nessa bibliografia em dissociar ideologias escravistas e de supremacia branca do motivo da ida para o Brasil.[50]

James McFadden Gaston, quando chegou ao Brasil em 1865, ficou muito satisfeito ao constatar a continuação do tráfico de africanos e a intensidade do uso da mão de obra escravizada na capital do Império. Ele registrou tais fatos para que o leitor do Sul dos Estados Unidos tivesse conhecimento do vigor do trabalho dos homens negros, descritos como "fortes e ativos". Relatou também que, enquanto muitos deles trabalhavam como carregadores de pessoas e produtos, as mulheres vendiam frutas e demais suplementos, e que muitas poderiam ser livres. Chamou-lhe a atenção os arranjos que permitiam que homens e mulheres comprassem sua própria alforria por meio do fruto de seu trabalho e de negociações com seus senhores. Gaston também obteve notícias de que muitos libertos preferiam voltar para o continente africano e, considerando esse um aspecto importante da história dos libertos, ficou curioso em saber se aqueles que voltaram "haviam caído novamente no barbarismo ou se haviam melhorado sua sorte junto àqueles que se lançam sobre a África". A continuidade do tráfico no Brasil trouxe esperança para o confederado, já que, nos Estados Unidos, tal comércio havia sido abolido em 1808:

> O grande número de negros é visto nas ruas, ambos homens e mulheres, com marcas de tatuagem sobre suas bochechas, e as mulheres com ricas figuras nos braços, o que indica que o tráfico de africanos tem ocorrido neste país de forma bastante ativa até um período recente.[51]

No caderno de anotações de Gaston, podemos encontrar mais evidências dos seus projetos no Brasil. Pouco tempo após a sua chegada ao país, ele tratou de pesquisar os custos de manutenção de uma fazenda; contando com a orientação do senador José Vergueiro, redigiu uma planilha de custos, a qual também seria impressa em seu livro. Na lista, além de custos da compra de cavalos e mulas, listava o preço de porcos, ovelhas, cabras e *negros*. Havendo pesquisado a dinâmica do mercado escravista no Brasil, Gaston já sabia, por exemplo, que o preço de um homem negro adulto variava entre novecentos e mil dólares; apontava que poderia ser um bom negócio comprar homens, mulheres e crianças de uma só vez, o que baixaria o preço para entre quinhentos e setecentos e cinquenta dólares; que homens e mulheres oriundas da província de Minas Gerais eram mais baratos; e informava que esses preços eram anuais, incluindo os gastos com alimentação, vestuário e atendimento médico.[52]

Outras famílias também tinham expectativas quanto aos negócios no Brasil, além da possibilidade de continuar a explorar a mão de obra escravizada. O veterano confederado James Alexander Thomas, por exemplo, pegou um navio para o Rio de Janeiro e decidiu que o Brasil era um país para onde poderia imigrar com sua família. Em carta para sua esposa, Charlotte, que o esperava nos Estados Unidos, ele informou sobre o seu desembarque no Pará, em dezembro de 1866, e sobre a diversidade da população local. Segundo ele, eram quase 50 mil habitantes, indivíduos de uma raça mestiça [*mongrel-mixed race*]. Sob a perspectiva do confederado aspirante a imigrante, havia no Brasil várias raças distintas e menos *darkies* do que nos Estados Unidos. A diversidade de frutas e vegetais o tornava otimista a respeito do país, que se apresentava como um bom lugar para se fazer negócios relacionados à agricultura. Chamou-lhe particular atenção a quantidade de negros, tanto escravizados quanto livres, mas foi mais interessante para James constatar a possibilidade de comprar escravizados, uma vez que, segundo ele, no Brasil os cativos eram mais baratos do que nos Estados Unidos.

Minha querida, este é sem dúvida um grande país, mas é difícil o trabalho aqui, que é livre e não é melhor com que nos Estados Unidos. O negro livre pode viver sem trabalhar, o trabalho dos escravos é tudo que podemos contar. Nós podemos encontrar [escravos] entre quinhentos a oitocentos dólares na cidade. Disseram-me que podemos encontrá-los por duzentos a quinhentos dólares. Se eu ficar satisfeito com este país, posso comprar uma fazenda e terras, e vou fazer isso. Se assim eu fizer, eu estarei em casa com você em breve.[53]

Ainda que inicialmente entusiasmado, James futuramente mudaria de ideia e desistiria de emigrar para o Brasil devido à raça mestiça dos habitantes, o que, segundo ele, não seria apropriado para seus filhos. Aliás, veremos adiante que as características físicas dos brasileiros anunciavam o quão ameaçadora a mistura racial era para os confederados. É importante lembrar que, além do crescimento demográfico da população negra, o medo da mistura racial era um dos motivos que os fizeram deixar os Estados Unidos. Constatar que aquilo que era reprimido no seu país era praticado no Brasil de forma mais aceita causava dúvidas e insegurança sobre o sucesso da emigração para o país latino-americano.[54]

Os confederados imigrantes precisavam se convencer de que a "aventura brasileira" era uma decisão acertada não só do ponto de vista econômico, mas também uma forma de resguardar a honra dos homens do Sul, mesmo considerando que o Brasil tivesse aspectos que não lhes agradavam totalmente. Conscientes de que as informações sobre o novo país eram controversas, e que circulavam no Sul notícias negativas sobre o Brasil como parte da campanha anti-emigração, os imigrantes também tinham a necessidade de afirmar para os amigos e para as suas famílias que estavam fazendo a escolha certa. Um deles foi Russel McCord, um imigrante da

Carolina do Sul que chegou no Brasil logo após a Guerra Civil e se estabeleceu na região do estado do Rio de Janeiro.[55]

Em março de 1868, em uma carta escrita para a irmã Mary, Russel fez questão de elencar os pontos positivos, inclusive como vários outros imigrantes sulistas estavam obtendo sucesso no país como senhores de escravos. No Brasil, relatou ele, passava a maior parte do tempo próximo da família, na companhia da esposa, Annie, e dos filhos pequenos, uma delas já "aprendendo português rapidamente". O filho caçula, Hugh, nascido havia poucos dias, já se alimentava com "o leite surpreendente de uma velha negra ama de leite brasileira". A notícia de uma ama de leite disponível para um dos seus filhos dava à sua irmã Mary a ideia de que somente no Brasil a parte da família que decidira emigrar ainda poderia fazer uso desses privilégios que eram tão caros a uma sociedade escravista sulista.[56]

Russel McCord falava do sucesso dele e de outros confederados no Brasil. Informava viver em uma casa confortável e desfrutar de uma renda de dois mil dólares ao ano. Café, açúcar e carne eram abundantes no país, e a família já estava "muito ligada" às frutas tropicais e outros produtos locais. Eles viviam na vila de Quissaman, no interior do Rio de Janeiro, e estavam alocados na fazenda de "pessoas refinadas... bem-educadas, bons católicos, mas que não se incomodavam com pessoas de outras religiões". McCord destacava não apenas o clima "esplêndido" durante nove meses do ano, mas também a familiaridade, o conforto e a segurança proporcionados pelo ambiente escravista na fazenda. Todos na família eram proprietários de engenho de açúcar, e a fazenda contava com mil escravizados, completando um cenário agradável para sua vida no Brasil.[57]

O país também era descrito como uma sociedade escravista que beneficiava não só os brasileiros, mas também os confederados de mais posses, que poderiam transferir seus negócios para lá. Um exemplo dado por Russell McCord foi de um imigrante da Louisiana que havia comprado uma "boa fazenda" com cem negros. Outro imigrante, o coronel Stuard, era vizinho da família e investira seu dinheiro em uma barganha, uma "*plantation* de açúcar magnífica" com mais outros cem escravizados. Com essas informações, Russell tentava desmentir as "falsas impressões" sobre o Brasil elaboradas por aqueles que retornaram aos Estados Unidos. Assim, caracterizava-o como "o mais refinado país do mundo", com um governo liberal e pessoas hospitaleiras.[58]

Ainda assim, o imigrante deixou escapar algumas diferenças culturais que lhe desagradavam, como o fato de brasileiros não gostarem de árvores sobre suas casas e de falarem muito abertamente sobre "os assuntos mais delicados", o que chamava de "diferenças mínimas". Ele se dizia feliz por ter vindo para o Brasil, onde ele estava "melhor do que no Sul", mas admitia preferir viver em um país onde gozava de mais independência. Explicava isso afirmando que o brasileiro, tanto na mente quanto nos modos, era mais governado pelo costume e pela religião do que por princípios, o que fazia desse povo "incapaz de autoaperfeiçoamento". Assim, as impressões do imigrante eram uma mistura de uma leitura otimista, basicamente sustentada na manutenção da escravidão, associada aos velhos preconceitos nutridos sobre os povos latino-americanos.[59]

O coronel Charles Gunter veio para o Brasil com um projeto bem-estruturado de contar com o apoio do governo brasileiro para construir uma colônia de imigrantes. Ele criou a colônia no Rio Doce, localizada em uma região entre o Rio de Janeiro e o Espírito Santo, tratando de informar ao filho no Alabama o seu entusiasmo diante da empreitada brasileira. Gunter havia alugado uma fazenda, prática muito comum entre os confederados, que lhe custaria a bagatela de 40 dólares por ano. Ele citou o exemplo de alguém que havia comprado quarenta negros por 12.500 dólares, valor que correspondia à metade do que seria gasto nos Estados Unidos. A única limitação encontrada por Gunter era a carência de trabalhadores especializados, o que poderia ser resolvido com a vinda de uma mistura de trabalhadores brancos imigrantes e negros, estes últimos sob condições não muito bem definidas:

> Eu quero Porter e Judkins, além de todos
> aqueles como eles. Quero que venham e tragam
> suas famílias, e que tragam também todas as
> ferramentas agrícolas que puderem trazer. Mande
> também um bom ferreiro e qualquer outro
> trabalhador mecânico ou um homem trabalhador
> e mais um, dois ou vinte negros, homens ou
> mulheres, que possam trabalhar no arado.[60]

Charles Gunter acreditava que suas boas relações com membros do governo brasileiro facilitariam sua proposta de trazer os americanos para o Brasil em um prazo de dois ou três meses. Além disso, seu entusiasmo o fazia garantir ao filho William que, caso ele viesse para o Brasil, poderia lhe arranjar um emprego na cidade do Rio de Janeiro. Charles, assim como a maioria dos imigrantes, também planejava plantar algodão, tabaco e "provavelmente açúcar", tudo isso contando com o trabalho de alguns negros que tivessem sido treinados em uma "boa escola de senhores de escravos".[61] Ainda em agosto de 1865, seria a vez de Harris Gunter, seu filho, tentar convencer o irmão William de quão promissor era o Brasil. Em carta, ele respondia às preocupações do irmão, que parecia cético e descrente sobre sua "situação" no novo país, enfatizando os bons negócios feitos por outros confederados: "Dr. Dansereau comprou uma grande plantação de açúcar, com 130 negros e todos os equipamentos por 135 contos, o que equivale a seis mil e setecentos dólares", que ele esperava pagar em um prazo de dois anos.[62]

Em setembro de 1865, em outra carta enviada para o irmão William, Harris dava notícias da concretização dos planos da família Gunter no Brasil. Naquele mês, Charles compraria a terra onde seria fundador da Colônia do Rio Doce. Harris afirmava que seu pai acreditava que a região era ideal para os confederados, melhor que o interior de São Paulo, para onde a maioria deles havia ido.[63] De acordo com Harris, Charles Gunter já tinha feito todos os arranjos para o funcionamento da fazenda e só aguardava "comprar negros". Contudo, isso não seria feito sem problemas, uma vez que os escravizados estavam sob a tutela de um fazendeiro por dois anos e haviam sido comprados sem serem vistos previamente. Quando Charles Gunter finalmente os viu, o grupo era composto por "mulheres, crianças e homens velhos". A maioria dos homens jovens estava comprometida, o que nos sugere que eles poderiam estar doentes. Assim, dos 54 escravizados comprados e pagos pela metade, um total de cinco mil e quinhentos dólares, somente 38 sobreviveram. Tal episódio, segundo o filho, era o que estava consumindo o patriarca da família naqueles dias.[64]

Exceto pela compra frustrada, a mão de obra parecia ser um problema menor para Charles Gunter, que esperava fazer uma combinação entre trabalhadores brancos americanos livres, escravizados comprados no Brasil e homens e mulheres negras, afro-americanas, que ele tinha a certeza de que conseguiria trazer para o Brasil, mesmo livres. Nos questionamos se Gunter almejava convencer ou forçar esses afro-americanos, agora libertos, a virem para o Brasil. Estaria ele confiante em antigos laços de subalternidade? O fato é que, desde que chegou, acreditava que o governo brasileiro iria apoiá-lo na ideia de levar um navio para Charleston, no estado da Carolina do Sul, e de lá trazer "alguns" afro-americanos. Charles Gunter também estava certo do interesse de muitos em vir.[65]

Assim como Gunter, outros agentes de imigração, como James McFadden Gaston, também desejavam trazer para o Brasil homens e mulheres negras que tivessem familiaridade com o plantio do algodão. A reação do governo brasileiro de proibir a entrada dos afro-americanos trouxe desapontamento para Gaston. O Império alegou que não tinha interesse em trazer para o país, ainda escravista, homens e mulheres que acompanharam de perto o processo de abolição nos Estados Unidos, por se constituírem em uma potencial má influência para as pessoas aqui escravizadas. Deixando para consultar apenas no último momento juízes e ministros brasileiros para saber se trazer imigrante negros era permitido, a maioria dos confederados simplesmente supôs que podia trazer os afro-americanos libertos para o país.[66]

A família de James Cole entrou no Brasil em 1866, acompanhada de três pessoas identificadas como "criados". A entrada desses "criados" envolveria John Cole em um incidente diplomático que acabaria legalizando a proibição de entrada no país de qualquer pessoa negra de qualquer nação, ainda que livre ou liberto. No mesmo navio de Cole também chegou o confederado J. H. White, acompanhado da esposa e de quatro escravizados.

A historiadora Wlamyra Albuquerque analisa com detalhes o caso envolvendo John Cole, que insistiu em manter no Brasil uma mulher negra norte-americana. John Cole foi até as últimas instâncias legais, questionando as leis brasileiras que, até o seu caso, não haviam legislado sobre a entrada de libertos no país. Albuquerque revela o jogo de forças entre Cole, que insistia em provar que não havia proibições legais à entrada de afro-americanos no Brasil, e o Império brasileiro, que negava a entrada deles ao mesmo tempo que tentava evitar argumentos baseados na raça. Assim, o Brasil se protegia da pecha de racista, que tanto atribuía aos Estados Unidos, país acusado pelos brasileiros de nutrir legalmente distinções baseadas na raça. No final das contas, o Império brasileiro faria o mesmo, mas utilizando um malabarismo jurídico e retórico.[67]

Várias outras famílias também entraram no Brasil com uma quantidade pequena de cativos, o que pode revelar que esses homens e mulheres seriam utilizados em serviços domésticos. O reverendo Alexander L. Blackford, que futuramente se estabeleceria na Bahia, chegou ao país em 23 de maio de 1867, acompanhado da filha e de uma mulher escravizada. Até mesmo o ministro americano James Watson Webb, quando veio ao Brasil em 1867, chegou acompanhado da esposa, dois filhos e uma "criada".[68]

A história desses homens e mulheres negros norte-americanos que, ainda que em uma quantidade modesta, entraram no Brasil a partir de arranjos feitos com seus ex-senhores nos Estados Unidos, revela uma página a ser escrita da história da imigração norte-americana no Brasil. Devido à ausência de registros que detalhem seus nomes e documentem suas experiências no novo país, ainda enfrentamos incertezas em relação às trajetórias dos afro-americanos que imigraram. Não há informações precisas sobre se sua condição de libertos foi respeitada em um país que ainda mantinha um sistema escravista. Também não sabemos se permaneceram sob a tutela dos antigos senhores ou se o novo ambiente colaborou para que se tornassem mais autônomos, a despeito de obstáculos que certamente encontraram, como o idioma e o preconceito racial. No caso das mulheres negras que entravam no Brasil acompanhadas de homens brancos, também não temos certeza se, em vez de "criadas", na verdade elas compunham famílias inter-raciais que buscavam no Brasil o abrigo para viver um relação sem perseguições legais e sociais.

Portanto, podemos observar que confederados mais abastados utilizaram tanto o trabalho escravo local quanto o dos libertos afro-americanos que vieram para o Brasil junto com suas famílias de ex-senhores. Em meio a uma sociedade escravista, os registros deixados pelos confederados revelam suas percepções sobre os negros e as dinâmicas raciais no Brasil. James McFadden Gaston Junior, filho do imigrante James McFadden Gaston, dedicou diversas páginas do seu diário a observações sobre o cotidiano de homens e mulheres escravizados da região de Campinas, São Paulo, onde vivia com sua família.

O jovem confederado, que se interessava por assuntos ligados às ciências naturais, narrativas de viagem e diversidade das raças humanas, registrou no seu diário o dia em que viu um homem negro muito pequeno, o qual, segundo ele, era o contraponto de um "negro gigante", de cerca de 1,80 metro, que havia visto dias antes e que negociava com seu pai a compra de capim. Além disso, segundo sua descrição, o homem estava "descalço e de cabeça raspada". Ainda de acordo com o jovem, um "homem negro do congo", que tinha menos de 1,60 metro, parecia ter cerca de 70 anos de idade e, quando passou pela mulher que trabalhava como lavadeira da família, foi persuadido pela jovem a "dançar e cantar por algum tabaco e rum". Dessa forma vemos que, da mesma forma que fizeram nos Estados Unidos, a população negra brasileira, além de ser alvo da exploração do trabalho, também era objeto da curiosidade e de especulações científicas, ainda que mais rudimentares, dos imigrantes sulistas.[69]

Assim como o seu filho, James McFadden Gaston era um observador da escravidão brasileira, registrando, inclusive, aspectos que lhe causavam estranhamento. A maneira como os senhores brasileiros se relacionavam com seus escravizados não deixou de surpreender o confederado. Em uma das suas visitas ao interior de São Paulo, presenciou uma cena para ele surpreendente, ocorrida na casa do major José Maria Gavião:

> Aqui é particularmente impressionante a liberdade com que algumas crianças negras são permitidas a vir para a sala de estar da família com o consentimento do major. Uma vez que ele não tem filhos, ele parece fazer desses "escurinhos" os seus animais de estimação. Ele também tem vários cachorros grandes, que também ficam confortavelmente deitados pela casa. Ele [o major] os tolera às vezes, mas em alguns momentos coloca todos para fora e fecha a porta, que serve de barreira para a entrada.[70]

A visível licenciosidade que Gaston encontrou na casa do major revela muitas das "surpresas" dos confederados imigrantes quando na condição de observadores da sociedade brasileira. "Escurinhos" [little darkies] que, sem pedir permissão, invadiam a sala da família do senhor e transitavam livremente no ambiente privado da casa-

-grande lhe parecia algo impressionante, para não dizer abominável. Mais incompreensível era o que, aos olhos de Gaston, parecia um sentimento de afeição do major Gavião em relação aos seus pequenos escravizados, algo justificado pela sua falta de filhos legítimos. Cães, assim como os "escurinhos", eram elementos fora do lugar aos olhos do antigo confederado, já que a sala de estar deveria ser reservada aos donos da casa e aos seus pares. Gaston não percebeu ali algumas das maiores especificidades das hierarquias raciais no Brasil. Embora em um cenário de aparente integração, as hierarquias raciais eram evidentes, e cada um dos envolvidos na cena (*major* e *little darkies*) conhecia os limites, os lugares e os papéis desempenhados por cada uma das pessoas presentes no ambiente.[71]

O contraponto brasileiro: críticas dos confederados ao direito "excessivo" dos libertos e mistura racial no Brasil escravista

Os confederados que vieram para o Brasil, além de nutrir esperanças na continuação da vida em uma sociedade escravista, também trouxeram e revigoraram seus preconceitos contra negros e latinos e alimentaram seu ressentimento contra os nortistas do seu país.[72] Podemos até mesmo especular que, depois de se confrontarem com a diferença das relações raciais no Brasil, o racismo e o preconceito dos sulistas tenham se fortalecido.

Nesse sentido, James McFadden Gaston pode ser citado mais uma vez, em um episódio que marcou sua experiência no Brasil desde a sua chegada. Disposto a manter o rancor gerado durante a Guerra Civil, ele desistiu, de última hora, de participar de um jantar na casa de brasileiros quando observou que, na casa da família anfitriã, havia na parede "um quadro grande do presidente Lincoln na ocasião da emancipação dos negros". A abolição da escravidão, relembrada pela visão do quadro, fez o convidado chegar a duas conclusões: a de que os donos da casa não poderiam ter nenhuma relação cordial com os sulistas e a de que ele não poderia aceitar nenhum favor deles.[73]

É possível que o quadro na parede que tanto incomodou Gaston tenha sido mais do que uma tentativa desastrosa de agradar o visitante, uma vez que os anfitriões podiam não estar muito bem-informados sobre as divergências geradas pela Guerra Civil na sociedade norte-americana. Ao que tudo indica, a iniciativa de colocar um quadro abolicionista na parede também revela que se tratava de uma residência em que as pessoas, de alguma maneira, apoiavam o fim da escravidão. Portanto, para a infelicidade dos sulistas recém-chegados, as notícias da abolição nos Estados Unidos haviam chegado ao Brasil e encontrado apoiadores entre alguns setores da sociedade. Além disso, como Gaston pode ter imaginado, a simpatia pela liberdade pode ter sido mais um indício da aparente ausência de regras raciais rígidas no país – isso aproximava o Brasil do Norte dos Estados Unidos e do que se esperava que o Sul se tornasse após a abolição, algo que os imigrantes haviam deixado para trás.

Depois de chegar ao Brasil, os confederados perceberam dois aspectos da escravidão e das relações raciais que lhes trouxeram dúvidas sobre sua capacidade de se adaptar ao novo lar. O primeiro deles foi a liberdade excessiva dos negros libertos. Como já afirmamos, no Brasil, ao contrário dos Estados Unidos, os libertos nascidos no país tinham cidadania garantida desde a Constituição de 1824, enquanto nos Estados Unidos isso só aconteceu em 1868, com a 14ª Emenda. Saber que os libertos gozavam dos mesmos direitos que as pessoas brancas chocou os confederados, que começaram, a partir de então, a perceber que havia peculiaridades entre a escravidão brasileira e aquela com a qual estavam acostumados.[74]

A ascensão social dos libertos brasileiros causava apreensão a um amigo da família Gunter chamado Dr. Mathews. Harris Gunter informava ao irmão William que as únicas duas coisas que o amigo temia no Brasil eram as formigas e "o espírito de democracia entre as pessoas". Contudo, ele afirmava que esses eram males menores frente aos "negros livres, o radicalismo e as taxas" de seu país natal. Certamente, o tal "espírito democrático" brasileiro estava ligado ao trânsito social dos libertos, que o fazia lembrar os "negros livres" do Sul dos Estados Unidos.[75] A possibilidade de arranjos que facilitassem a compra da alforria já tinha despertado a apreensão de Gaston, pois foi com surpresa que ele percebeu que as vendedoras de rua do Rio de Janeiro transitavam em público "como se fossem livres".[76] James Alexander Thomas também notou que não podia contar com a mão de obra dos trabalhadores livres, que não estariam dispostos a trabalhar, deixando que ele somente contasse com trabalhadores escravizados caso viesse para o Brasil.[77]

Além dos "privilégios" dos libertos, os imigrantes confederados também foram surpreendidos com a mistura racial praticada no Brasil, que permitia a ascensão social de algumas pessoas ditas mulatas. Muitas delas, a depender de uma combinação entre tom de pele, traços físicos e status social, podiam até se passar por brancas, o que era imediatamente percebido e reprovado pelos sulistas norte-americanos, acostumados com um sistema de identificação que primava pela pureza racial.[78] Novamente, James McFadden Gaston percebeu com apreensão a prática da mistura racial no Brasil e não gostou do que constatou. Quando encontrou com um vigário baiano, ele logo verificou que se tratava de "um mulato", e explicou aos seus leitores que, na província da Bahia, havia "intensa mistura com o sangue africano".[79]

Durante o diálogo com o sacerdote, o confederado reconheceu que ele era "um mulato que possuía inteligência acima da média", mas interrompeu qualquer análise que o fizesse questionar seus tabus afirmando: "Meu preconceito em me associar com aqueles que têm sangue negro não pode ser completamente deixado de lado ao ponto de eu me sentir à vontade com um homem de cor."[80] Assim, falou mais alto o velho sentimento do sulista, que nunca poderia considerar um homem negro como seu igual. Na Carolina do Sul, estado de Gaston, também havia indivíduos de origem birracial.

Com o avançar da década de 1850, os escravizados passaram a ter uma tonalidade de pele cada vez mais clara. No ano de 1860, 94% das pessoas consideradas mulatas no Sul dos Estados Unidos viviam em regime de cativeiro. A população branca não tinha problemas com a presença deles, desde que fossem cativos. Pessoas negras de pele clara significavam um problema quando eram livres. Ainda na Carolina do Sul, todos os negros livres que não possuíssem terras e escravizados deveriam abandonar o estado e, dentre esses, 3/4 eram considerados mulatos.[81]

Portanto, o que espantou Gaston não foi, necessariamente, a existência de mulatos no Brasil, e sim a possibilidade de ascensão social desse grupo quando livre ou liberto. Esse era um dos graves resultados da mistura racial no país, de acordo com os imigrantes, o que denotava, na leitura, ausência de racismo, regras e ordem. Gaston também observou que era preciso mais desconfiança na hora de afirmar que a cor escura da pele das pessoas era causada pelo clima quente, e não pela presença do "sangue negro" que circulava nas veias da maioria da população nacional. Embora existissem brasileiros brancos, de cabelos claros e olhos azuis, os descendentes de portugueses não eram "puros" e tão brancos quanto os germânicos, por exemplo. Ao final, o imigrante concluiu que qualquer pele muito escura era mesmo "resultado da mistura com o negro ou com o índio, ao invés do sol quente ou do clima tropical".[82]

A mistura racial, associada aos "privilégios" dos libertos no Brasil, compunha um cenário nada agradável para os imigrantes confederados. Embora alguns viajantes garantissem que no Brasil havia, sim, distinções baseadas na cor da pele que asseguravam o lugar privilegiado da população branca. Notícias de que no país não havia preconceito racial davam a impressão de que o país não possuía esse elemento fundamental para regular as relações entre negros e brancos. Lembremos que a igualdade racial era algo que fazia os sulistas se recusarem a ficar no seu próprio país, então foi desconcertante perceber que africanos e seus descendentes no

Brasil poderiam encontrar brechas que lhes permitissem alguma ascensão social.[83] Além disso, as regras de decoro racial vigentes na sociedade brasileira também eram outras. Algumas atitudes tomadas pela população liberta no Sul norte-americano pós-guerra poderiam ser vistas como insolentes a ponto de justificar um ato de violência. Já no Brasil, pelo menos no caso dos libertos, castigar uma pessoa livre e cidadã porque ele ou ela não mostrou deferência a uma pessoa branca não era algo legalmente reconhecido e que justificasse uma agressão a essa pessoa.[84]

O Reverendo Ballard Dunn registrou, no seu livro *Brazil, the Home for Southerners* [Brasil, a casa para os sulistas], um episódio de "insubordinação" envolvendo o sr. Shylock, que era responsável por recrutar norte-americanos para o Brasil. Ao caminhar pelas estreitas ruas do Rio de Janeiro, o sr. Shylock foi trombado por um "descendente de africano". Contrariado, o dito senhor aguardou o pedido de desculpas e se indignou com o fato de isso não ter acontecido. O "descendente de africano" seguiu seu caminho sem olhar para trás e ainda foi visto por Shylock, na esquina mais próxima, conversando confortavelmente com um homem branco, como se fossem iguais, sem nenhum sinal de deferência do "descendente de africano" em relação ao seu interlocutor. Segundo o reverendo Dunn, isso era culpa do "negrismo-livre" [*free-negroism*], sentimento muito comum entre os brasileiros e abolicionistas norte-americanos.[85]

Sendo assim, a experiência brasileira, de longe, representou um questionamento aos valores racistas dos confederados, valores esses que ficaram ainda mais fortalecidos após a Guerra Civil. Durante e após o conflito, ainda nos Estados Unidos, os confederados se tornaram mais presos às ideologias que pregavam a pureza racial e à regra do *one drop*, que afirmava que qualquer gota de sangue negro tornava uma pessoa negra. O casamento inter-racial se tornou ilegal na Carolina do Sul em 1865, e a Klu Klux Klan empregava a violência e o terrorismo contra essas uniões. Foi nesse espírito que os imigrantes interpretaram a "ousadia" dos libertos brasileiros e os diversos tons de pele da população brasileira, que tinha suas regras próprias de hierarquização e segregação. O aparente cenário de desordem e ilegitimidade, fortalecido por velhos preconceitos sobre as sociedades latino-americanas, fez com que as famílias confederadas se "protegessem" da mistura racial no Império.[86]

Os chefes de família sulistas continuariam com as mesmas preocupações em manter a pureza de sangue das suas famílias, assim como faziam na sua terra natal. Além disso, como toda sociedade escravista e patriarcal, eram eles que decidiam se as famílias emigrariam ou não. Muitos deles vinham ao Brasil sozinhos, em uma viagem de sondagem, e mulheres e filhos se juntavam a eles depois. O médico James McFadden Gaston, por exemplo, seguiu essa tendência. Quando entrou no Brasil pelo porto de Santos, em novembro de 1865, estava sozinho. O imigrante expressou sua apreensão em deixar a esposa e os filhos nos Estados Unidos em uma correspondência escrita no dia 25 de dezembro daquele ano. Gaston, tocado pela solidão durante a passagem das festas natalinas, revelou sua preocupação em relação à segurança da sua família no Sul pós-abolição. Ele afirmava sentir-se inseguro em deixar Susan "no meio de estranhos e cercada por uma raça que só recentemente mudou suas relações com os habitantes brancos do país".[87]

Após a Guerra Civil, cresceu, entre a comunidade branca, um sentimento paranoico em torno da imagem do homem negro estuprador, que violaria a honra das famílias sulistas e as macularia para sempre com a mancha da mistura racial. Nesse sentido, em uma sociedade completamente avessa às relações inter-raciais, sobretudo entre homens negros e mulheres brancas, as últimas se tornaram o símbolo da manutenção da pureza racial nos Estados Unidos. É importante ressaltar que a fantasia em torno do "negro estuprador" foi criada no pós-abolição, e não durante a escravidão, de modo a justificar políticas de controle e violência contra a população negra liberta. Já as relações entre homens brancos e mulheres negras, desde que não fossem públicas, eram mais aceitáveis.

Assim, ideias sobre o descontrole e o caráter animalizado da sexualidade masculina negra estavam em pleno diálogo com os projetos de segregação racial e supremacia branca que se alastraram pelas cidades sulistas após a Guerra Civil.[88]

Assim como Gaston, James Alexander Thomas expressou as mesmas apreensões ao deixar esposa e filhos sozinhos nos Estados Unidos enquanto visitava e avaliava a possibilidade de emigrar para o Brasil. Ainda no navio, chegando à América Latina, justificou a decisão de vir para o país em um tom de desculpas: "Eu espero encontrar um lugar melhor para viver, odeio ficar tão longe de você e das crianças, mas acho que isso será para o nosso bem, faça o melhor que você puder."[89] Dias depois, já no Brasil, o confederado escreveu para a esposa de novo, informando que havia chegado bem no Rio de Janeiro, mas advertiu-a dos perigos que a cercavam como uma mulher branca sozinha no Sul pós-abolição: "Eu tenho medo que os negros livres roubem tudo que você tem e a façam sofrer."[90]

A escravidão e o perfil da população local foram temas recorrentes nas cartas que Thomas enviou para a esposa, Charlotte. Em passagem pela Ilha de San Thomas, no Caribe, ele descreveu que cerca de quarenta negros carregaram carvão para o navio. O observador pontuou que se tratava de negros livres, mas que pareciam ser mais bem governados do que o que chamava de "nossos negros", em uma menção ao cenário de insubordinação que, segundo os confederados, se instalou no Sul depois da abolição.[91] Além de estar atento ao uso do trabalho livre e ao controle da população negra liberta, James também apontou que, no Brasil, havia "várias raças de pessoas", e que "os brasileiros eram um pouco mais escuros que os americanos".

Os interesses do casal no uso do trabalho da população negra eram revelados em passagens como: "Há negros em grande quantidade, tanto livres quanto escravos."[92] Aliás, Thomas tinha de provar à esposa que a viagem ao Brasil não havia sido em vão. Embora ele fosse o "chefe" da família, enquanto viajava, Charlotte era a responsável por administrar a propriedade da família na Carolina do Sul. Para tanto, ela deveria informar ao marido sobre o andamento dos negócios, como ele havia pedido: "Mantenha-me informado sobre como os negros vão indo."[93] Isso demonstra que as mulheres brancas do Sul também eram agentes na sociedade escravista, compartilhando valores, atuando como senhoras de escravos e dividindo com seus maridos a tarefa de administrar tarefas e escravizados, embora dentro dos diferentes papéis estabelecidos pela ordem patriarcal.[94]

Ser uma *Southern Lady* [Senhora sulista] significava incorporar uma série de papéis e partilhar com os homens um conjunto de valores sobre a função da população negra na sociedade. Quando elas imigravam – o que acontecia mesmo contra sua vontade –, sentiam um tremendo impacto sobre suas vidas. A vida social se tornava ainda mais restrita, as diferenças culturais eram duramente sentidas e, no caso das mulheres solteiras, restringia-se a possibilidade de casamento, já que eram desconectadas do seu universo social. As casadas sentiam ainda mais os efeitos da distância de outros membros da família, os quais ajudavam na educação dos filhos. Também sentiam falta do serviço de criadas, o que, pelo menos a princípio, as obrigava a desempenhar tarefas domésticas com as quais, muitas vezes, não estavam habituadas. Mesmo assim, os códigos de etiqueta racial eram mantidos e, em se tratando de um país latino-americano, elas também tinham suas apreensões sobre a mistura racial.[95]

Em 1866, a jovem Anna Gunter escreveu do Rio de Janeiro para seu irmão William, que estava no Sul dos Estados Unidos, para expressar o seu descontentamento com a decisão tomada pelo pai, Charles G. Gunter, de emigrar para o Brasil. Anna Gunter se sentia isolada e temia não poder voltar à escola para dar continuidade aos estudos de francês. Portanto, suplicava ao irmão que lhe enviasse seus dicionários e a gramática de língua inglesa. Ela estava disposta a continuar os estudos por sua conta própria e confessava que, assim como os outros irmãos (Peter, Hatie e Nellie), odiava a ideia de deixar o Alabama e ir para a América Latina. As preocupações de Anna estavam longe de ser as mesmas do seu pai e de outros homens do Sul que traziam suas famílias para o Brasil. Porém, uma delas era compartilhada por todos os que decidiam os rumos das famílias: a mistura racial, perceptível na face de boa parte da população brasileira, chamava-lhes a atenção e causava-lhes rejeição. Isso impunha um forte obstáculo ao processo de aceitação e adaptação desse grupo ao novo país. Anna expressou tal sentimento logo no início da sua carta: "Meu honrado irmão. Eu desejo que você, por favor, possa achar mais tempo para escrever para mim, especialmente em algumas semanas, já que eu vou estar entre mulatos e brasileiros... Eu vou passar por um longo período de solidão."[96]

Estar cercada de mulatos e brasileiros fazia com que Anna Gunter não desejasse interagir com a população local e, por isso, ela previa uma vida solitária no novo lar. Assim como Anna, outros confederados também resistiam a interagir com boa parte da população brasileira que não era perceptivelmente branca sob os critérios raciais adotados no Sul dos Estados Unidos, isso porque muitos daqueles que eram considerados brancos no Brasil, para os confederados, eram *mixed* [mestiços], carregavam sangue africano, e com eles, portanto, não deveriam interagir ou permitir que se integrassem às suas famílias. Assim, uma das estratégias das famílias confederadas de se proteger dos "mulatos brasileiros" era interagir somente com outras famílias confederadas, inclusive casando-se entre si.

Susan McFadden Gaston, esposa de James McFadden Gaston, também comentou com a filha Katie sobre suas preocupações a respeito da possibilidade de que um dos seus filhos, Brumby, se casasse com uma mulher brasileira. Brumby havia acabado de retornar à cidade de Serra Negra, onde trabalhava como médico. O jovem terminara recentemente o noivado com uma imigrante também sulista, o que fazia com que sua mãe temesse que "ele se sentisse sozinho no meio dos brasileiros". Susan recomendava ao filho que fosse um bom médico, um cavalheiro e que encontrasse "uma boa moça cristã com quem se casasse", e o jovem respondeu afirmando que poderia se casar com uma "moça brasileira rica". Essa possibilidade despertou as apreensões da mãe, que revelou à filha: "Eu não quero que ele se case com uma brasileira, não acho que ele será feliz com uma mulher brasileira."[97]

Susan pedia à filha Katie que convencesse o irmão a desconsiderar completamente a ideia de se casar com uma brasileira. As preocupações da mãe a respeito dos cônjuges dos filhos era parte da cultura do Sul – os pais interferiam nas escolhas sexo-afetivas dos filhos. No Brasil, a dificuldade de manter vínculos sociais estabelecidos por gerações intensificou as preocupações de que os/as jovens fossem atraídos por mulheres ou homens socialmente brancos, mas que carregavam sangue negro nas veias. Assim, o estigma do "brasileiro miscigenado" ou "impuro" trouxe outras preocupações para as famílias confederadas, que tentavam preservar sua pureza tanto na terra natal quanto no refúgio latino-americano.

O fracasso da empreitada no Brasil: o fim do sonho confederado

Saber que a população escravizada brasileira também era rebelde despertava insegurança quanto à longevidade da escravidão e da tranquilidade no país. Afinal, um ambiente de crimes e revoltas de escravizados remetia aos perigos da vida cercada por homens e mulheres negros. Nesse sentido, o Brasil ainda era mais grave que o Sul norte-americano, uma vez que lá os libertos não gozavam dos mesmos direitos que no Brasil, e a população negra parecia não ser tão numerosa quanto no Império. O perigo da tão temida guerra racial e da tomada de poder pelos negros, motivo que os fizera sair da sua terra natal, poderia também ser iminente no novo país.

Harris Gunter tentou especular sobre o futuro da escravidão no Brasil e de que maneira o país seria prejudicado pela imposição do trabalho livre. Disposto a se aventurar pelo mundo em busca de um ambiente ideal para reconstruir a sua vida e da família, ele dizia ao irmão que a Argentina também recebia vários imigrantes, sobretudo ingleses. O Brasil estava sendo bom até aquele momento, mas, após a morte de d. Pedro, com quem a sua família mantinha relações pessoais, o futuro do país seria instável e certamente pior. Levando em consideração o potencial revoltoso da população escravizada e a quantidade de negros, o jovem Gunter afirmou que a vantagem da Argentina em relação ao Brasil era que, após a abolição, o outro país era livre do "elemento negro" [*darkey element*].[98]

Os anos seguintes confirmariam as previsões negativas de Harris Gunter. As últimas décadas do cativeiro no Brasil foram marcadas por revoltas, crimes e formação do movimento abolicionista, que, sobretudo a partir da década de 1870, atuaria fortemente no estado de São Paulo, região onde estava localizada a maioria das colônias fundadas por imigrantes confederados. A articulação política nos gabinetes do Império não conseguiu conter as manifestações populares de rejeição à escravidão, sobretudo por motins organizados pela própria população negra, escravizada e liberta. Abolicionistas de diversos segmentos combatiam a escravidão, cada um à sua maneira: uns por meio de debates, jornais e atuações na justiça em prol da libertação dos escravizados; outros, representando uma militância mais popular, organizavam motins, formavam quilombos, promoviam fugas e "quebra-quebras".[99]

Quando os escravizados de Luiz Antônio de Pontes Barboza se sublevaram, em Campinas, em uma noite de outubro de 1882, gritando "mata branco" e "viva a liberdade", o episódio repercutiu na região, amedrontando a população local, temerosa da fúria dos insurgentes.[100] Certamente, a notícia da sublevação dos negros em Campinas causou medo, mas, também, apreensão entre os muitos confederados que viviam na região. O caso foi registrado no diário de James McFadden Gaston Jr., no dia 1º de novembro de 1882, a manhã posterior ao ocorrido. Segundo o jovem Gaston, às 8 da manhã os escravizados haviam se entregado à polícia, afirmando que haviam matado o feitor, sob a alegação de que esse os tratava muito mal. Para ele, cenas de revolta de escravizados já eram indicativos do nível de crise que a escravidão havia atingido no Brasil.[101]

Naquela semana, retornar para os Estados Unidos se tornou uma ideia fixa para James Gaston Jr. Ele, que, assim como seu pai, era interessado em ciência racialista, antropologia e era um atento observador das características físicas e do comportamento dos negros brasileiros, certamente acreditava que o Brasil pós-abolição, repleto de negros e mulatos libertos, não era mais um lugar onde as famílias confederadas poderiam viver. No dia 8 de novembro de 1882, poucos dias após a revolta da fazenda em Campinas, cidade em que também vivia, escreveu em seu diário que "o Brasil, por ora, é um bom lugar para se estar longe". O baixo preço do café seria um dos motivos, mas a principal razão seria o fato de que "os republicanos, abolicionistas e liberais ou pró-escravos, podem algum dia começar uma guerra, da mesma forma que os negros já o fizeram três vezes contra os seus senhores nos últimos dois meses nesta mesma província". Para Gaston Jr., os fatos que vinham ocorrendo no último ano confirmavam a urgência com que a sua família deveria retornar para os Estados Unidos.[102]

Naquele mesmo mês, e ainda aterrorizado pelas cenas de sublevação ocorridas, o jovem McFadden se assustou com gritos de "pega ladrão" que vinham da rua. Da sua janela, ele mesmo pôde assistir a toda a cena envolvendo um "homem negro e grande" que corria pelas ruas, desgovernado. O homem conseguiu escapar da polícia, que contava apenas com um soldado que deixou o fugitivo escapar a despeito da delegacia ser "tão próxima".[103] No mês seguinte, os McFadden seriam enganados por José, um motorista que prestava serviços temporários à família. José foi até uma quitanda e, com uma assinatura falsa do médico James MacFadden Gaston, conseguiu comprar "itens que a família não costumava consumir". Com a farsa bem-sucedida, José adquiriu duas garrafas de vinho do porto, uma lata de mortadela, duas latas de ervilha e uma lata de presunto. A compra, obviamente, foi paga pelo médico, que exigiu mais atenção na próxima vez que alguém chegasse ao estabelecimento utilizando uma autorização de compra com sua assinatura.[104]

O fato de serem enganados por um negro brasileiro deve ter causado muita insatisfação à família McFadden. Além disso, eles devem ter entendido o ato de insubordinação como parte do contexto turbulento que marcava as décadas finais da escravidão no Brasil. Assim, temendo que o futuro no país viesse a ser muito semelhante àquele que tentaram evitar quando imigraram, os McFadden Gaston deram fim ao sonho escravista na América Latina e, assim como cerca da metade das famílias confederadas que haviam imigrado para o Brasil e que desistiram pelos mesmos motivos, retornaram para a América do Norte pouco antes do dia 13 de maio de 1888.[105]

Os irmãos George e Lucien Barnsley, da Georgia, deixaram seu país em 1867, também atraídos pela possibilidade de "fazer dinheiro fácil" no Brasil. No entanto, após chegarem ao país, amargaram anos de experiências em negócios malsucedidos e tentativas de voltar para os Estados Unidos. Vinham de uma família de donos de algodão na Georgia, portanto escravistas, mas, quando chegaram ao Brasil, foram pouco a pouco desfazendo suas expectativas. Já em 1873, George reconsiderava sua escolha; pensava em emigrar para a Califórnia ou o México. Além disso, a insatisfação com o país era tanta, que ele revelava estar aprendendo a "odiar os brasileiros, seus modos e sua forma de governo". Embora George fosse médico de formação, quando veio para o Brasil, tencionava ficar rico explorando minas de ouro. O fracasso do negócio fez com que fosse forçado a, contra sua vontade, exercer a medicina no país.[106]

Em diversos momentos. ele revelou ter medo de fracassar na aventura. Em carta à irmã Julia, George demonstrou um desejo de retornar aos Estados Unidos já no ano de 1879.[107] Os sentimentos sobre os brasileiros também variavam de carta em carta. Em 1880, George descreveu os brasileiros como "curiosos e ignorantes".[108] Em 1882, ele desejava que a propriedade da família na Georgia fosse vendida para que, com o dinheiro, ele permanecesse no Brasil, uma vez que o Estados Unidos "só ofereciam violência". Mais uma amostra da mudança das impressões de George sobre o Brasil e os brasileiros pode ser percebida em uma conversa com a irmã sobre a situação de mulher brasileira casada com um confederado. O imigrante contava que a dita mulher sofria com a negligência do marido compatriota e rebatia as especulações de Julia sobre o comportamento da esposa, que, segundo ela, poderia ser a culpada pelos desmandos do cônjuge. George respondeu dizendo que "ser uma brasileira não significa nada. É prudente que você aprenda que nós somos tão civilizados quanto qualquer outro povo".[109]

Contudo, em 1880, George Barnsley demonstrava algumas preocupações sobre o futuro político do Brasil. Naquele ano, ele revelava para a irmã Julia que "temia que todos os seus longos anos de sofrimento pudessem estar perdidos". A razão do descontentamento do imigrante se expressava na frase "existe um grande debate sobre liberdade". Esse cenário marcava o início do desejo de George de voltar para os Estados Unidos: "Eu não sei se tudo está perdido ou não, mas o que é certo é que eu estou cansado de lutar e tenho que desistir." George já havia lutado no exército confederado durante a Guerra Civil e, com certeza, não estava disposto a, mais uma vez, assistir ao fim da escravidão, fosse por meios pacíficos, fosse em circunstâncias que o fizessem presenciar outra guerra, dessa vez, em um país estrangeiro.[110]

A partir de 1883, as cartas de George para a irmã se resumiam a pedidos de dinheiro para voltar para os Estados Unidos. Em 1883, ele solicitava ajuda para o próprio cunhado, Henry Schuwartz, marido de Julia, afirmando que "questões desastrosas" haviam reduzido ele e o irmão Lucien a um estado de "declarada pobreza".[111] Outras cartas com o mesmo tom foram enviadas, uma em março do mesmo ano, pedindo dinheiro para as passagens, e outra, em maio, reafirmando a urgência de ajuda para a saída do Brasil.[112] Ao que tudo indica, George não recebeu da família a ajuda que esperava, o que o fez se transferir para São Paulo, onde, exercendo a função de médico, mantinha sua família, ao mesmo tempo que tentava acumular dinheiro para a compra das passagens para os Estados Unidos.

Enquanto o irmão de George, Lucien, ainda insistia no fracassado negócio das minas de ouro, era sua esposa quem vinha sustentando a família, atuando como professora, havia três anos. Segundo George, além da mudança para o Brasil, trocar a medicina pelo negócio das minas havia sido outro grande erro da sua vida. Completamente arrependido da vinda para o Império, o imigrante apostava tudo na volta para o seu país natal, o que acreditava poder fazer em alguns meses. Derrotado e arrependido afirmava que, depois de muitos anos vivendo no Brasil e convivendo intimamente com os brasileiros, naquele momento da sua vida, ele se sentia "menos brasileiro de coração do que um ano após a minha chegada". Com isso, o confederado expressava o sentido inverso de sua sensação de pertencimento ao país, após tantos anos de residência. Logo, para ele, identificar-se como brasileiro estava condicionado a ter sucesso no país.[113]

Desde o início de 1883, George Barnsley havia traçado suas expectativas sobre o que seriam os próximos anos da economia brasileira para aqueles que dependiam do trabalho escravo. Assim como os Gaston, ele também avaliou como os debates sobre a abolição faziam o Brasil deixar de ser um país promissor. Segundo o norte-americano, os negócios no país estavam em uma situação deplorável, que refletia no baixo preço do principal produto produzido no país, o café – "os grãos de café são pequenos, e o custo de vida está aumentando diariamente" –, resultando no fracasso de toda a família. Sobre a abolição, ele afirmou: "a grande questão, que é a escravidão, está caminhando para uma decisão rápida", o que causaria problemas gerais e particulares para aqueles que ainda viviam no Brasil. Em um balanço definitivo, o confederado acreditava que o país estava se dirigindo para a "falência ou para a revolução".[114]

Para piorar ainda mais as previsões e o desespero de George Barnsley, ele não conseguiria juntar dinheiro a fim de, com a sua família, voltar para os Estados Unidos em 1883, como havia planejado. Além do mais, a família Barnsley arrastava por anos pendências envolvendo a partilha da terra deixada pelo seu pai, uma propriedade na Georgia chamada Woodlands. Ao que parece, Júlia não enviava dinheiro para os irmãos, porque ela desejava fazê-lo com o dinheiro da partilha da propriedade da família. Assim, em janeiro de 1887, ele escreveu mais uma carta desesperada para Julia, dessa vez em um tom mais duro que as anteriores, na qual acusava a irmã de não querer enviar o dinheiro para a sua volta, o que ela não havia feito mesmo depois de ele ter autorizado a venda de Woodlands.[115] Ele reclamava que Julia não retornava suas cartas havia meses, e a culpava pelo estado de miséria que vinha passando com a família, há anos, no Brasil. Afirmava, ainda, que trabalhava sob extrema pressão, tendo dificuldade em manter os filhos na escola e que – o pior para a honra da família – as pessoas estavam "rindo de mim". Mais uma vez, ele insistia que Julia, com o dinheiro da herança, lhe enviasse a quantia de mil dólares imediatamente. O tom duro da carta era justificado no final, por ter sido escrita em um "momento de desespero". Por fim, suplicava à irmã: "Me deixe sair de tudo isso o mais rápido possível." A carta terminava com a seguinte frase: "Todos nós estamos cheios de esperança."[116]

A agonia dos Barnsley no Brasil só acabaria em julho de 1888, quando George finalmente chegou com a família a Woodlands, na Georgia.[117] Certamente, as cenas do evento da abolição no Brasil, decretada em maio daquele ano, haviam chocado ainda mais os imigrantes. Ao que tudo indica, esse foi o contexto que George Barnsley evitou presenciar, após perceber, no início dos anos 1880, que a escravidão no Brasil já estava prestes a terminar.

Assim, depois de anos de investimento, expectativas positivas, descobertas e choques culturais, com a abolição, o Brasil deixava de ser uma nova e possível casa para os confederados, que agora voltavam para a terra natal.

Quando chegaram ao Brasil nos anos seguintes à Guerra Civil, sobretudo entre 1865 e 1867, os confederados já estavam familiarizados com debates sobre as limitações das "raças inferiores", assim como tinham um forte discurso em defesa da escravidão e de condenação da mistura racial. Foi a partir desses valores que os imigrantes, muitos deles ex-senhores de escravos, fizeram suas leituras sobre a sociedade brasileira, ao mesmo tempo que especulavam sobre o futuro das relações raciais no seu país, agora que negros e brancos eram tratados como iguais. Eles temiam que, após a abolição, o "novo Sul" se tornasse tão "misturado" e "degenerado" quanto a sociedade brasileira, onde eles entenderam apenas a escravidão não garantiria a manutenção de rígidas hierarquias baseadas na diferença racial. Esses confederados que viveram no Brasil retornaram decididos a defender ideias como a supremacia branca e a *one drop*, de cuja ausência no Brasil tanto reclamavam e que julgavam ser a causa da excessiva prática de miscigenação no país. Assim, na volta para os Estados Unidos, esses homens e mulheres colaboraram com o fortalecimento de práticas sociais e políticas públicas que reforçavam a violência, a segregação e a desigualdade racial que se estabeleceram no Sul norte-americano e perduraram no país até o século XX.

Considerações finais

Ao longo do século XIX, os norte-americanos construíram diversas impressões sobre as relações raciais no Brasil escravista. As ideias produzidas da sociedade brasileira se constituíram mais em representações sobre o país latino-americano do que em uma fiel descrição da realidade. Assim, a partir da produção de tal imaginário, esses observadores revelaram as expectativas de diferentes grupos sociais sobre o Brasil, mas, sobretudo, sobre seu próprio país, os Estados Unidos. Essas impressões mostram também uma diversidade de projetos políticos de nação desenvolvidos nos Estados Unidos a partir da década de 1840, passando pela Guerra Civil (1861-1865) até o pós-abolição, quando a "questão dos negros" e a manutenção da desigualdade racial continuou a ser um problema para as elites brancas do país.

Observando a sociedade brasileira, sobretudo a população negra e a diversidade que revelava a prática da miscigenação entre os nacionais, tanto viajantes quanto escravistas, abolicionistas negros e cientistas foram estabelecendo um paralelo entre os Estados Unidos e o Brasil. O olhar desses observadores não poderia ser neutro, uma vez que suas leituras estavam completamente influenciadas pelos seus valores e também pelos debates que vinham ocorrendo no seu país, o que orientava aquilo que desejavam enxergar e a maneira como interpretavam o cenário brasileiro. Tais interpretações de certos temas, como a escravidão, a mistura racial e o ambíguo lugar social dos indivíduos libertos, produziram diferenças fundamentais para afirmarem que um país era o contraponto do outro.

A construção da ideia do Brasil como país miscigenado, por exemplo, onde a escravidão era branda, e a sociedade era marcada por relações raciais harmônicas, já era difundida nos Estados Unidos, no século XIX, colocando os dois países em lugares opostos, ainda que ambos fossem nações escravistas e multirraciais. A chave das diferenças estava na forma como cada país administrava a diversidade da população.[1]

A cidadania e a possibilidade de inserção e ascensão social de alguns libertos no Brasil também davam a impressão de que a sociedade brasileira era mais democrática. Essas ideias foram divulgadas na imprensa abolicionista negra norte-americana, que, inclusive, trazia exemplos de libertos brasileiros ocupando papel de destaque na sociedade. Indivíduos considerados "mulatos" que ascendiam socialmente também eram citados para combater a tese científica que afirmava que, por serem fruto da mistura de duas raças distintas, seriam incapazes de elevação intelectual e social. Para esses militantes da luta abolicionista negra, a imagem do Brasil funcionava como um modelo de sociedade igualitária que se contrapunha à sociedade norte-americana, racista e segregada.

Na contramão da leitura positiva dos abolicionistas afro--americanos, a sociedade brasileira tinha outro significado para a maioria dos brancos que viviam nos Estados Unidos, tanto no Norte quanto no Sul. Cientistas, escravistas e viajantes apontavam várias diferenças do seu país em relação às nações latino-americanas, como o clima dos trópicos, os sistemas políticos considerados atrasados, a exemplo da monarquia, além do catolicismo – aspectos que, segundo eles, eram marcas de nações incivilizadas. Além disso, afirmavam que nada era considerado mais nocivo para uma nação do que a presença de uma grande população negra, escravizada ou liberta. Nesse prisma, as nações multirraciais, como o Brasil, ainda carregavam uma grave "moléstia": a mistura racial, que os intelectuais brancos, sulistas e nortistas afirmavam ser a causa da degeneração da América Latina.

Os imigrantes sulistas que vieram para o Brasil após a Guerra Civil constataram de perto essas "peculiaridades brasileiras". No país, entenderam que somente a escravidão não garantiria que negros e brancos ocupassem lugares distintos em uma sociedade; isso só seria alcançado com rígidas medidas de segregação racial. A partir do que viram no Brasil, voltaram para os Estados Unidos ainda mais crentes na ideia de pureza racial, reforçando os estereótipos negativos ligados ao país e a regiões latino-americanas. Dessa forma, defenderam a necessidade das leis segregacionistas na sociedade norte-americana, conhecidas como Jim Crow, que estavam em processo de implementação desde 1870 no Sul do país. Eles acreditavam que, sem elas, negros e brancos se misturariam indiscriminadamente, e o Sul poderia se tornar um "Brasil" dentro dos Estados Unidos.

Portanto, para os observadores norte-americanos, as distinções (e as similaridades) entre Brasil e Estados Unidos tiveram significados distintos e foram interpretadas e apropriadas para responder a questões cruciais em debate na sociedade norte-americana durante e após a abolição. Assim, as diferenças que, segundo os observadores, marcavam uma nação e a outra, de certa maneira foram fundamentais para a invenção não apenas da sociedade brasileira, mas também da norte-americana. Ao interpretar o Brasil, os norte-americanos estavam também produzindo um ideal de nação sobre o próprio país, algo feito em relação a outras nações e sustentado em ideais também divergentes, como civilização e barbarismo, avanço e atraso, pureza e ilegitimidade, superioridade humana e degeneração, conceitos que foram necessários para a invenção da identidade de cada um desses países.

Como aponta Benedict Anderson, "nações são comunidades políticas imaginadas" e se distinguem pela forma como foram inventadas.[2] Com isso, podemos afirmar que, para a sociedade norte-americana, o Brasil era como um espelho invertido, que refletia imagens que variavam de acordo com o lugar social dos observadores, seus projetos políticos e suas crenças sobre a política racial a ser implementada nos Estados Unidos. O Brasil poderia ser um espelho de algo a ser seguido, mas, na maioria das vezes, era um exemplo do que deveria ser evitado. Assim, sucumbindo a um projeto de nação que abarcaria as diferenças tal como acreditavam ter acontecido no Brasil e como os abolicionistas negros defendiam para a sociedade norte-americana, as elites políticas estadunidenses não abriram mão do seu projeto original de nação, fundada por e para homens brancos. Portanto, os Estados Unidos se afirmariam em oposição ao Brasil, uma vez que se representariam como uma nação racialmente homogênea, rejeitando a ideia de multirracialismo e reafirmando sua autoimagem como uma "liderança" do continente americano.

Agradecimentos

Passados nove anos da feitura da tese de doutorado que deu origem a este livro, esses agradecimentos são escritos no futuro. Foi ainda numa noite fria de 27 de setembro, em São Paulo, que um erê me disse que eu tinha muito a caminhar em outras terras para terminar este trabalho, mas que um dia eu voltaria para minha casa. Fui e voltei.

Esta pesquisa recebeu o apoio do investimento público do governo brasileiro através do CNPq e do Programa Capes Fulbright.

Agradeço a todas as pesquisadoras e todos os pesquisadores que me apoiaram, incentivaram e trocaram seus saberes comigo. Maria Helena Machado, orientadora entusiasmada e exigente; Wlamyra Albuquerque, Lilia Schuwarcz, Flávio dos Santos Gomes e membros da programa Escravidão e Invenção da Liberdade da Universidade Federal da Bahia. Nos Estados Unidos, foram fundamentais as trocas e aprendizados com Barbara Weinstein, Ana Lúcia Araújo, Robert Reid Parr, Herman Bennet e Michael Gomez.

As amizades, felizmente, são muitas, e por onde andei encontrei generosidade. Agradeço ao meu amigo Jonathan Michael Square, que compartilhou comigo a casa, ensinou-me tudo sobre Nova York e, o mais importante: fez com que eu me tornasse fã de Beyoncé, assim como ele.

Na *Concrete Jungle* brasileira, São Paulo, recebi a melhor amizade de Ligia Fonseca Ferreira, Niyi Tokumbo, Lia Schucman, Silvana Jeha e de Glaydson José da Silva, meu grande irmão, amado amigo.

Levando a Bahia comigo em cada canto a que eu vou, sempre estiveram em minha mente e no meu coração todas as minhas amigas e os meus amigos, de quem senti saudades todos os dias, com quem passei horas no *Skype* para saber das novidades da nossa Salvador e para compartilhar as descobertas das minhas andanças. Impossível nomear aqui todos os nomes, mas elas e eles sabem da minha gratidão e do meu amor.

Agradeço às minhas mães: Lúcia Maria da Cruz Brito (mãe-origem), Elisa Maria Lordelo (mãe-fortaleza) e Ayo Ifalase (mãe-afeto).

Agradeço a Sedrick Miles, que me mostrou os Estados Unidos que pouca gente conhece: um país onde, dentre tantas coisas, também nasce o amor, um lugar de uma beleza natural incrível e das alegrias e maravilhas que a luta do povo negro pôde criar.

Daqui do futuro, relembro que eu mal sabia, quando essa jornada começou, que a história escrita neste livro se entrelaçaria na minha da forma mais intensa possível. Os caminhos andados me levariam a Lonan, e, sem saber, no caminhar, eu também estava escrevendo não apenas a minha a história, mas a história do povo dele.

Laroyê, Eparrey, Kaô Kabiessilê.

Notas

Em busca de uma nova Canaã

1 "A Trip to Dixie: the Confederates in Brazil", *Chicago Tribune*, 31 ago. 1866.

2 Idem.

3 Idem. Ao que parece, o imigrante naturalizado brasileiro a que Achilles se referia era Frank McMullan, que em 1866 liderou um grupo de texanos que imigraram para o Brasil com a intenção de fundar a colônia El Dorado, localizada no interior de São Paulo. Sobre Frank McMullan (ou McMullen), ver: W. C. Griggs, *The Elusive Eden*: Frank McMullan's Confederate Colony in Brazil, Austin: University of Texas Press, 1987.

4 Idem.

5 Senhor(es) de escravo(s) é o termo usado em todo o livro para representar essas pessoas e o caráter de posse e violência presente nessa relação. Entende-se aqui, portanto, que ao lado de "senhor de" não caberia a palavra "escravizado(a)". (N.E.)

6 Achilles, op. cit.

7 O termo mulato, com várias aparições neste livro, é usado no contexto da época, da forma como autores, entre outros, referiam-se aos miscigenados.

8 Sobre história transnacional, ver: T. Bender, *A Nation Among Nations*: America's Place in World History, Nova York: Hill and Wang, 2006; M. Seigel, "Beyond Compare: Comparative Method after the Transnational Turn", *Radical History Review*, Durham: Duke University Press, n. 91, p. 62-90, 2005.

9 Sobre a ideia de nação e como conceitos de identidade nacional foram construídos e inventados, ver: B. Anderson, *Comunidades imaginadas: reflexões sobre a origem e a difusão do nacionalismo*, trad. Denise Bottman. São Paulo: Companhia das Letras, 2008.

1 Ciência e viagem: a Escola Americana de Etnologia, os abolicionistas negros e o discurso científico nos Estados Unidos pré-Guerra Civil

1   N. I. Painter, *The History of White People*. Nova York; Londres: W. W. Norton Company, 2010, p. 100-112.

2   B. Quarles, *The Negro in the American Revolution*. Chapel Hill: University of North Carolina Press, 1961, p. 42-43.

3   D. B. Davis, *Inhuman Bondage: the Rise and Fall of Slavery in the New World*. Oxford; Nova York: Oxford University Press, 2006, p. 185-188. A escravização dos israelitas, presente no Velho Testamento quando Deus diz a Moisés que escravize esse povo, além da maldição de Cam pelo seu pai Noé, são lendas bíblicas que sustentaram os argumentos dos escravistas na defesa da escravidão. Veremos mais adiante que esse ponto de vista fez frente às teorias poligenistas defendendo a origem da espécie humana (monogenismo) a partir do casal original, Adão e Eva.

4   N. I. Painter, op. cit., p. 116-117. A despeito de o terceiro presidente dos Estados Unidos ser veementemente contra a mistura racial, ele viveu, durante muitos anos, uma relação estável com uma de suas escravizadas, Sally Hemings, com quem teve alguns filhos. Sobre esse assunto, ver: J. D. Rothman, *Notorious in the Neighborhood: Sex and Families Across the Color Line in Virginia, 1787-1867*. Chapel Hill; Londres: The University of North Carolina Press, 2003, p. 12-52.

5   W. Stanton, *The Leopard's Spots: Scientific Attitudes Toward Race in America 1815-1859*. Chicago: University of Chicago Press, 1960, p. 55-57.

6   Sobre racismo científico europeu no século XVIII, ver: L. M. Schwarcz, *O espetáculo das raças: cientistas, instituições e questão racial no Brasil 1870-1930*. São Paulo: Companhia das Letras, 1993; e N. I. Painter, op. cit.

7   Colfax é autor de uma importante obra de combate ao abolicionismo. É relevante observar que ele provinha do Norte dos Estados Unidos e ainda assim defendia a escravidão e acreditava na inferioridade dos negros. R. Colfax, *Evidence Against the Views of the Abolicionists, Consisting of Physical and Moral Proofs of the Natural Inferiority of the Negroes*. Nova York: James T. M. Bleakley Publisher, 1830.

8   G. M. Fredrickson, *The Black Image in the White Mind: the Debate on Afro-american Character and Destiny, 1817-1914*. Nova York: Harper and Row Publishers, 1971, p. 1-20. Dentre alguns acontecimentos que ocorreram nos Estados Unidos e no Atlântico escravista e que fortaleceram a crítica à escravidão no fim do século XVIII e início do XIX, estavam o decreto da abolição nas colônias francesas (1794), que garantiu direitos iguais e cidadania a todas as pessoas, a despeito da raça; a abolição na Jamaica e nas demais ilhas do Caribe nas décadas de 1830 e 1840, além da imensa simpatia dos afro-americanos pela figura de Toussaint

Louverture, que extinguiu a escravidão e as distinções raciais no Haiti, em 1801, e alarmou senhores de escravos não apenas nos Estados Unidos, mas também em Cuba e no Brasil. A revolta de Danmark Vesey, ocorrida na Carolina do Sul em 1822, chocou senhores de escravos, que até então estavam certos da natureza submissa e leal das "raças inferiores". D. B. Davis, op. cit., p. 144-156; 161-174. O historiador Seymour Drescher afirma que nesse período surgiu o abolicionismo inglês, que se lança em uma campanha antiescravista internacional, e que as decisões das metrópoles (França e Inglaterra) refletiam os acontecimentos nas colônias. Por isso, por exemplo, a França não tinha um forte movimento abolicionista, que, ao contrário, era popular na Inglaterra. Também nesse período a Europa produziu uma série de leis e teorias que afirmavam a inferioridade das raças africanas, fosse para denunciar o tráfico, fosse para defender o cativeiro como forma de controle das populações "bárbaras" e "incivilizadas". Ver: S. Drescher, "The Ending of Slave Trade and the Evolution of European Scientific Racism", *Social Science History*, v. 14, n. 3, p. 415-199, 1990.

9   Sobre a reação dos abolicionistas negros ao racismo científico, ver: A. Cornellius-Diallo, *"More Approximate to the Animal": African Resistance and the Scientific War Against Black Humanity in Mid-Nineteenth Century America*. Tese de Doutorado. Washington University in St. Louis, 2006, p. 47-52; 135-137.

10   *Coloreds* (em português "pessoas de cor") é a forma como a população não branca era referida nos Estados Unidos. O termo ainda é usado, mas o uso de afro-americanos tornou-se mais comum desde o século XX para identificar a população negra. (N.E.)

11   D. Walker, *Walker's Appeal in Four Articles: Together with a Preamble to the Colored Citizens of the World, but in Particular and Very Expressly to those of the United States of America*, 3. ed. Boston: David Walker, 1830, p. 10; 12; 17-18. A primeira edição desta obra é de 1829.

12   W. Stanton, op. cit., p. 24-35. Sobre George Gliddon e seu encontro com George Morton, ver, na mesma obra, das páginas 45 a 53.

13   Sobre a ligação de membros da Escola Americana com círculos políticos escravistas do Sul, especificamente John C. Calhoun, e a divulgação e aceitação das teses poligenistas na região, ver: W. Stanton, op. cit., p. 61-64; G. M. Fredrickson, op. cit., p. 74-77.

14   Esse argumento é muito bem desenvolvido em A. Cornellius-Diallo, op. cit., p. 89-93. Fredrickson se posiciona contra a perspectiva de William Stanton, o qual acreditava que as motivações dos membros da Escola Americana eram, inicialmente, científicas, e que o ocorrido foi uma apropriação do poligenismo entre círculos escravistas. Além disso, acredita que os membros da Escola Americana perceberam no Sul um campo fértil de divulgação, apoio e fortalecimento do pensamento poligenista. G. M. Fredrickson, op. cit., p. 76-77. Sobre o uso da ciência como instrumento para justificar os projetos políticos das elites nacionais em relação a determinados grupos considerados inferiores, ver também: Gould, *The Mismeasure of Man*, 1980, p. 51-61.

15 G. M. Fredrickson, op. cit., p. 78-80; e W. Stanton, op. cit., p. 65-72.

16 Amalgamação é um termo emprestado da metalurgia que, originalmente, refere-se à mistura de diferentes metais. Nos Estados Unidos do século XIX, amalgamação se referia à mistura entre pessoas que, supostamente, tinham "sangue distinto" ou que pertenciam a raças distintas, quais sejam, branca e negra. Sobre o tema, ver: E. Lemire, *"Miscegenation": Making Race in America*. Filadélfia: University of Pennsylvania Press, 2002, p. 4.

17 D. Gardiner, "The Mulatto a Hybrid", *The Boston Medical and Surgical Journal*, 30 ago. 1843, p. 81. Esse artigo é uma resposta ao texto de Josiah Nott publicado nesse mesmo jornal em 16 de agosto de 1843. O título do texto de Nott é o mesmo.

18 J. C. Nott, "Caucasian and Negro Races", *The Boston Medical and Surgical Journal*, 24 abr. 1844, p. 244.

19 Assim como o termo "mulato(a)", "mestiço(a)" é utilizado ao longo do livro segundo usos e sentidos do período.

20 J. C. Nott, "Unity of Human Race", *The Southern Quartely Review*, jan. 1846, p. 1.

21 M. Rogers, *Delia's Tears: Race, Science, and Photography in the Nineteenth-Century America*, New Haven; Londres: Yale University Press, 2010, p. 118-119. Nessa obra, é possível encontrar uma intensa discussão sobre como os corpos negros, na metade do século XIX, não só foram apropriados como ferramenta de trabalho, mas também explorados pela ciência.

22 A. Cornellius-Diallo, op. cit., p. 102-112. Ver também: M. Rogers, op. cit., p. 126-128.

23 Depois da Guerra Civil Americana, Agassiz buscaria no Brasil o material quantitativo para provar sua tese de degeneração dos *mulatos*, uma vez que, naquele período, o país já era reconhecidamente marcado pela miscigenação. O cientista voltou do país latino-americano defendendo a deportação dos afro-americanos para aquela região; além disso, trouxe uma coleção de fotografias de africanos, que ele chamava de raças puras, e de *mestiços* da região amazônica. Ver: Maria H. P. T. Machado, "Os rastros de Agassiz nas raças do Brasil: a formação da Coleção Fotográfica Brasileira", in _____; S. Huber, *Rastros e raças de Louis Agassiz: fotografia, corpo e ciência, ontem e hoje*. São Paulo: Capacete, 2010, p. 30-40.

24 M. H. P. T. Machado, *Brasil a vapor: raça, ciência e viagem no Século XIX*. Tese (Livre-docência). Departamento de História, Universidade de São Paulo, São Paulo, 2005, p. 35-38.

25 W. Stanton, op. cit., p. 101-112. Essas ideias, que explicam a ocorrência de mais de uma criação, estão no artigo escrito por Agassiz intitulado "The Diversity of Origin of Human Races", publicado no jornal *Christian Examiner* em 1850.

26 "Inhabitants of the United States", *The American Quartely Register and Magazine*, maio 1848. É importante mencionar que, na classificação racial apresentada pelo jornal sobre as categorias raciais da América Latina, há uma reveladora noção de gênero acrescentada à análise sobre a dinâmica sexual/racial, visto que todos os indivíduos brancos são homens (pai branco), enquanto todas

as mulheres, "mestiças", negras e "indígenas", produzem descendentes com homens de todos os grupos raciais. As mulheres brancas não aparecem na lista. Podemos sugerir que isso se deve à ideia de que as mulheres consideradas brancas só se envolviam sexualmente com homens brancos. A outra possibilidade é que tratava-se de um filtro (ou censura) do jornal norte-americano em uma sociedade completamente avessa à mistura racial.

27 S. G. Morton, *Notes on Hybridity: Second Letter to the Editors of the Charleston Medical Journal*, VI, 1851.

28 O jornal *De Bow's Review* foi uma publicação de ampla circulação no Sul dos Estados Unidos e que representava o pensamento, os valores e os assuntos de interesse da classe escravista da região. O jornal circulou entre os anos de 1846 e 1884 e esteve sediado em diversas cidades da região Sul ao longo daqueles anos. Certos assuntos, como agricultura, economia, comércio e administração dos escravizados, além de relações internacionais com outros países escravistas, como o Brasil, eram frequentemente debatidos nos artigos publicados pelo *De Bow's Review*. Além disso, é possível encontrar vários debates sobre projetos de ocupação e expansão dos estados sulistas para outras nações, como México e demais países latino-americanos.

29 J. De Bow, "Art. VI: the Earth and Man", *De Bow's Review of the Southern and Western States, Devotes to Commerce, Agriculture, Manufactures*, mar. 1851, p. 282. A classificação de terras distantes, assim como de seres "diferentes", também estava associada aos projetos de conquista e domesticação. A ciência teve papel fundamental nesse projeto de nações imperialistas a partir da criação do "outro", do diferente. Sobre isso, ver: A. Fausto-Sterling, "Gender, Race and Nation: the Comparative Anatomy of 'Hottentot' Women in Europe, 1815-1817", in J. Terry e J. Urla, *Deviant Bodies: Critical Perspectives on Difference in Science and Popular Culture*. Bloomington: Indiana University Press, 1995, p. 19-48. Sobre inferioridade das espécies animais na América, ver: A. Gerbi, *O novo mundo: história de uma polêmica* (1750-1900). São Paulo: Companhia das Letras, 1996.

30 J. C. Nott, "Geographical Distribution of Animals and the Race of Man", in _____; G. Gliddon, *Types of Mankind: or Ethnological Researches Based upon the Ancient Monuments, Paintings, Sculptures and Crania of Races and upon their Natural, Geographical, Philological and Biblical History*, 7. ed. Filadélfia: Lippincott, Grambo & Co., 1855, p. 70-73.

31 Sobre o assunto, ver: R. G. Walters, "The Erotic South: Civilization and Sexuality in the American Abolitionism", *American Quartely*, v. 25, n. 2, p. 177--201, maio 1973.

32 G. M. Fredrickson, op. cit., p. 62-63.

33 J. H. Van Evrie, *Negroes and Negro Slavery: the First, an Inferior Race, the Later, its Normal Condition*. Baltimore: John D. Toy Printer, 1853, p. 12.

34 Ibid., p. 18-19.

35 "The Increase of the Negroes", *The National Era*, 20 out. 1859.

36 *Coloreds* ou "pessoas de cor", ver nota 10.

37 As descrições sociais e legais para "mulatos", "quarteirões" e outras categorias raciais vigentes no Sul pré-Guerra Civil podem ser vistas em: L. R. Tenzer, *The Forgotten Cause of the Civil War: a New Look at the Slavery Issue*. Nova Jersey: Scholar's Publishing House, 1997, p. 12-14. Sobre o termo "quarteirão" ver nota 63.

38 "The Increase of the Negroes", op. cit.

39 As ideias de Caucasian refletem o pensamento de um movimento surgido no Norte dos Estados Unidos chamado de *Free Soil* (em português "território livre"), que se posicionava contrário ao crescimento da escravidão no país sob argumentos conservadores e segregacionistas. O movimento também revelava um evidente projeto de expansão da influência norte-americana em direção à América Latina, com o objetivo de evitar a africanização dos Estados Unidos. Sobre o assunto, ver: G. M. Fredrickson, op. cit., p. 138-145.

40 Sobre representações e interpretações da alteridade, ver: L. Steven, "Bases para a interpretação de Durkheim", in G. Cohn, *Sociologia: para ler os clássicos*. Rio de Janeiro: LTC, 1977; e W. Roy, *A invenção da cultura*. São Paulo: Cosac Naify, 2010.

41 Sobre exploração científica e viagem, além do conceito de "anticonquista", ver: M. L. Pratt, *Imperial Eyes: Travel Writing and Transculturation*. Nova York: Routledge, 1992, p. 23-28; 57.

42 Sobre a expedição, ver: M. A. Junqueira, "Charles Wilkes, a U. S. Exploring Expedition e a busca dos Estados Unidos da América por um lugar no mundo (1838-1842)", *Tempo*, v. 13, n. 25, 2008. A autora desenvolveu um trabalho mais extenso sobre a Expedition em sua tese de livre-docência intitulada *Em tempos de paz: a circum-navegação científica da U. S. Exploring Expedition* (1838-1842), Departamento de História, Universidade de São Paulo, 2012. Ver também: N. Philbrick, *Sea of Glory: America's Voyage of Discovery; The U. S. Exploring Expedition, 1838-1842*. Nova York: Penguim Books, 2003. É importante mencionar que o material coletado durante a expedição foi agregado ao acervo da Smithsorian Institution, fundada em 1846 com o intuito de disseminar a ciência e o conhecimento nos Estados Unidos. Além dessa expedição, foram realizadas outras partindo dos Estados Unidos para o Brasil, como aquela com a intenção de explorar o vale do rio Amazonas, liderada pelo Tenente William Lewis Herdon em 1851. Herdon fez um registro dessa expedição na obra *Exploring of the Valley of the Amazon*, publicada em 1854. Ver: M. H. P. T. Machado (ed.), *Brazil through the Eyes of William James: Letters, Diaries, and Drawings, 1865-1866*. Harvard, MA: Harvard University Press, 2006.

43 M. L. Pratt, op. cit., p. 86-88. Sobre viajantes, ver também: S. Cardoso, "O olhar viajante", in A. Novaes, *O olhar*. São Paulo: Companhia das Letras, 1993.

44 C. Wilkes, *Narrative of the United States Exploring Expedition During the Years of 1838, 1839, 1840, 1842, 1842*, v. 1. Nova York: G. P. Putman & Co, 1856, p. 45.

45 Ibid., p. 29; 50; 57. Um intenso debate sobre a invenção desse mundo tropical na América Latina, que estava de acordo com o projeto das grandes nações – como os Estados Unidos – de se estender pelos trópicos, pode ser encon-

trado em: N. L. Stepan, *Picturing Tropical Nature*. Londres: Reaktion Books, 2001, p. 13-21.

46   C. Wilkes, op. cit., p. 45. Charles Wilkes fez a mesma observação sobre a população de Cabo Verde. Segundo o autor, ela era resultado da mistura indiscriminada de portugueses e africanos nativos (p. 31). A sua abordagem sobre a mistura racial vigente no Brasil também é encontrada em: M. A. Junqueira, "Em nome da raça anglo-saxônica: imagens sobre as Américas no relato de viagem da circunavegação científica da *U. S. Exploring Expedition* (1838-1842)", *Revista dos Estudios del ISHIR*, Argentina, n. 8, 2014.

47   C. Wilkes, op. cit., p. 49; 52. A nudez nos trópicos é representada como componente do cenário tropical e está associada ao mistério e ao desconhecimento das regras pelos povos civilizados, curiosos e, ao mesmo tempo, chocados com os hábitos sociais e sexuais dos povos observados. A cena das mulheres negras que eram observadas sem saber que o eram faz parte de uma narrativa de viagem, gênero que, tradicionalmente, vinculava a sensualidade descuidada e espontânea ao clima, o que dialogava com o determinismo biológico. Sobre o tema ver: N. L. Stepan, op. cit., p. 88-89.

48   C. Wilkes, op. cit., p. 54-57.

49   Ibid., p. 56-57. Certamente, a insurreição ocorrida na Bahia foi o Levante dos Malês, que aconteceu em Salvador, em 1835.

50   Ibid., p. 79; 86.

51   M. A. Junqueira, op. cit. p. 136.

52   C. Pickering, *The Races of Man and their Geographical Distribution*. Londres: H. G. Bohon, York Street, Covent Garden, 1848, p. 281. Assim como Louis Agassiz, Pickering estava vinculado à Universidade de Harvard, onde obteve o diploma de médico no ano de 1823. Ele também fazia parte de um circuito de cientistas da Filadélfia vinculado à Academy of Natural Sciences daquela cidade.

53   J. F. Blumenbach, *On the Natural Varieties of Mankind*, 1795.

54   C. Pickering, op. cit., p. 1-2.

55   Etnia negra de origem sul-africana e de hábitos nômades.

56   C. Pickering, op. cit., p. 2-4; 234.

57   Ibid., p. 187-188.

58   Ibid., p. 189.

59   Ibid., p. 189; 205-206.

60   Ibid., p. 206.

61   C. S. Stewart, *Brazil and La Plata: the Personal Record of a Cruise*. Nova York: G. P. Putman & Co. 1856, p. 5. Stewart já era um veterano na literatura de viagem.Em 1831, ele publicou A *Visit to the South Seas, in the U. S. Ship Vincennes: During the Years 1829 and 1830; with the Scenes of Brazil, Peru, Manila, the Cape of Good Hope, and St. Helena*. Nova York: J. P. Haven, 1831.

62   Ibid., p. 72.

63   O termo "quarteirão", ou "quadroon", era frequentemente usado para descrever uma pessoa que tinha um quarto de ascendência africana. A classificação

era muitas vezes usada em sistemas de castas ou estruturas sociais que discriminavam com base na raça e na ascendência. Já o termo "semiquarteirão" era usado para descrever uma pessoa com metade da ascendência africana, indicando que um dos pais era "mestiço" (quarteirão) e o outro era branco.

64   Atual Campo de Santana, Centro do Rio. (N.E.)

65   C. S. Stewart, op.cit., p. 72-73. A palavra "moreno" foi traduzida por mim do original *swarthy*. Uma discussão sobre a complexa categorização racial vigente no Brasil e seu impacto sobre o olhar estrangeiro pode ser encontrada em: N. L. Stepan, op. cit., p. 99-100; 105-106.

66   *New York Evangelist. Letters from Brazil*, n. IX.

67   "Brazil and the African", *The Louisville Daily Journal*, 18 maio 1849.

68   *Gleason's Pictorial Drawing*: *Fruit Seller of Rio de Janeiro*, 19 nov. 1853.

69   *Ballou's Dollar Monthly Magazine*, jun. 1858.

70   M. H. P. T. Machado, *Race and Visual Representation: Louis Agassiz and Hermann Burmeinster*, 2013, p. 11-15. A autora aponta várias similaridades entre o pensamento de Agassiz e Burmeister e, dentre elas, a crença na inferioridade das pessoas negras, tomando como argumento central o fato de os africanos estarem distantes do padrão clássico de beleza europeia, que era o grego. Essa e outras similaridades do pensamento desses cientistas são reforçadas pelo fato de ambos elegerem o Brasil como campo de investigação das suas pesquisas, que visavam afirmar a inferioridade dos africanos e "mestiços".

71   H. Burmeister, *The Black Man*: *the Comparative Anatomy and Psychology of the African Negro*, trad. Julius Friendlander e Robert Tomes. Nova York: William C. Bryant & Co, Printers, 1853, p. 6.

72   A. Y. Davis, *Women, Race and Class*. Nova York: First Vintage Books; Random House, 1983, p. 8-12. [Ed. bras.: *Mulheres, raça e classe*, trad. Heci Regina Candiani. São Paulo: Boitempo, 2016.] Sobre as ideias a respeito da sexualidade das mulheres negras, ver: A. Fausto-Sterling, *Gender*, op. cit., p. 19-48.

73   H. Burmeister, op. cit., p. 7. Essa passagem também é comentada em A. Cornellius-Diallo, op. cit., p. 216-218. Associando o corpo das mulheres africanas e o dos símios, os cientistas descreviam "o primitivo do primitivo", uma vez que elas eram duplamente animalizadas pela sua condição racial e de gênero, mais distantes do ideal masculino e caucasiano. A. Fausto-Sterling, op. cit., p. 27-28.

74   A. Fausto-Sterling, op. cit.

75   D. M. Sommerville, "Moonlight, magnolias and brigadoom; or, 'almost like being in love': mastery and sexual exploitation in Eugene D. Genovese's plantation south", *Radical History Review*, n. 88, p. 68-82, 2004. A autora faz duras críticas às leituras de Eugene Genovese sobre relações sexuais entre senhores e mulheres escravizadas nas *plantations* dos Estados Unidos, acusando-as de "romantizadas". Para Sommerville, Genovese ameniza e descaracteriza o caráter sexualmente violento e explorador do patriarcalismo senhorial. Patricia Hill Collins fala da construção da ideia das sexualidades desviantes nos Estados Unidos escravista, quando o mito da "sexualidade excessiva" da mulher negra

foi produzido em contraponto com a noção de feminilidade branca. A imagem da "Jezebel" foi criada nesse contexto. As mulheres negras escravizadas teriam na escravidão uma forma de controle de um comportamento sexual desenfreado, já que eram responsabilizadas pelo abuso sexual praticado contra elas pelos seus senhores. Isso estava também relacionado a políticas de fertilidade, que favoreciam o aumento da prole escravizada, ao mesmo tempo que tornava essas mulheres vítimas da sua própria "sexualidade agressiva", o que também respondia aos interesses escravistas de reprodução e tutela. Ver: P. H. Collins, *Black Feminist Thought: Knowledge, Consciousness, and the Politics of Empowerment*, 2. ed. Nova York; Londres: Routledge, 2000, cap. 4. [Ed. bras.: *Pensamento feminista negro: conhecimento, consciência e a política do empoderamento*, trad. Jamille Pinheiro Dias. São Paulo: Boitempo, 2019.]

76   H. Burmeister, op. cit., p. 17-18.

77   Ibid., p. 18. Burmeister, nessa passagem, fazia referência ao livro *A cabana do Pai Tomás* (Amarilys Editora, 2016), de Harriet B. Stowe, em que a personagem Elisa (Lizzy) representa a mulher escravizada de origem birracial, leal ao marido, que luta para manter a família unida, juntando-se a ele em um plano de fuga para o Norte do país, onde se tornariam livres. Stowe deu ênfase aos valores maternais, cristãos, à fragilidade e à beleza da personagem, exaltando suas características delicadas, uma vez que ela é uma *quadroon* (quarteirona, um quarto negra). Fazendo essa descrição do feminino negro, que muito se assemelhava, física e socialmente, ao comportamento das mulheres brancas da sociedade norte-americana do século XIX, o movimento abolicionista visava ganhar a solidariedade das mulheres brancas para a causa antiescravista, fazendo com que elas se identificassem com esse tipo de personagem e com a opressão também sofrida pelas mulheres não negras em uma sociedade patriarcal. Sobre isso, ver: A. Y. Davis, op. cit., p. 27-29.

78   Ibid., p. 19.

79   L. R. Tenzer, op. cit., p. 1-22. Fazendo uso da brecha que poderia permitir que fossem classificados como nem negros nem brancos, a população "mestiça" do Sul começou a reivindicar um status distinto da população negra, então considerada "africana pura". Assim, homens e mulheres passaram a exigir o reconhecimento da sua ancestralidade "parte-branca" como forma de escapar da escravidão e de galgar uma posição social e legal intermediária e mais confortável. Diante da ameaça que isso trazia para a escravidão, à medida que a Guerra Civil se aproximava, tornar-se "mulato" foi ficando mais difícil no Sul escravista.

80   M. H. P. T. Machado, *Brasil a vapor*, op. cit., p. 127-128; 132-133; 137-138; A. Fausto-Sterling, op. cit.

81   H. Burmeister, op. cit., p. 20-21. M. L. Pratt, op. cit., p. 86-88.

82   Esse debate que entrelaça gênero, raça e "mestiçagem" nas zonas de contato é muito bem discutido em: M. L. Pratt, op. cit., p. 100-101.

83   H. Burmeister, op. cit., p. 20-21.

84   Ibid., p. 21.

85   Idem.

86   Idem. Sobre isso, ver: S. L. Gilman, "Black Bodies, White Bodies: Toward an Iconography of Female Sexuality in the Late Nineteenth-Century Art, Medicine, and Literature", *Critical Inquiry*, v. 12, n. 1, *Race, Writing and Difference*, p. 204-242, ago. 1985; e M. T. Citeli, "As desmedidas da Vênus Negra: gênero e raça na história da ciência", *Novos Estudos Ceprap*, n. 61, nov. 2001, p. 163-175.

87   L. R. Tenzer, op. cit., p. 27-30. Sobre esse assunto, ver também: A. P. Long *The Great Southern Babylon: Sex, Race, and Respectability in New Orleans 1865-1920*. Louisianna: Louisiana State University Press, 2005.

88   H. Burmeister, op. cit., p. 22.

89   A. Cornellius-Diallo, op. cit., p. 213-222.

90   A própria obra *The Black Man* foi republicada no jornal de Nova York *The Evening Post*.

91   A. Cornellius-Diallo, op. cit., p. 173-179.

92   "Equality of the Races: Negromania", in *De Bow's Review of Southern and Western States...*, dez. 1851, p. 630. J. Campbell, *Negro-Mania: Being an Examination of the Falsely Assumed Equality of the Various Races of Men, Demonstrated by the Investigation of Champollion, Wilkinson, Rosselini, Van Amringe, Gliddon, Young etc*. Filadélfia: Campbell and Power, 1851. Ver também: A. Cornellius-Diallo, op. cit., p. 149-162.

93   A. Cornellius-Diallo, op. cit., p. 135-138.

94   Sobre o papel da resistência intelectual dos abolicionistas negros e a exclusão deles do debate científico, bem como a apropriação do vocabulário da ciência para sua contestação, ver: N. L. Stepan e S. L. Gilman, "Appropriating the Idioms of Science: the Rejection of Scientific Racism". in S. Harding, *The "racial" Economy of the Science: toward a Democratic Future, Bloomington*. Indianapolis: Indiana University Press, 1993, p. 170-193.

95   S. Lindqvist, *The Skull Measurer's Mistake: and Other Portraits of Men and Women who Spoke out Against Racism*, Nova York: The New Press, 1997, p. 45-47.

96   S. J. Gould. "The great physiologist of Heidelberg: Friedrich Tiedemann, brief article", in *Natural History*, jul. 1999.

97   F. Tiedemann, "On the Brain of the Negro, Compared with that of the European and the Ourang-outang", in *Foreign Quartely Review*, n. 47, out. 1839, p. 39.

98   "Intellectual Faculties of the Negro", *The Liberator*, 10 abr. 1840. O editor do jornal *The Liberator* era o abolicionista branco William Lloyd Garrison, e seu jornal tinha grande circulação entre a comunidade afro-americana, que compunha três quartos dos seus assinantes.

99   "Intellectual Faculties of the Negro", *The Colored American*, 22 ago. 1840.

100 "The Brain of the Negro", *Frederick Douglass' Paper*, 19 nov. 1852.

101 Sobre a iniciativa do movimento abolicionista negro de criar sua própria versão da origem da raça africana, ver: M. Bay, *The White Image in the Black Mind: African-American Ideas about White People, 1830-1925*. Nova York; Oxford: Oxford University Press, 2000, p. 26-37.

102 Letter from William G. Allen. *Frederick Douglass, Paper*, 13 ago. 1852.

103 Letter from William G. Allen. *Frederick Douglass, Paper*, 10 jun. 1852.

104 P. Rael, "A common nature, a united destiny: African American responses to racial science from revolution to civil war" in T. P. McCarthy e J. Stauffer, *Prophets of Protest: Reconsidering the History of American Abolitionism*. Nova York; London: The New Press, 2006, p. 183-199. No artigo, o autor defende que a estratégia utilizada pelos abolicionistas negros de usar ideias baseadas no poligenismo para defender a igualdade social foi a causa da falha desse movimento em refutar essas teses. Para o autor, o uso e a apropriação das teses se mostraram ineficazes no combate ao racismo científico que, em alguma medida, parece ter sido introjetado por esses abolicionistas.

105 S. R. Ward, "Origin, History and Hopes of the Negro Race", *Frederick Douglass, Paper*, 27 jan. 1854. Discurso proferido na Cheltenham Literary and Philosophical Institution.

106 Idem.

107 Sobre o Egito, do ponto de vista da diáspora africana, ver: M. A. Gomez, *Reversing Sail: a History of African Diaspora*. Nova York: Cambridge University Press, 2005, p. 7-11.

108 S. R. Ward, op. cit. A expressão *"hewers of wood and drawers of water"*, aqui traduzida como "rachar lenha e carregar água", é uma referência à Bíblia, Livro de Josué 9:23, quando ele amaldiçoa os gibeonitas (moradores de Gibeom): "Agora vocês estão debaixo de maldição: nunca deixarão de ser escravos, rachando lenha e carregando água para a casa do meu Deus."

109 O historiador Patrick Rael chama essa estratégia de *"living proof refutations"*. Ver: P. Rael, op. cit., p. 189-190.

110 S. R. Ward, op. cit.

111 Idem.

112 Idem.

2 Abolicionistas afro-americanos e suas interpretações sobre escravidão, liberdade e relações raciais no Brasil do século XIX

1 G. M. Fredrickson, *The Arrogance of Race: Historical Perspectives on Slavery, Racism and Social Inequality*. Hanover, NH: Wesleyan University Press, 1988, p. 189-205.

2 O artigo tem o mesmo título do texto de J. Campell, publicado no mesmo jornal. O fato é comum já que o abolicionismo era chamado de "negromania".

3 "The Negro-mania", *De Bow's Review of Southern and West States. Devoted to Commerce Agriculture and Industrial Progress and Resource*, v. 13, n. 5, maio 1852, p. 507. Nesse artigo, é interessante notar que o Brasil, as Índias Ociden-

tais e a Austrália são citados como nações africanas ou africanizadas, devido à grande quantidade de negros nesses países.

4   "Address to the Colored People of the United States", *The North Star*, 10 ago. 1849.

5   Idem.

6   Idem.

7   O termo "dupla consciência" foi criado pelo intelectual afro-americano William Edward Burghardt Du Bois para descrever a forma com que afro-americanos se sentiam "negros e americanos", sobretudo em uma sociedade que os excluía a despeito da sua nacionalidade e do sentimento de pertencimento à nação. Ele definia isso como uma "sensação peculiar" do negro nos Estados Unidos. Aqui, aproprio o termo e expando seu sentido para entender como essa identidade negra permitia a construção de uma identidade e afiliação com povos negros de outras partes do mundo, o que convivia ao mesmo tempo com o sentimento de ser norte-americano. Sobre a definição de "dupla consciência", ver: W. E. B. Du Bois, *The Souls of Black Folks*. Nova York: Barnes and Noble Classics, 2003, p. 9. [Ed. bras.: *As almas do povo negro*, São Paulo: Veneta, 2021.] Essa obra foi originalmente publicada em 1903. Agradeço ao professor Michael Gomez e ao colega Jonathan Michael Square por terem me ajudado a compreender o conceito de dupla consciência para descrever o sentimento de identidade dos afro-americanos em relação à experiência de outros povos negros da diáspora.

8   I. K. Nwankwo, *Black Cosmopolitanism: Racial Consciousness and Transnational Identity in the Nineteenth-Century Americas*. Filadélfia: University of Pennsylvania Press, 2005, p. 51-53; 114-116.

9   J. M. McPherson, "A Brief for Equality: Abolitionist Reply to the Racist Myth, 1860-1865", in M. Duberman (ed.), *The Anti-Slavery Vanguard: New Essays on the Abolitionists*. Nova Jersey: Princeton University Press, 1965, p. 156-157.

10 J. Ernest, *A Nation within a Nation: Organizing African-American Communities before the Civil War*. Chicago: Ivan R. Dee, 2011, cap. 7. O primeiro jornal da imprensa negra abolicionista nos Estados Unidos foi o *The Freedom's Journal*, fundado em 1827 com o objetivo de, segundo os editores, "advogar em nossa causa própria". O jornal defendia a unidade racial entre a comunidade negra, o completo acesso a direitos e cidadania aos libertos e o autoaperfeiçoamento como ferramenta de elevar homens e mulheres negras no país. Todos os jornais da imprensa negra tinham vida curta, sobretudo por problemas financeiros e discordâncias entre seus editores. Muitos dependiam do apoio de jornais abolicionistas brancos ou estrangeiros para continuar a circular. Após o fim da Guerra Civil (1865), os jornais abolicionistas negros foram desaparecendo paulatinamente. No entanto, outros jornais em defesa da igualdade racial e dos direitos civis nos EUA foram surgindo no século XX. Sobre imprensa Negra, ver: A. Pride, *A History of the Black Press*. Washington-DC: Howard University Press, 1997. Ver também: F. Hutton. *The early black press in America (1827 to 1860)*. Westport-Connecticut/Londres: Greenwood Press, 1997.

11 M. E. Dann, *The Black Press, 1827-1890: The Quest for National Identity*. Nova York: Capricorn Books, 1972, Introdução.

12 B. Quarles, op. cit., p. 3-18. A historiografia sobre o papel dos negros escravizados e libertos na Revolução Americana lançou diversos debates sobre as motivações que levaram os afro-americanos a se alistarem no exército norte-americano. Mesmo que sua participação não fosse o consenso na época, uma vez que negros armados eram vistos como perigosos e ameaçadores às bases escravistas, o fato é que alguns escravizados fugiram para lutar em defesa "do seu país", fosse por razões pragmáticas, como a liberdade, fosse por patriotismo.

13 B. J. Fields, "Ideology and Race in American History", in J. M. Morgan e J. M. McPherson (ed.), *Region, Race, and Reconstruction: Essays in Honor of C. Vann Woodward*. Nova York; Oxford: Oxford University Press, 1982, p. 143-177.

14 Em 1850, foi aprovada pelo Congresso dos Estados Unidos a Fugitive Slave Law [Lei do escravo fugitivo], que autorizava senhores de escravos do Sul a recapturarem negros fugitivos na região Norte. Qualquer cidadão branco poderia capturar uma pessoa negra, caso desconfiasse que se tratava de um fugitivo. Em 1854, o Kansas Nebraska Act [Ato de Kansas-Nebraska] autorizava a expansão e a legalidade da escravidão nos novos territórios (Kansas e Nebraska). O ato é considerado um marco inicial dos conflitos que antecederam a Guerra Civil, resultado do acirramento entre o poder escravista do Sul e o Partido Republicano do Norte. Em 1857, o Dred Scott Case foi o maior golpe sobre a comunidade afro-americana, sobretudo liberta, uma vez que, a partir desse, caso a Suprema Corte dos Estados Unidos decidiu que os afro-americanos não eram cidadãos. Sobre isso, ver: Thomas Holt, *Children of fire: a history of African-Americans*. Nova York: Hill and Wang, 2010.

15 Sobre a condição dos libertos e limites da liberdade no Brasil, ver: M. C. Cunha, *Negros, estrangeiros: os escravos libertos e sua volta à África*, 2 ed. São Paulo: Companhia das Letras, 2012; e S. Chalhoub, *Visões da liberdade: uma história das últimas décadas da escravidão na Corte*. São Paulo: Companhia das Letras, 1990.

16 Sobre esse argumento, ver: B. Weinstein, "Slavery, Citizenship and National Identity in Brazil and the United States South", in D. Doyle e M. A. Pamplona (eds.), *Nationalism in the New World*. Atenas: University of Georgia Press, 2006, p. 248-271. Aproveito para agradecer à autora pelas contribuições e reflexões que contribuíram para o amadurecimento deste capítulo.

17 B. Quarles, *Black Abolitionists*. Nova York: Oxford University Press, 1969, p. 90-115.

18 *The Colored American*, 5 set. 1840.

19 O primeiro estado do Norte a abolir a escravidão foi a Pensilvânia, em 1780; Nova York decretou o fim do cativeiro no país em 1799; e o último estado foi Nova Jersey, em 1804. A população branca da região estava longe de aceitar a integração desses libertos à sociedade, o que justificou diversas leis segregacionistas ao longo dos estados, inclusive propostas de que os afro-americanos fossem removidos da região. O voto não era garantido à população negra em todos os estados, e eram frequentes leis que proibiam casamentos inter-raciais,

mesmo após a abolição, como nos estados de Massachusetts e Rhode Island. Ver: G. M. Fredrickson, *The Black Image in the White Mind: the Debate on Afro--american Character and Destiny*, 1817-1914. Nova York: Harper and Row Publishers, 1971, p. 175-186. Sobre segregação racial em Nova York, ver: L. M. Harris, "From abolitionists amalgamators to rulers of five points; the discourse of inter-racial sex and reform in antebellun New York City", in M. Hodes (ed.), *Sex, Love and Race: Crossing Boundaries in North American History*. Nova York: New York University Press, 1999, p. 191-212.

20 N. I. Painter, *The History of White People*. Nova York; Londres: W. W. Norton Company, 2010, p. 143.

21 J. M. McPherson, *The Struggle for Equality: Abolitionists and the Negro in the Civil War and Reconstruction*, Nova Jersey: Princeton University Press, 1964, p. 221-237.

22 C. M. M. Azevedo, *Maçonaria, antirracismo e cidadania: uma história de lutas e debates transnacionais*. São Paulo: Annablume, 2010, p. 67-124. Da mesma autora, ver também: *Abolicionismo: Estados Unidos e Brasil, uma história comparada (séc. XIX)*. São Paulo: Annablume, 2003, p. 149-165. Ver, ainda: H. Mattos, "Racialização e cidadania no Império do Brasil", in J. M. Carvalho e L. M. B. P. Neves (orgs.), *Repensando o Brasil no Oitocentos: cidadania, política e liberdade*. Rio de Janeiro: Civilização Brasileira, 2009, p. 349-391. Somente os libertos nascidos no Brasil eram considerados cidadãos; os africanos libertos estavam fora dessa categoria. Acerca desse debate, ver: L. C. Brito, *Temores da África: segurança, legislação e população africana na Bahia oitocentista*. Salvador: EDUFBa, 2016.

23 H. Mattos, op. cit. p. 358-362.

24 K. Grinberg, *O fiador dos brasileiros: cidadania, escravidão e direito civil no tempo de Antônio Pereira Rebouças*. Rio de Janeiro: Civilização Brasileira, 2002, p. 67-95.

25 Chamo aqui de "birracial" indivíduos que eram fruto de uma relação entre uma pessoa negra e uma pessoa branca.

26 J. D. Rothman, *Notorious in the Neighborhood: Sex and Families Across the Color Line in Virginia*, 1787-1867. Chapel Hill; Londres: The University of North Carolina Press, 2003, p. 208.

27 Ibid., p. 204-234. A regra *One drop* foi a legislação criada nos estados sulistas que especificava que se uma pessoa, mesmo que de pele clara ou branca, tivesse ao menos um ancestral negro, seria considerada negra e submetida, portanto, ao mesmo tratamento dado às pessoas negras.

28 J. Williamson, *New People: Miscegenation and Mulattoes in the United States*. Nova York: The Free Press, 1980, p. 62-82.

29 Ibid., p. 92-97.

30 R. B. Toplin, "Between Black and White: Attitudes toward Southern Mulattoes, 1830-1861", *The Journal of Southern History*, v. 45, n. 2, p. 185-200, maio 1979. Segundo Carl Degler, que também apresenta números para a população de "mulatos" no Sul dos Estados Unidos, eles eram a maioria dos libertos no país. Segundo ele, esse número se devia ao fato de esses libertos de origem mista serem

libertados pelos seus familiares/proprietários. Afirma que, no Mississipi de 1860, 77% dos libertos eram de origem mista, e somente 8% dos escravizados eram "mulatos". Na Louisiana, os dados são similares. Essas informações estão disponíveis em: C. N. Degler, *Neither Black nor White: Slavery and Race Relations in Brazil and the United States*. Nova York: The MacMilllan Company, 1971, p. 231.

31   P. Rael, *Black Identity & Black Protest in the Antebellum North*. Chapel Hill; Londres: The University of North Carolina Press, 2002, p. 12-42.

32   L. Litwack, "The Abolitionist Dilemma: the Antislavery Movement and the Northern Negro", *New England Quartely*, n. 34, p. 50-73, mar. 1961.

33   L. M. Harris, op. cit., p. 191-212. Ver também: E. Lemire, *"Miscegenation": Making Race in America*, Filadélfia: University of Pennsylvania Press, 2002, p. 53-86.

34   Ibid., p. 115.

35   *The Colored American*, 23 jun. 1838. Destaque dos editores do jornal.

36   F. Douglass, *The Narrative of Life of Frederick Douglass: an American Slave, Written by Himself*. Nova York: Signet Classic, 2005 [Ed. bras.: *Narrativa da vida de Frederick Douglass, um escravo americano, escrita por ele mesmo*. São Paulo: Companhia das Letras, 2021.] Douglass, por diversas vezes, mencionaria a prática de mistura racial como um indicativo da ausência de racismo na sociedade brasileira.

37   S. Elbert, "An Inter-racial Love Story in Fact and Fiction: William and Mary Kings Allen's marriage and Louisa May Alcott's tale, 'M.L'", *History Workshop Journal*, n. 53, p. 17-42, 2002.

38   W. G. Allen, "Londres, dec. 1853", in P. Ripley (ed.), *The Black Abolitionists Papers*. v. 1. *The British Isles, 1830-1865*. Chapel Hill; Londres: The University of South Carolina Press, 1985.

39   W. G. Allen, *The American Prejudice against Color. An Authentic Narrative, Showing How Easily the Nation go into an Uproar*. Londres: W. and F. G. Cash, 1853, p. 3-4. Assim como a história de Allen, houve outros tantos episódios de casais inter-raciais no Norte dos Estados Unidos que encontraram barreiras impostas, sociais e legais para as suas uniões. As fontes de jornais anunciam vários casos de prisões e linchamentos ocorridos naquela região. Em boa parte dos casos, os episódios envolviam mulheres brancas pobres e/ou imigrantes. Sobre o assunto, ver o excelente trabalho de: M. Hodes, *The Sea Captain's Wife: a True Story of Love, Race, and War in the Nineteenth Century*. Nova York; Londres: W. W. Norton & Company, 2006.

40   C. N. Degler, op. cit., p. 213-219.

41   Ibid., p. 222-239. Degler atribui aos seguintes fatos a impossibilidade da existência de uma "escapatória dos mulatos" (*mulato escape hatch*) na sociedade norte-americana. Primeiro, ainda durante o período colonial, havia poucas pessoas negras, homens ou mulheres, nas colônias inglesas. A população imigrante era determinantemente branca, o que não favoreceu uma miscigenação inicial. Segundo, posteriormente, a população branca, masculina e feminina, era equilibrada. Sendo assim, ao contrário do Brasil, os homens brancos não precisavam recorrer às "indígenas" ou negras, já que podiam encontrar parcei-

ras dentro do seu grupo racial. Por fim, as mulheres inglesas ou de descendência inglesa tinham um forte poder sobre a família e a sociedade em que viviam, não aceitando, portanto, a incorporação dos filhos bastardos "mulatos "dos seus maridos ao seu núcleo familiar. Para Degler, uma suposta maior subserviência feminina, culturalmente praticada na sociedade brasileira de origem portuguesa, abriu brechas para que esses filhos bastardos "mulatos" brasileiros fossem incorporados às famílias brancas sob a imposição dos seus pais.

42　Sobre esse assunto, ver a história da negra de origem birracial Amanda América Dickson em: J. B. Bradley e K. A. Leslie, "White Pain Polen: an Elite Birracial Daughter's Quandary", in M. Hodes (ed.), *Sex, Love and Race*, op. cit., p. 213-234.

43　G. Nash, "The Hidden History of Mestizo America", in M. Hodes (ed.), *Sex, Love and Race*, op. cit., p. 10-32.

44　Novamente, esse argumento foi inspirado por: B. Weinstein, op. cit., p. 248-271.

45　Sobre o debate das desigualdades raciais no discurso científico norte-americano, ver cap. 1.

46　A seguir, veremos como Agassiz aprimorou essas teses sobre a degeneração das "raças impuras" durante uma expedição ao Império do Brasil.

47　Sobre o papel das ideias racialistas e das políticas destinadas à população liberta após a Guerra Civil, ver: G. M. Fredrickson, op. cit., p. 175-197. Elise Lemire enfatiza a permanência de ideias elaboradas pela ciência racialista durante a Guerra Civil e como elas se mantiveram no Norte após a abolição, como as afirmações sobre o cheiro da população negra, os males da amalgamação e o comportamento animalesco que marcava a sexualidade dos homens negros. Além disso, segundo a autora, havia um forte sentimento de resistência à igualdade racial. Ver: E. Lemire, op. cit., p. 135-143.

48　M. H. P. T. Machado e S. Huber, (T)*Races of Louis Agassiz: Photography, Body and Science, Yesterday and Today/ Rastros e raças de Louis Agassiz: fotografia, corpo e ciência ontem e hoje*. São Paulo: Capacete, 2010, p. 30-33.

49　M. H. P. T. Machado, "Os rastros de Agassiz nas raças do Brasil: a formação da coleção fotográfica brasileira" in: M. H. P. T. Machado e S. Huber, op. cit., p. 34-40. Ver também, na mesma obra, os artigos de: F. S. Gomes, "Agassiz e as 'raças puras' africanas na cidade atlântica", p. 54-62 e J. M. Monteiro, "As mãos manchadas do Sr. Hunnewell", p. 72-78.

50　*Saturday Evening Post*, 4 abr. 1868.

51　E. Foner, *Politics and Ideology in the Age of the Civil War*. Oxford: Oxford University Press, 1980. O conflito dividiu o Sul e o Norte dos Estados Unidos e a escravidão foi a questão motivadora fundamental.

52　Em 1 de janeiro de 1863, entrou em vigor o Ato de Emancipação, assinado pelo então presidente Abraham Lincoln, garantindo a liberdade a quatro milhões de escravizados nos Estados Unidos. (N.E.)

53　E. Lemire, op. cit. p. 117; 138. Ver também o importante artigo: S. Kaplan, "The Miscegenation Issue in the Election of 1864", *The Journal of Negro History*,

v. 34, n. 3, p. 274-343, jul. 1949. Um debate sobre a memória contemporânea do presidente Lincoln como emancipador dos escravizados está disponível em C. W. Evans, "The Lincoln-Obama Moment", in T. J. Brown (ed.), *Remixing the Civil War: Meditations on the Sesquicentennial*. Maryland: The John Hopkins University Press, 2011.

54   Elise Lemire, op. cit., p. 116; G. M. Fredrickson, op. cit., p. 171-174.

55   D. G. Croly e G. Wakeman, *Miscegenation: the Theory of the Blending of Races Applied to the American White Man and Negro*. Nova York: H. Dexter and Hamilton, 1864, p. 8-14. O panfleto foi originalmente publicado em 1863.

56   Elise Lemire, op. cit., p. 115-116.

57   Ibid. A legenda, localizada na parte inferior da imagem, diz: *"The Miscegenation Ball at the Headquarters of the Lincoln Central Campaign Club, Corner of Broadway and Twenty Third Street New York Sept. 22d. 1864 being a perfect fac simile of the room &c. &c. (From the New York World Sept. 23d. 1864). No sooner were the formal proceedings and speeches hurried through with, than the room was cleared for a "negro ball", which then and there took place! Some members of the 'Central Lincoln Club' left the room before the mystical and circling rites of languishing glance and mazy dance commenced. But that Many remained is also true. This fact we certify, 'that on the floor during the progress of the ball were many of the accredited leaders of the Black Republican party, thus testifying their faith by works in the hall and headquarters of their political gathering. There were Republican Office-Holders, and prominent men of various degrees, and at least one Presidential Elector On The Republican Ticket."* Disponível em ‹http://www.loc.gov/pictures/item/2008661682/›. Acesso em: 13 ago. 2023.

58   Uma abordagem histórica sobre as relações entre homens negros e mulheres brancas pode ser encontrada em: M. Hodes, *White Woman, Black Man: Illicit Sex in the 19th Century South*. New Haven; Londres: Yale University Press, 1997.

59   A. A. Santos, *Projeções do "eu" e identidades nas narrativas dos abolicionistas Luiz Gama e Frederick Douglass*, Dissertação de Mestrado. Faculdade de Filosofia, Letras e Ciências Humanas, Universidade de São Paulo, São Paulo, 2014.

60   F. Douglass, *Gazeta da Tarde*, 25 de abril de 1883.

61   J. Hooker, *Theorizing Race in the Americas: Douglass, Sarmiento, Du Bois e Vasconcelos*. Nova York: Oxford University Press, 2017, p. 26.

62   I. K. Nwanko, *Black Cosmopolitanism: Racial Consciousness and Transnational Identity in the Nineteenth-Century Americas*. Filadélfia: University of Pennsylvania Press, 2005, p. 132-133; 145.

63   Ibid. p. 147.

64   F. Douglass, "The Meaning of the July Fourth for the Negro". O discurso na íntegra está disponível em ‹http://www.historyisaweapon.com/defcon1/douglass july4.html›. Acesso em 13 jun. 2013.

65   Idem.

66   G. M. Fredrickson, op. cit., p. 39-41. O autor afirma que os abolicionistas negros, ao acreditarem na força do "negro modelo" como estratégia de convencer

a sociedade da potencialidade e humanidade dos libertos, subestimaram a força do racismo da sociedade norte-americana.

67   Neste texto, não traduzo o termo *nigger* para manter o significado e o valor simbólico do termo nos Estados Unidos. Acredito que traduzir *nigger* para negro deslocaria o contexto e o significado do termo nos Estados Unidos do século XIX.

68   "Frederick Douglass on the War", *The New York Times*, 13 fev. 1862, p. 8.

69   F. Douglass, *The Narrative of Life and Times of Frederick Douglass*. (*1845*). Illinois: Lushena Books, 2000, p. 1-2. [Ed. bras.: A vida e a época de Frederick Douglass escritas por ele mesmo, trad. Rogerio Galindo. São Paulo: Carambaia, 2022.]

70   F. Douglass, *My Boundage and My Freedom, 1855*. Introdução e notas de David Blight. New Haven: Yale University Press, 2014.

71   J. C. Prichard, *The Natural History of Man: Comprising Inquiries into the Modifying Influence of Physical and Moral Agencies on the Different Tribes of the Human Family*. Nova York: H. Baillliere Publisher, 1855.

72   Ibid., p. 19.

73   Os naturalistas alemães Johann Baptist Spix e Carl Fredrich Philipp Martius empreenderam uma longa expedição que resultou no livro *Viagem pelo Brasil* (*1817-1820*). Ed. bras. disponível em <www2.senado.leg.br/bdsf/handle/id/573991>. Acesso em: 25 set. 2023.

74   J. C. Prichard, op. cit., p. 19.

75   F. Douglass, op. cit., p. 43.

76   Ibid., p. 23.

77   Ibid., p. 48-49.

78   Idem.

79   Ibid., p. 50.

80   Ibid., p. 25. O termo "americanos", nesse texto, tal como descrito por Smith, é usado como sinônimo de estadunidense.

81   G. M. Fredrickson, op. cit.

82   J. C. Nott, "Unity of Human Race", *The Southern Quartely Review*, jan. 1846, p. 1. Sobre o assunto, ver: L. C. Brito, *Impressões norte-americanas sobre escravidão, abolição e relações raciais no Brasil escravista*. Tese (Doutorado) – Faculdade de Filosofia, Letras e Ciências Humanas, Universidade de São Paulo, São Paulo, 2014, p. 31-38.

83   As chamadas leis Jim Crow foram promulgadas no fim do século XIX e início do século XX, impondo uma série de medidas de segregação racial.

84   F. Douglass, op. cit., p. 296.

85   Ibid., p. 296-297.

86   J. Hooker, op. cit., p. 26; 38-39.

87   Ibid., p. 39-42; 45-46.

88   Ibid., p. 45.

89   L. Alexander, "The Black Republic: the Influence of Haitian Revolution on Northern Black Political Consciousness, 1816-1862", in M. Jackson e J. Bacon,

African Americans and the Haitian Revolution: Select Essays and Historical Documents. Nova York: Routledge, 2010, p. 57-58.

90 "The Brazilians", *Friend's Review: a Religious, Literary and Miscellaneous Journal*, 28 abr. 1849, p. 509. Grifos da autora.

91 Hutton, *The Early Black Press in America* (*1827 to 1860*), op. cit., p. 166.

92 N. W. Sodré, *História da Imprensa no Brasil*. 4. ed., Rio de Janeiro: Mauad, 1999.

93 A Constituição do Império do Brasil de 1824, no seu Capítulo sexto, Artigo 94, que trata das eleições, proibia que os libertos votassem nas eleições secundárias, que elegiam deputados, senadores e membros dos Conselhos de Província (inciso II). Eles podiam votar nas eleições primárias (Assembléias parochiais), mas desde que tivessem renda líquida anual de 100 mil réis, uma condição imposta a todos os eleitores (Artigo 92, inciso V). Ao que parece, Frederick Douglass desconhecia esta exceção. A Constituição do Império está disponível em <https://www.planalto.gov.br/ccivil_03/constituicao/constituicao24.htm>. Acesso em 2 set. 2023.

94 *The North Star*, 13 jul. 1849.

95 Sobre as teses científicas e suas afirmações sobre o "hibridismo", ver cap. 1.

96 Uma vez que a mistura racial era condenada, as mulheres brancas, sobretudo as pobres, eram o principal alvo das acusações de práticas sexuais com homens negros. Manter relações sexo-afetivas com homens fora do seu grupo racial também atentava contra a dignidade delas. A defesa da descriminalização das relações inter-raciais foi pauta do movimento abolicionista, sobretudo nos escritos da abolicionista Lydia Maria Child que, em 1833, se posicionou em defesa dos casamentos de pessoas negras e brancas. Sobre isto ver: M. Hodes, *The Sea Captain's Wife*, op. cit., p. 182-184. Sobre como o movimento abolicionista reverteu o discurso das causas da amalgamação acusando os senhores de escravos sulistas de cometerem tal prática por meio de violência racial dirigida às suas escravizadas, ver: R. G. Walters, "The Erotic South: Civilization and Sexuality in the American Abolitionism", *American Quartely*, v. 25, n. 2, p. 177- 201, maio 1973.

97 E. Lemire, op. cit., cap. 3.

98 G. M. Fredrickson, op. cit., p. 48-49.

99 Ibid., p. 20.

100 Elise Lemire, op. cit., p. 57.

101 O episódio é narrado por David Blight em *Frederick Douglass: Prophet of freedom*. Nova York: Simon and Schuster, 2018, p. 204.

102 D. Blight, op. cit., p. 204-205.

103 Essa frase de Frederick Douglass é citada em: J. W. Johnson, *Along this Way*. Nova York: 1933, p. 61.

104 "The Brazilians", *Friend's Review: a Religious, Literary and Miscellaneous Journal*, 28 abr. 1849, p. 509.

105 F. Douglass, op. cit., p. 278.

106 T. Holt, *Children of Fire: a History of African-Americans*, Nova York: Hill and Wang, 2010.

107 "The Frederick Douglass Paper", 19 fev. 1852, *The National Era*, jan. 1852.

108 Idem.

109 Idem.

110 Idem.

111 "Cuba", *Frederick Douglass, Paper*, 24 mar. de 1854.

112 M. H. P. T. Machado, *Raça, Ciência e Viagem no Século XIX*. São Paulo: Intermeios, 2018, p. 27-33.

113 D. Blight, op. cit., p. 277.

114 J. W. Blassingame (ed.), *The Frederick Douglass, Papers. Series One: Speeches, Debates and Interviews*, v. 3. New Haven; Londres: Yale University Press, 1985, p. 208-212.

115 J. W. Blassingame, op. cit., p. 211-212.

116 D. P. Kidder e J. C. Fletcher, *Brazil and the Brazilians, Portrayed in Historical and Descriptive Sketches*. Filadélfia: Childs and Peterson, 1857; T. Ewbank, *Life in Brazil; or, a Journal of a Visit to the Land of the Cocoa and the Palm*. Nova York: Harper and Brothers, 1856.

117 Ao que tudo indica, o uso da obra *Brazil and the Brazilians* foi muito comum na imprensa abolicionista. O mesmo trecho no qual Paula Brito é mencionado também é encontrado no jornal *The National Era* de 6 de agosto de 1857.

118 Discurso de Frederick Douglass apud J. W. Blassingame, op. cit., p. 212.

119 Sobre como a experiência do cativeiro, o tráfico e a ancestralidade africana reforçaram um sentimento de identidade entre as comunidades negras atlânticas, ver: T. Holt, "Slavery and Freedom in the Atlantic World: Reflections on the Diasporan Framework", in D. C. Hine e J. McLeaod (ed.), *Crossing Boundaries: Comparative History of Black People in Diaspora*. Bloomington; Indianapolis: Indiana University Press, 2000.

120 "Slavery in Brazil: The Past and the Future", *De Bow's Review*, abr. 1860, p. 478.

121 Ibid., p. 479.

122 De acordo com o Webster Dictionary (1828), o termo *mongrel* é definido como *"of mixed breed, of different kinds, animal of mixed breed"*. A palavra é associada a *mingle*, que, de acordo com o mesmo dicionário, quer dizer "mistura" e "promiscuidade".

123 "The Question of Amalgamation", *Douglass'Monthly*, dez. 1860.

124 Idem.

125 Idem.

126 G. Horne, *O Sul mais distante: os Estados Unidos, o Brasil e o tráfico de escravos africanos*. São Paulo: Companhia das Letras, 2010, p. 155-183; 251.

127 N. V. Luz, *A Amazônia para os negros americanos: origens de uma controvérsia internacional*. Rio de Janeiro: Saga, 1968. Ver também: M. H. P. T. Machado(ed.), *Brazil through the Eyes of William James: Letters, Diaries, and Drawings, 1865-1866*. Harvard, MA: Harvard University Press, 2006.

128 Além de G. Horne, op. cit., cap. 9, ver: M. C. C. Sampaio, *Fronteiras negras ao Sul: a proposta dos Estados Unidos de colonizar a Amazônia brasileira com afrodescendentes norte-americanos na década de 1860*. Dissertação de Mestrado

(História Social). Faculdade de Filosofia Letras e Ciências Humanas, Universidade de São Paulo, São Paulo, 2008, p. 9-34.

129 R. Levine (ed.), *Martin Delany: a Documentary Reader*. Carolina do Norte: The University of North Carolina Press, 2003, p. 245-279. Esses trechos fazem parte de um discurso de Martin Delany proferido durante a Convenção Nacional de Imigração das Pessoas de Cor na cidade de Cleveland-Ohio, em agosto de 1854.

130 E. Burin, *Slavery and the Peculiar Solution: A History Of The American Colonization Society*, 2005, p. 6-36.

131 *The Washington Post*, 30 maio 1877.

132 *Douglass Monthly*, out. 1862.

133 Idem.

134 Idem.

135 "Should the Negro Stay?", *The Washington Post*, 5 maio 1888.

3   Os usos da ciência em tempos de guerra e de liberdade: a construção do imaginário sobre o Brasil no pós-Guerra Civil

1 P. Finkelman, "The Significance and Persistence of Pro-Slavery Thought", in, S. Mintz; J. Stauffer (eds.), *The Problem of Evil: Slavery, Freedom and the Ambiguities of American Reform*. Massachusetts: University of Massachusetts Press, 2007, p. 95-114.

2 R. B. Marquese, *Feitores do corpo, missionários da mente: senhores, letrados e o controle de escravos nas Américas, 1660-1860*. São Paulo: Companhia das Letras, 2004, p. 337-376.

3 A respeito da Escola Americana e sobre como escravistas e abolicionistas apropriaram-se dela e responderam às suas teses, ver cap. 1.

4 R. F. Retamar, "Caliban: Notes Toward a Discussion of Culture in our America", in *Caliban and Other Essays*, trad. Edward Baker. Minneapolis: University of Minnesota Press, 1989, p. 3-45. O artigo traz uma crítica ao colonialismo, promovendo um debate sobre as peculiaridades das nações caribenhas e latino-americanas em relação aos Estados Unidos. Tomando como metáfora a obra *A tempestade*, de William Shakespeare, a América do Norte é representada como o colonizador Próspero; e as nações centrais e sul-americanas, como Caliban, o morador original da terra ocupada por Próspero, que o escraviza e lhe impõe sua língua. A releitura da obra de Shakespeare feita por Retamar é uma alusão ao imperialismo norte-americano, e o tema da mistura racial aparece como ponto central de diferença entre as nações do Norte e Sul, sendo também utilizada pelos norte-americanos como indicativo de inferioridade de latinos e caribenhos.

5   "Slavery: its Constitutional Status and its Influence on Society and the Colored Race", *De Bow's Review: Agricultural, Comercial, Industrial Progress and Resources*, Nova Orleans, maio 1856, p. 581.

6   S. G. Fisher, *The Laws of Race, as Connected with Slavery*. Filadélfia: Willis P. Hazard, 724, Chestnut Street, 1860, p. 7-8.

7   E. Ruffin, "Consequences of Abolition Agitation", *De Bow's Review*, dez. 1857, p. 596.

8   S. G. Fisher, op. cit., p. 7-8.

9   Ibid., p. 9-10.

10   Ibid., p. 11.

11   S. J. Gould, *The Mismeasure of Man*. Nova York: W. W. Norton & Company, 1996. p. 26-28.

12   A autora refere-se à Declaração da Independência dos Estados Unidos, que foi redigida principalmente por Thomas Jefferson, com contribuições e revisões por parte de outros membros do Comitê dos Cinco, incluindo John Adams, Benjamin Franklin, Roger Sherman e Robert R. Livingston. Thomas Jefferson é frequentemente creditado como o principal autor do documento por sua contribuição significativa para o texto. (N.E.)

13   S. G. Fisher, op. cit., p. 13.

14   G. M. Fredrickson, *The Black Image in the White Mind: the Debate on Afro-american Character and Destiny, 1817-1914*. Nova York: Harper and Row Publishers, 1971, p. 101-105; 169-170.

15   S. G. Fisher, op. cit., p. 43-45.

16   E. B. Rugemer, *The Problem of Emancipation: the Caribbean Roots of the American Civil War*. Baton Rouge: Louisiana State University Press, 2008, p. 157-168.

17   "Equality of the Races, Haitian and British Experiments: the Dogma of the Natural Mental Equality of the Black and White Races Considered", *De Bow's Review*, p. 27, jul. 1858.

18   Rugemer, op. cit., p. 189-221. Na obra, o autor afirma que os abolicionistas norte-americanos também buscavam exemplos fora das fronteiras nacionais, a fim de fortalecer o argumento em favor da liberdade, como é o caso da abolição no Caribe, também amplamente noticiada na imprensa abolicionista, o que evidencia o alcance transnacional desse movimento. Ver Introdução, p. 1-14.

19   "Free negroes in Haiti", *De Bow's Review*, nov. 1859, p. 526.

20   "The free negro rule: free negroes in Trinidad, British Guiana, the French Colonies, the Danish Colonies, the Mauritius, Peru, Cuba, México, Nova-Scotia, Canadá, Panamá, London, Sierra Leone and Libéria", *De Bow's Review*, abr. 1860, p. 440.

21   Idem.

22   "What is to be Done with the Negroes and what with the Abolitionists?", *The New York Herald*, ago. 1862.

23   J. M. McPherson, *The Struggle for Equality: Abolitionists and the Negro in the Civil War and Reconstruction*. Nova Jersey: Princeton University Press, 1964, p. 134-135.

24 "The Divine Legation of Thomas Jefferson: Are All Men Created Free? Are All Men Created White?", *De Bow's Review*, p. 521, maio/jun. 1861.

25 O artigo "The African Character", onde essas ideias foram publicadas, foi reproduzido no jornal *The Christian Recorder*, órgão da imprensa negra abolicionista, em 30 de agosto de 1862. Foi originalmente publicado no jornal *Presbyterian Quartely Review* e pode ser considerado um exemplo da tendência daqueles que, embora defendessem a abolição, compartilhavam com os escravistas as crenças na inferioridade dos africanos e seus descendentes.

26 Sobre as impressões de abolicionistas brancos do Norte de que a raça negra tinha características "femininas", uma leitura romantizada e de tutela sobre o comportamento dos afro-americanos, ver: M. H. P. T. Machado, *Brasil a vapor: raça, ciência e viagem no século XIX*. Tese (Livre-docência). Departamento de História, Universidade de São Paulo, São Paulo, 2005, p. 41.

27 J. M. McPherson, op. cit., p. 192-220; I. Berlin e B. Fields *et al. Free at Least: a Documentary History of Slavery, Freedom, and the Civil War*. Nova Jersey: The Blue & Grey Press, 1997, p. 435-436. Sobre as relações entre soldados negros e brancos nos batalhões da União e as ambiguidades que combinavam as tendências abolicionistas de alguns deles com as desigualdades raciais mantidas nesse convívio, ver: M. H. P. T. Machado, op. cit., p. 39-40.

28 M. Bay, *The White Image in the Black Mind: African-American Ideas about White People, 1830-1925*. Nova York; Oxford: Oxford University Press, 2000, p. 38-74. A autora oferece um excelente apanhado da produção intelectual dos abolicionistas negros para questionar as teses científicas dos anos 1840 e 1850 que seguiam tendências poligenistas ou monogenistas. Esses abolicionistas, segundo Bay, foram responsáveis pela produção de uma "etnologia negra", que fazia sua própria leitura das diferenças raciais, da origem de negros e brancos e das capacidades intelectuais dos libertos, além de ora rejeitar, ora significar mitos impostos pela ciência da época, como aquele que atribuía características femininas à "raça africana". Sobre os usos das teses do cientista alemão Fredrick Tiedemann pelos abolicionistas negros, ver o cap. 2.

29 Ver: J. M. McPherson, op. cit., p. 204-211; 219-220.

30 Ainda neste capítulo, vimos como o Haiti e, sobretudo, Toussaint Louverture foram citados pelos abolicionistas negros como exemplo de bravura, coragem e masculinidade, características atestadas em episódios nos quais homens negros participaram de exércitos. O exemplo militar de "negros e mulatos" brasileiros como "mais distintos oficiais do exército" também foi amplamente citado, o que vimos no cap. 2. A citação sobre a participação de afro-brasileiros nas Forças Armadas está no jornal *The Colored American*, 5 set. 1840.

31 "Frederick Douglass on the War", *The New York Times*, fev. 1862, p. 8.

32 Idem.

33 Idem.

34 "The Monopoly of the Negro". *Douglass' Monthly*, jan. 1863. O artigo foi originalmente publicado no jornal *The Tribune*.

35 "Frederick Douglass on the War", op. cit.

36   F. Douglass, "The Present and the Future of the Colored Race in America", *Douglass' Monthly*. Discurso proferido na Igreja dos Puritanos, em Nova York, em junho de 1863. Sobre aquele momento de disputa pela igualdade racial e a maneira como a abolição no Sul dos Estados Unidos se refletiu nos debates sobre igualdade e na agenda abolicionista pela cidadania, ver: J. M. McPherson, op. cit., p. 221-237. O autor informa que, em 1860, a população negra tinha direito de voto em todos os estados, exceto em Connecticut. Mesmo assim, no Norte, os libertos eram vítimas de políticas severas de segregação, ancoradas na lei ou no costume, que lhes impunham discriminação em espaços públicos e privados e no mercado de trabalho. Somente em 1870, com a 15ª Emenda, os afro-americanos tiveram o direito de voto garantido.

37   M. Bay, op. cit., p. 75-111.

38   E. Foner, *Politics and Ideology in the Age of the Civil War*. Oxford: Oxford University Press, 1980, p. 41-43.

39   M. I. Dove, "On the Importance of Education", *The Christian Recorder*, 1 mar. 1862.

40   A expressão *"poor white trash"* era utilizada para se referir a brancos pobres com grau de instrução baixo.

41   "The Self-Educated Negro", *Friend's Inteligencer*, 23 abr. 1864.

42   J. L. P., "Colored Talent and eloquence", *The Liberator*, Boston, 29 jan. 1864.

43   Sobre o papel da imprensa negra abolicionista como importante instrumento de articulação da comunidade negra liberta, ver cap. 2.

44   Rev. B. W. Roberts, "Bishop Pierce's Attack upon the Colored people of the United States", *The Christian Recorder*, 23 ago. 1883.

45   Idem.

46   "Miscegenation at the North", *The Charleston Mercury*, 12 abr. 1864. A referida matéria foi publicada no *The New York Times*, em 26 de março de 1864, sob o título "What are We Coming To, and When Shall We Reach It".

47   E. Lemire, *"Miscegenation": Making Race in America*. Filadélfia: University of Pennsylvania Press, 2002, p. 84-97.

48   "Disgusting Case: a White Girl Elopes with a Negro", *Memphis Daily Appeal*, Memphis, 11 jan. 1859. As notícias sobre filhas de abolicionistas que se casaram com homens negros e a promoção de relações inter-raciais entre os militantes eram mais uma fantasia dos escravistas do que fatos.

49   M. Hodes, *White Woman, Black Man: Illicit Sex in the 19th Century South*. New Haven; Londres: Yale University Press, 1997 p. 1-32.

50   G. M. Fredrickson, op. cit., p. 159-174.

51   A. McClintock, *Imperial Leather: Race, Gender and Sexuality in the Colonial Contest*. Routledge: Nova York; Londres, 1995, p. 23-24; 46-48.

52   J. R. H., "Slavery in Brazil: the Past and the Future", *De Bow's Review*, 1860, p. 478. A matéria original foi publicada no jornal *Charleston Mercury*.

53   Ideia de que os Estados Unidos são uma nação de homens brancos descendentes de europeus, sobretudo ingleses. Servia aos interesses dos "fundadores da nação" excluir negros e indígenas do projeto nacional. Assim, somente homens brancos teriam direito à liberdade e cidadania e seriam, portanto, os cidadãos legítimos.

54 Sobre o temor causado pela miscigenação no pós-escravidão nos Estados Unidos, ver: E. Lemire, op. cit., p. 120-125. Sobre a ideia de degeneração da América Latina devido à mistura racial, ver: R. Horsman, *Race and Manifest Destiny: the Origins of American Racial Anglo-Saxionism*. Cambridge, Massachusetts: Harvard University Press, 1981, p. 273-281.

55 "The Negro in America", *The Old Guard*, 4 dez. 1866.

56 F. Douglass, op. cit.

57 "The Colored Creole", *Circular*, 14 nov. 1861.

58 Idem.

59 Idem.

60 G. M. Fredrickson, op. cit., p. 172-173; "Amalgamation advocated", *The Daily Picayune*, 14 jun. 1863.

61 "The Mixed Human Races", *Appleton's Journal of Literature, Science and Art*, 3 dez. 1870. O próprio título, ao se referir às raças mistas como humanas, já se posiciona contrariamente às ideias baseadas nas teses de Josiah Nott de que os indivíduos mestiços eram híbridos, frutos da mistura de raças distintas.

62 "Emancipation in Brazil", *New York Evangelist*, 26 out. 1871, p. 6. A ideia de incorporação dos negros à sociedade por meio da mistura racial, que levaria ao embranquecimento da população, também foi criada nos Estados Unidos. No entanto, ao contrário da América Latina, não foi incorporada ao projeto nacional. De acordo com Fredrickson, nos Estados Unidos, o anseio pela homogeneidade se refletiria dramaticamente nos projetos de remoção ou eliminação da população afro-americana. Ver: G. M. Fredrickson, op. cit., p. 131.

63 Espaços reservados nos Estados Unidos para onde seria levada a população afro-americana liberta.

64 M. Rogers, *Delia's Tears: Race, Science, and Photography in the Nineteenth-Century America*. New Haven; Londres: Yale University Press, 2010, p. 278-279.

65 A. McClintock, p. 4-14.

66 Como vimos no capítulo anterior, no intuito de comprovar suas teses e prover a sociedade norte-americana com um exemplo dos resultados efetivos e negativos da mistura racial, Louis Agassiz rumou para o Brasil, entre os anos de 1865-1866, portanto, após a Guerra Civil e a abolição, em uma expedição científica que visava investigar as raças puras (africanas) e as raças mistas, os ditos mestiços e "mulatos brasileiros". Sobre isso, ver: M. Rogers, op. cit., p. 280-281; M. H. P. T. Machado e S. Huber, (*T*)*Races of Louis Agassiz: Photography, Body and Science, Yesterday and Today/ Rastros e raças de Louis Agassiz: fotografia, corpo e ciência ontem e hoje*. São Paulo: Capacete, 2010, p. 30-36.

67 Aqui, propositalmente, as palavras "africanas" e puras concordam com "mulheres" e estão sendo empregadas para se referir à nacionalidade de mulheres e homens.

68 "Mixture of races", *The New York Observer and Chronicle*, 20 fev. 1868. Na obra *A Journey in Brazil*, publicada em 1868, Louis Agassiz registrou suas conclusões sobre a população brasileira e os efeitos da mistura racial nesse país.

69 Ver nota 122, cap. 2, p. 285.

70 "Mixture of races", op. cit.

71 "Mixture of races", *Georgia Weekly Telegraph*, set. 1868.

72 "Effects of the mixture of races", *Medical News*, set. 1870.

73 Idem.

74 J. Codman, "Brazil and her Emperor", *The Galaxy: A Magazine of Entertaining Reading*, jun. 1876.

75 C. A. Gardiner, "The Future of the Negro", *The North American Review*, jul. 1884.

76 Sobre a pesquisa, ver: S. B. Hunt. "The Negro as a Soldier", *Anthropological Review*, v. 7, n. 24, jan. 1869, p. 40-54.

77 C. A. Gardiner, op. cit.

78 Idem.

79 Retomando o conceito apresentado na página 48, *passing* se refere aos mestiços com a possibilidade de se passassem por brancos pela tonalidade da pele, nacionalidade, status econômico e social. (N.E.)

80 J. Williamson, *New People: Miscegenation and Mulattoes in the United States*. Nova York: The Free Press, 1980, p. 61-66; 73.

81 *Frederick Douglass on the War*, op. cit. A população branca julgava estar atenta aos homens e mulheres que tentavam se passar por brancos para fugirem do cativeiro ou serem inseridos no mundo dos brancos. Muitos eram orgulhosos da sua suposta habilidade em identificar um negro, porém, isso era impossível em muitos casos, sobretudo em lugares como o estado da Louisiana. Ver: J. Williamson, op. cit., p. 98; p. 103. Entre as décadas de 1850 e 1860, quando não ser negro poderia significar a garantia de prerrogativas legais que poderiam conferir a alguém um lugar social melhor do que aquele ocupado pelos negros, ser indígena ou, simplesmente, não ter sangue negro foi algo mobilizado legalmente e socialmente por muitos homens e mulheres. Sobre isso, ver: A. Gross, "Litigating Whiteness: Trials of Racial Determinations in the Nineteenth Century South", *The Yale Law Journal*, v. 108, n. 1, out. 1998, p. 158-159.

82 Sobre o uso de brechas e o lugar ambíguo de alguns indivíduos na sociedade norte-americana nos anos anteriores e posteriores à Guerra Civil, ver: J. B. Bradley e K. A. Leslie, "White Pain Polen: an Elite Birracial Daughter's Quandary", in M. Hodes (ed.), *Sex, Love and Race*, op. cit.

83 "Amalgamated Man [pseudônimo]", *Cincinnati Daily Gazette*, 23 ago. 1870.

84 Em sua detalhada obra sobre os indivíduos chamados "mulatos", Williamson faz uma tentativa de entender o impacto social e psicológico da experiência desses homens e mulheres que ocupavam uma condição ambígua devido à cor da sua pele e à sua origem. Para o autor, a experiência dos mestiços era marcada por dor, stress e ansiedade de descoberta, no caso daqueles que se passavam por brancos. O autor também fala, de forma breve, sobre como isso marcava a identidade desses homens e mulheres na sociedade escravista norte-americana, antes de serem completamente empurrados para e, finalmente, se identificarem com a comunidade negra. J. Williamson, *New People: Miscegenation and Mulattoes in the United States*. Nova York: The Free Press, 1980.

85 "Amalgamated Man [pseudônimo]", op. cit.

86 A. Gross, op. cit., p. 109-188. Williamson afirma que, depois da Guerra Civil, as elites negras, inclusive aqueles que antes ocupavam um lugar intermediário na sociedade, aproximaram-se da população recém-liberta exigindo direitos para todos e foram, cada vez mais, formando um só grupo racial. Assim, durante o período conhecido como Reconstrução, era impossível definir quem era negro e quem era branco no país, sobretudo na região. Porém, uma vez que o impostor negro que se passava por branco era descoberto, era imediatamente expurgado da comunidade branca. Ver: J. Williamson, op. cit., p. 77; 98.

87 "Amalgamated Man [pseudônimo]", op. cit.; J. Williamson, op. cit., p. 76-77.

88 "A continental race", *The Christian Recorder*, Nashville, 28 out. 1886. Autor anônimo.

89 J. Reade, "The Intermingling of Races", *The Popular Science Monthly*, 1 jan. 1887.

90 Idem. Segundo McClintock, a conquista sobre a terra e os povos nativos também se expressa por meio das relações sexo-afetivas, nas suas dimensões de gênero, raça e classe. No caso das indígenas de olhos azuis e perfeitamente aculturadas à sociedade americana, podemos perceber que essa é a própria metáfora do sucesso da conquista do homem branco sobre a terra virgem (fêmea), que cede ao seu poder diante da alternativa da civilização. Para a autora, isso representa a dominação masculina branca sobre os trópicos e os povos nativos. A. McClintock, op. cit., p. 1-14; 23-24.

91 Idem.

92 G. Nash, "The Hidden History of Mestizo America", in M. Hodes (ed.), *Sex, Love and Race*, op. cit.; G. M. Fredrickson, op. cit., p. 130-132.

93 Essas ideias estão muito bem fundamentadas em: E. L. Esplin, *Racial Mixture and Civil War: the Histories of the U. S. South and Mexico in the novels of William Faulkner and Carlos Fuentes*. Tese (Doutorado), Michigan State University. 2008, cap. 2. Ver também: J. Sexton, *Amalgamation Schemes: Antiblackness and the Critique of Multiculturalism*, Minneapolis; Londres: University of Minnesota Press, 2008, introdução.

94 J. Williamson, op. cit., p. 103-106.

95 R. Johnson e J. H. Brown (ed.), *The Twentieth Century Biographical Dictionary of Notable Americans*. Boston: The Biographical Society, 1904. v. 9.

96 J. Redpath, "Milder Type of Slavery in Brazil", *New York Tribune*, Nova York, 31 mar. 1866.

97 Idem. Redpath comparava as províncias brasileiras com as regiões escravistas dos Estados Unidos para apontar que algumas tinham a reputação de ser mais duras do que outras para os escravizados, fosse pela crueldade dos senhores ou pelas condições de trabalho. Nesse caso, ele afirmou que, no Brasil, o Maranhão e, nos Estados Unidos, o estado da Louisiana eram locais evitados por homens e mulheres escravizadas.

98 Idem.

99 Idem.

100 F. Y. Carpenter, *Round about Rio*, Chicago: Jansen & McClurg Company, 1884.

101 F. Y. Carpenter, "Race in Brazil", *Lippincott's Magazine of Popular Literature and Science*, jan. 1881.

102 Idem.

103 *Aída* é uma ópera composta por Giuseppe Verdi e Antonio Ghislanzoni, que estreou no Cairo em 24 de dezembro de 1871. A obra foi apresentada pela primeira vez no Brasil em 30 de junho de 1886, no Teatro Lírico Fluminense, no Rio de Janeiro.

104 F. Y. Carpenter, op. cit.

105 D. R. Paulin, *Imperfect Unions: Staging Miscegenation in U.S.; Drama and Fiction.* Minneapolis: University of Minnesota Press, 2012, p. 3-5; J. Stern, "Spanish masquerade and the drama of racial identity in Uncle Tom's Cabin", in Elaine Ginsberg (ed.), *Passing and the Fictions of Identity*. Durham: Duke University Press, 1996, p. 174-175.

106 D. R. Paulin, op. cit., p. 8-9; 37; J. Stern, op. cit; J. Kinney, *Amalgamation! Race, Sex, and the Rethoric in the Nineteenth-Century American Novel.* Praeger: 1985, p. 106-109. Alguns importantes romances lançados antes e após a Guerra Civil que abordam a questão do *passing* e do *tragic mulatto* são: *The Quadroons*, de Lidia Maria Child (1842); *Clotel* e *The Mulatto*, de William Wells Brown (1853); *Uncle Tom's Cabin* (1854), de Harriet B. Stowe; *The Octorrom, or Life in Louisiana*, de William Wells Brown (1859); e *The Curse of Caste, or the Slave Bride*, primeiro romance escrito por uma mulher afro-americana, Julia C. Collins (1865). No pós-guerra, importantes referências são a peça *The White Slave*, de Bartley Campbell (1882) e o romance *An Imperative Duty*, de William Dean Howells (1891). No século XX, podemos citar: *Passing*, de Nella Larsen (1929), e as importantes obras do autor William Faulkner, como *Light in August* (1932) e *Absalom, Absalom!* (1936).

107 *The New American Dictionary of the English Language.* Nova York: World Manufacturing CO, 1882. Disponível em: https://archive.org/stream/newamerican dicti00newyiala#page/84/mode/2up. Acesso em: 12 nov. 2013.

108 "A Creole Beauty: the Scion of an English Family Narrowly Escapes Miscegenation", *The State*, Columbia, Carolina do Sul, 1892. Sobre as impressões acerca dos "latinos" no imaginário sulista, ver: J. Williamson, op. cit., p. 91-97; 103.

109 Idem. Na verdade, a investigação promovida pela mãe do noivo reflete a importância da origem como marcador de classe, mas, também, como garantia da ancestralidade racial e de sua importância na sociedade sulista, consciente dos "riscos" da "contaminação" pelo sangue negro. Isso também aponta a popularidade das ideias científicas da Escola Americana de Etnologia e suas teses sobre os males da mistura racial.

110 C. Hiraldo, *Segregated Miscegenation: on the Treatment of Racial Hybridity in the U.S. and Latin American Literacy Traditions.* Nova York; Londres: Routledge, 2003, p. 51-61. O autor discute como as personagens que praticam *passing* são bem-sucedidas na ficção latino-americana, o que dialoga com os projetos nacionais de branqueamento da população por meio da mistura racial. Já nos Estados

Unidos, mesmo as personagens de pele clara não obtêm êxito nas suas tentativas de se inserirem na sociedade branca e acabam sendo desmascaradas no final da trama.

4 O medo do "despotismo africano": relações raciais no Sul pós-abolição e emigração confederada para o Brasil

1   E. Foner, *Politics and Ideology in the Age of the Civil War*. Oxford: Oxford University Press, 1980 p. 34-53.

2   E. Foner, *Nada além da liberdade: a emancipação e seu legado*. Rio de Janeiro: Paz e Terra, 1998.

3   C. Manning, *What This Cruel War Was Over: Soldiers, Slavery, and the Civil War*. Nova York: Random House, 2007, p. 4-38.

4   J. M. Gaston, *A Pathfinder of Yesterday: James McFadden Gaston: Patriot, Explorer, Scientist* (1868-1946), p. 25, folder 18-20. *Coleção James McFadden Gaston Papers 1852-1946*, The Southern Historical Collection-University of North Carolina, p. 25. Essa obra, organizada pelo filho de James McFadden Gaston, é uma coletânea de textos e cartas escritos pelo seu pai, contendo alguns comentários do filho sobre sua vida no Brasil.

5   S. Hahn, *The Political Words of Slavery and Freedom*. Cambridge e Londres: Harvard University Press, 2009.

6   Restauração (1865-1877) foi o período que se seguiu à Guerra de Secessão, em que os antigos estados que haviam se separado foram gradualmente se reunindo, e quando teve início o processo de integração dos ex-escravizados à sociedade estadunidense. (N.E.)

7   Carta de Julia Schwartz para George Barnsley, dez. 1874. *George Scarborough Barnsley Papers, 1837-1918*, Southern Historical Collection, Davis Library, University of North Carolina, Chapel Hill.

8   Carta de James Peter Baltzell para George Barnsley, 1866.

9   Carta de James Peter Baltzell para George Barnsley, 17 jul. 1866, op. cit.

10   E. Foner, *A Short History of Reconstruction, 1863-1877*. Nova York: Harper & Row Publishers, 1990, p. 35-54.

11   Carta de Robert Augustus Toombs para John Cabell Breckinridge, 30 abr. 1867. *Hargrett Manuscripts*, University of Georgia Libraries.

12   G. M. Fredrickson, *The Arrogance of Race: Historical Perspectives on Slavery, Racism and Social Inequality*. Hanover, NH: Wesleyan University Press, 1988, p. 17-34.

13   Carta de Robert Augustus Toombs para John Cabell Breckinridge, 30 abr. 1867, op. cit.

14   G. Horne, *O Sul mais distante: os Estados Unidos, o Brasil e o tráfico de escravos africanos*. São Paulo: Companhia das Letras, 2010, p. 287-288.

15   Carta de Robert Augustus Toombs para John Cabell Breckinridge, 30 abr. 1867, op. cit.

16   P. Finkelman, "The Significance and Persistence of Pro-Slavery Thought", in S. Mintz e J. Stauffer (eds.). *The Problem of Evil: Slavery, Freedom and the Ambiguities of American Reform*. Massachusetts: University of Massachusetts Press, 2007, p. 95-114. C. Manning, op. cit., p. 6-12; 29-32.

17   B. A. Oliveira, *Movimento de passageiros norte-americanos no Porto do Rio de Janeiro, 1865-1890: uma contribuição para a história da imigração norte-americana no Brasil*, Rio de Janeiro: Edição da Autora, 1981. A obra é um rico levantamento dos confederados que desembarcaram no Brasil, com ênfase nos anos de 1865 até 1867, quando a imigração foi mais intensa. Podemos perceber que os únicos nomes mencionados eram os dos homens responsáveis por trazer grupos de imigrantes, descritos pela quantidade, sem menção de nomes. Raramente é mencionado o nome das esposas e filhos quando a família chegava junta ao Brasil. Mulheres tinham nomes citados quando viajavam sem a companhia dos pais, maridos ou irmãos. Algumas famílias de confederados mais abastados também chegaram ao Brasil acompanhados de pessoas citadas como "escravas" ou "servas". Estas também não têm nomes mencionados. Assim, podemos perceber uma diversidade de classe, gênero e até mesmo racial entre os desembarcados, o que é percebido pelo silêncio sobre o nome da maioria deles. Sobre a diversidade entre os imigrantes, ver: C. B. Dawsey e J. M. Dawsey, *The Confederados: Old South Immigrants in Brazil*. Alabama: The University of Alabama Press, 1995, p. 70-73; 106.

18   A. F. Rolle, *The Lost Cause: the Confederate Exodus to Mexico*. Norman; Londres: University of Oklahoma Press, 1992, p. 9. Sobre a escolha da América Latina e a crença de que os nativos desses países eram incapazes de desenvolver a região, ver C. B. Dawsey e J. M. Dawsey, op. cit., p. 13-14; 33.

19   Sobre o número de confederados no Brasil, ver: E. C. Harter, *The Lost Colony of the Confederacy*. Estados Unidos: Texas A&M University Press, 2000, p. 12. A referência completa do documento citado é: Carta de Harris Gunter para William Gunter. Rio de Janeiro, 20 dez. 1866. *Gunter and Poellnitz Family Papers*, op. cit.

20   G. Horne, op. cit., p. 235.

21   Ibid., p. 298-303.

22   O trecho do jornal é citado em J. M. Gaston, *Hunting a Home in Brazil: the Agricultural Sources and other Characteristics of the Country and also the Manners and Customs of the Inhabitants*. Philadelphia: King and Baird Printers, 1867, p. 60.

23   W. C. Griggs, *The Elusive Eden: Frank McMullan's Confederate Colony in Brazil*. Austin, Texas: University of Texas Press, 1987, p. 15-17. Cyrus B. Dawsey e James M. Dawsey afirmam que a população imigrante era composta de médicos, dentistas, maquinistas, artesãos e trabalhadores em geral (ver C. B. Dawsey e J. M. Dawsey, op. cit., p. 17).

24   E. C. Harter, op. cit., p. 31.

25   C. B. Dawsey e J. M. Dawsey, op. cit., p. 66-68. Eugene Harter afirma que a decisão de imigrar estava relacionada a uma necessidade instintiva de "proteger os valores do Sul". Além disso, leituras sobre o Brasil que já circulavam no Sul dos Estados Unidos contribuíram para que o país tivesse "um lugar no coração dos confederados". Mais adiante, o autor reconhece que a escravidão era um grande atrativo para muitos imigrantes. E. C. Harter, op. cit., p. 21.

26   J. M. Gaston, op. cit., p. 3-9.

27   Ibid., p. 9-11.

28   Ibid., p. 9. A Associação entre corpo feminino negro, nudez e terras bárbaras ou incivilizadas, aqui mencionadas por Gaston a partir do "Jardim do Éden", que é comparado com o Brasil na narrativa, são mais bem discutidas no cap. 1. Sobre o exotismo que marcava a imagem do Brasil entre os sulistas, ver: W. C. Griggs, op. cit. p. 2-4.

29   Carta de Charles Gunter para William Gunter, Rio de Janeiro, 21 dez. 1865. *Gunter and Poellnitz Family Papers*, op. cit.

30   Charles Gunter para William Gunter, Rio de Janeiro, 21 ago. 1865.

31   Carta de Henry Gunter para William Gunter, Rio de Janeiro, 24 ago. 1865.

32   M. P. Guterl, *American Mediterranean: Southern Slaveholders in the Age of Emancipation, Cambridge*. Londres: Harvard University Press, 2008, p. 1-10.

33   Ibid., p. 20-22. Na mesma obra, há referências sobre as razões que faziam do Brasil uma possibilidade interessante para os sulistas, ver: p. 36; 79-82. Também ver o importante estudo de G. Horne, op. cit., p. 293-299. Após a Guerra Civil, o ambiente em Cuba se tornou igualmente tenso para os escravistas na região. Influenciados pelas notícias da abolição nos Estados Unidos, homens e mulheres negros também começaram a empreender revoltas que tinham por objetivo estabelecer o fim do cativeiro na ilha. Tal cenário pode ter feito do país uma possibilidade pouco atrativa para os confederados, que buscavam deixar o Sul. Sobre as conspirações negras em Cuba após a Guerra Civil nos Estados Unidos, ver: I. M. Mata, *Conspirações da "raça de cor": escravidão, liberdade e tensões raciais em Santiago de Cuba (1864-1881)*. Tese (Doutorado em História). Instituto de Filosofia e Ciências Humanas, Universidade Estadual de Campinas (Unicamp), Campinas, 2012, p. 63-98.

34   G. Horne, op. cit., p. 295.

35   J. M. Gaston, op. cit., p. 33; 42.

36   *Coleção James McFadden Gaston Papers 1852-1946*, op. cit., microfilme, rolo 1, p. 65. A matéria também está disponível no jornal *De Bow's Review*, jul. 1866, p. 30-38.

37   Sobre essas descrições do Brasil feitas por cientistas e viajantes, ver cap. 1.

38   *Coleção James McFadden Gaston Papers 1852-1946*, op. cit., microfilme, rolo 1, p. 64.

39   E. C. Harter, op. cit., p. 13-20.

40   G. Horne, op. cit., p. 300-301.

41 W. C. Griggs, op. cit. p. 36-37.

42 *The Louisville Daily Journal*, 27 nov. 1865.

43 Carta de J. Marshall McCue para Cyrus H. McCormick, 11 abr. 1867. *J. Marshall McCue Papers*, Southern Historical Collection, University of North Carolina em Chapel Hill. Esse mesmo documento também é citado por G. Horne, op. cit., p. 320-321.

44 Carta de J. Marshall McCue para Cyrus H. McCormick, 11 abr. 1867.

45 Carta de Cyrus H. McCormick para J. Marshall McCue, 24 abr. 1867.

46 Carta de J. Marshall McCue para Cyrus H. McCormick, 22 jun. 1867. *J. Marshall McCue Papers*, Southern Historical Collection, University of North Carolina em Chapel Hill. No livro de ingresso de passageiros americanos no Brasil existem duas entradas de James McCue, uma chegando no Brasil em 16 de novembro de 1868 e outra em 20 de novembro do mesmo ano. Ambas revelam que ele desembarcou no porto de Santos. B. A. Oliveira, *Movimento de passageiros norte--americanos no Porto do Rio de Janeiro, 1865-1890: uma contribuição para a história da imigração norte-americana no Brasil*. Rio de Janeiro: Edição da autora, 1981, p. 80.

47 L. Hill, "The Confederate Exodus to Latin America", *The Southwestern Historical Quarterly*, v. 39, n. 3, p. 161-199, jan. 1936, p. 161-199. E. C. Harter, op. cit., p. 52-54. Agradeço à professora Vera Lúcia Benedito por essa e outras indicações bibliográficas, as quais serão citadas ao longo deste capítulo.

48 Sobre a nova conjuntura nos Estados Unidos pós-abolição e a recusa dos confederados em permanecer no país devido às previsões sobre as futuras relações raciais no país, ver: C. W. Simmons, "Racist Americans in a Multirracial Society: Confederate Exiles in Brazil", *The Journal of Negro History*, v. 67, n. 1, 1982, p. 34-39.

49 Ver: G. Horne, op. cit., p. 170; 287-289, 295; 320-328.

50 C. B. Dawsey e J. M. Dawsey, op. cit., p. 69. E. C. Harter, op. cit., p. 52. E. R. Rheaume, *South Goes South: American Perspectivas on Southern Immigrants to Brazil*, Senior Honors Projects, paper 16 2006.

51 J. M. Gaston, op. cit., p. 12.

52 Ibid., op. cit., p. 193. A mesma lista manuscrita pode ser encontrada no caderno de anotações de James McFadden Gaston no Brasil, disponível em: *Coleção James Mcfadden Gaston Papers 1852-1946*, op. cit., microfilme, rolo 1. A lista ainda inclui os produtos que os negros podem produzir nas plantações: milho, feijão, arroz, algodão, café e couro.

53 Carta de James Alexander Thomas para Charlotte, 23 dez. 1866. *James Alexander Thomas papers*, 1866-1906. South Carolina Library. University of South Carolina.

54 A informação de que James Alexander Thomas desistiu do Brasil está em G. Horne, op. cit., p. 331.

55 Sobre Russel McCord e sua participação em um grupo que pertencia à elite maçônica do Rio de Janeiro, ver: C. B. Dawsey e J. M. Dawsey, op. cit., p. 78-80. A obra afirma que Russel McCord era do Alabama, mas há indícios de que ele tenha nascido na Carolina do Sul.

56 Carta de Russel McCord para Mary Eliza McCord, 28 mar. 1868. *The Cheves Family Papers*, South Caroliniana Library, University of South Carolina.

57 Idem.

58 Idem.

59 Idem.

60 Carta de Charles Gunter para William Gunter. Rio de Janeiro, ago. 1865. *Gunter and Poellnitz Family Papers*, op. cit. De acordo com o livro de passageiros americanos que desembarcaram no Brasil, Charles Gunter chegou ao Brasil acompanhado de um filho, provavelmente Harris Gunter, em 15 de fevereiro de 1866. Ver: B. A. Oliveira, op. cit., p. 13.

61 Idem.

62 Carta de Harris Gunter para William Gunter. Rio de Janeiro, 24 de agosto de 1865. *Gunter and Poellnitz Family Papers*, op. cit.

63 Carta de Harris Gunter para William Gunter. Rio de Janeiro, 14 set. 1865. *Gunter and Poellnitz Family Papers*, op. cit. Sobre a colônia do Rio Doce, ver: E. C. Harter, op. cit., p. 49-50.

64 Carta de Harris Gunter para William Gunter. Rio de Janeiro, 6 nov. 1866. *Gunter and Poellnitz Family Papers*, op. cit.

65 Charles Gunter revela o plano de trazer afro-americanos para o Brasil em: Carta de Charles Gunter para William Gunter, Rio de Janeiro, ago. 1865, *Gunter and Poellnitz Family Papers*, op. cit.

66 Sobre a proibição de trazer afro-americanos para o Brasil e a tentativa dos confederados de fazê-lo, ver: E. C. Harter, op. cit., p. 290-291.

67 W. R. Albuquerque, *O jogo da dissimulação: abolição e cidadania negra no Brasil*. São Paulo: Companhia das Letras, 2009, p. 66-75. O liberto Steve Watson também havia chegado ao Brasil acompanhando seus antigos senhores, Judge Dyer e seu sobrinho Columbus Watson. Segundo a bibliografia, embora sem apontar as fontes de tais informações, Steve permaneceu no interior de São Paulo depois que seus ex-senhores resolveram voltar para os Estados Unidos, e aqui ele se destacou como serralheiro. Aliás, ele foi convencido a acompanhar seus senhores como atraído pelas possibilidades de crescimento econômico em terras brasileiras como trabalhador especializado. Sobre a história de Steve Watson, ver: G. Horne, op. cit., p. 316. E. C. Harter, op. cit., p. 54-55.

68 B. A. Oliveira, op. cit.

69 Diário de James McFadden Gaston Junior, dias 18 e 23 set. 1882. *Coleção James Mcfadden Gaston Papers 1852-1946*, op. cit., microfilme, rolo 3.

70 J. M. Gaston, op. cit., p. 134-135.

71 Embora Gaston tivesse ficado surpreso com a suposta proximidade entre senhores e escravizados no Brasil, a historiografia norte-americana também revela que relações de dominação, proximidade, integração e violência também coexistiam nas *plantations* escravistas do Sul do país, sobretudo nos espaços privados das casas-grandes. Sobre isso, ver: T. Glymph, *Out of the House of Bondage: the Transformation of the plantation household*. Nova York: Cambridge University Press, 2008, p. 43.

72 G. Horne, op. cit., p. 292.

73 Diário de Viagem ao Brasil, 12 nov. 1865. *James McFadden Gaston Papers*, op. cit., folder 23-24.

74 G. Horne, op. cit., p. 292; E. C. Harter, op. cit., p. 53. É importante afirmar que a legislação brasileira sempre evitou estabelecer critérios raciais nas suas leis, jogando essas distinções para a dinâmica das práticas sociais e costume. Sobre isso, ver: W. R. Albuquerque, op. cit., p. 73-81. Sobre a cidadania dos libertos no Brasil, ver: H. Mattos, "Racialização e cidadania no Império do Brasil", in J. M. Carvalho e L. M. B. P. Neves (orgs.), *Repensando o Brasil no Oitocentos: cidadania, política e liberdade*. Rio de Janeiro: Civilização Brasileira, 2009, p. 349-391.

75 Carta de Harris Gunter para William Gunter, Rio de Janeiro, 6 nov. 1866. *Gunter and Poellnitz Family Papers*, op. cit.

76 J. M. Gaston, op. cit., p. 12.

77 Ver: p. 233-234 deste capítulo. Sobre a reação dos confederados quanto à cidadania dos libertos brasileiros, ver: L. Hill, "The Confederate Exodus to Latin America", *The Southwestern Historical Quartely*, v. 39, n. 3, jan. 1936, p. 161-199. E. C. Harter, op. cit., p. 52-54. Segundo o autor, essa uma das maiores causas de desistência de imigração para o Brasil.

78 Alguns autores tomaram literalmente as interpretações dos confederados e continuaram defendendo a ideia de que o Brasil tinha um sistema racial mais democrático que os Estados Unidos e/ou que, no Brasil, a condição de escravizado era aquilo que mantinha a população negra em condições subalternas. Assim, fortaleceu-se a ideia de que o Brasil era um paraíso racial, contraponto dos Estados Unidos, sem levar em consideração uma investigação mais aprofundada sobre nuances, sutilezas e sistema de hierarquização racial no Brasil escravista. Ver: E. C. Harter, op. cit., p. 52. O Brasil é descrito pelos viajantes como país onde há ausência de preconceito racial, ver: B. H. Stein, "O Brasil visto de Selma, Alabama: Um levantamento bibliográfico", 1867. *Revista do Instituto de Estudos Brasileiros*, n. 3, p. 47-63, 1968. Sobre os limites impostos aos libertos brasileiros baseados na cor da pele, ver: K. Grinberg, *O fiador dos brasileiros: cidadania, escravidão e direito civil no tempo de Antônio Pereira Rebouças*. Rio de Janeiro: Civilização Brasileira, 2002. O tema da "surpresa" dos confederados quando constataram os diretos "excessivos" dos libertos é também tratado em: G. Horne, op. cit., p. 291-301.

79 J. M. Gaston, op. cit., p. 281-282.

80 Ibid., p. 281. O episódio em que Gaston encontrou com o padre baiano é também brevemente mencionado em G. Horne, op. cit., p. 329.

81 J. Williamson, *New People: Miscegenation and Mulattoes in the United States*. Nova York: The Free Press, 1980, p. 63-66.

82 J. M. Gaston, op. cit., p. 282.

83 G. Horne, op. cit., p. 300-301; 328-330. C. W. Simmons, op. cit., p. 34-39.

84 No Sul norte-americano pós-abolição, muitos atos de violência contra homens e mulheres negras cometidos por brancos foram motivados por aquilo que seria considerado uma infração às regras de subserviência racial vigentes no

período escravista, ainda vistas como sinais de respeito à autoridade. Manter-se caminhando na mesma calçada que uma pessoa branca era algo que poderia motivar um ataque violento, pois tal atitude era vista como insolente. Ver: E. Foner, op. cit., p. 35-37.

85 B. S. Dunn, *Brazil, the Home for Southerners*. Nova York: George B. Richardson, 1866.

86 Eugene Harter afirma que confederados da sua geração, nas décadas de 1920 e 1930, foram influenciados pela "harmoniosa relação entre as raças" no Brasil, e que, no país, adotaram outra visão sobre relações raciais em comparação com os seus antepassados. O autor, equivocadamente, faz outras leituras superficiais sobre as relações raciais no Brasil, inclusive afirmando que, no país, Martin Luther King, dentre outros afro-americanos, seria considerado branco. E. C. Harter, op. cit., p. 23; 115-116. Sobre o preconceito dos confederados contra povos latinos, ver: W. C. Griggs, op. cit., p. 124. Sobre o cenário das relações raciais e o acirramento da violência no Sul dos Estados Unidos no pós-Guerra Civil, ver: J. Williamson, op. cit., p. 74-94.

87 Carta de James McFadden Gaston para a esposa (Susan Greening Brumby), 25 dez. 1865, in J. M. Gaston, *A Pathfinder of Yesterday*, op. cit., p. 54.

88 Sobre isso, ver: M. Hodes (ed.), *Sex, Love and Race: Crossing Boundaries in North American History*. Nova York: New York University Press, 1999, p. 1-15.

89 Carta de James Alexander Thomas para Charlotte, 6 dez. 1866.

90 Carta de James Alexander Thomas para Charlotte, 23 dez. 1866.

91 Carta de James Alexander Thomas para Charlotte, 6 dez. 1866.

92 Carta de James Alexander Thomas para Charlotte, 23 dez. 1866.

93 Carta de James Alexander Thomas para Charlotte, 6 dez. 1866.

94 T. Glymph, op. cit., p. 1-46.

95 Sobre valores familiares e sociais na sociedade sulista, sobretudo em situações de deslocamento, ver: J. E. Cashin, *A Family Venture: Men and Woman on the Southern Frontier*. Baltimore e Londres: The John Hopkins University Press, 1991.

96 Carta de Anna Gunter para William Gunter. Botafogo (Rio de Janeiro), 21 set. 1866, *Gunter and Poellnitz Family Papers*, op. cit.

97 Carta de Susan M. Gaston para Katie. Campinas, 11 fev. 1882. *Coleção James Mcfadden Gaston Papers 1852-1946*, op. cit.

98 Carta de Harris Gunter para William Gunter, Rio de Janeiro, nov. 1866, *Gunter and Poellnitz Family Papers*, op. cit.

99 Sobre os últimos anos da escravidão no Brasil e os conflitos que ocorreram nesse período, ver: M. H. P. T. Machado, *O plano e o pânico: os movimentos sociais na década da abolição*. 2. ed. São Paulo: Edusp, 2010.

100 Esse episódio é narrado e discutido em ibid., p. 99-102.

101 Diário de James McFadden Gaston Jr, 1º nov. 1882, p. 102. Journals and Notebooks of James McFadden Gaston (1868-1946). *James McFadden Gaston Papers*, op. cit., folder 26-27.

102 Ibid., 8 nov. 1882, p. 112.

103 Ibid., 27 nov. 1882, p. 112.

104 Ibid., 23 dez. 1882, p. 112.

105 De acordo com C. B. Dawsey e J. M. Dawsey, cerca de 50% dos confederados que imigraram para o Brasil voltaram para os Estados Unidos já entre os anos de 1865-1875. Op. cit., p. 18.

106 Carta de George Barnsley para Julia. Rio de Janeiro, 2 fev. 1873. Ainda sobre a experiência de George Barnsley no Brasil, ver: W. C. Griggs, op. cit., p. 47; 128.

107 Carta de George Barnsley para Julia. Rio de Janeiro, 14 set. 1879.

108 Carta de George Barnsley para Julia. Rezende, Rio de Janeiro, 2 abr. 1880.

109 Carta de George Barnsley para Julia. Rio de Janeiro, 1882.

110 Carta de George Barnsley para Julia. Barra Mansa, Rio de Janeiro, 3 maio 1881.

111 Carta de George Barnsley para Julia. Rio de Janeiro, 27 fev. 1883.

112 Carta de George Barnsley para Julia. Rio de Janeiro, 5 mar. e 25 maio 1883.

113 Carta de George Barnsley para Julia. Botucatu, São Paulo, 12 set. 1883.

114 Carta de George Barnsley para Julia. Rio de Janeiro, 23 jan. 1883.

115 Carta de George Barnsley para Julia. Pirassununga, São Paulo, 1 jan. 1887.

116 Idem.

117 Ver: W. C. Griggs, op. cit., p. 47; 131.

Considerações finais

1 Ao longo do século XX, militantes afro-americanos continuaram a usar o exemplo brasileiro para denunciar a excentricidade do racismo nos Estados Unidos. Sobre isso, ver: M. Siegel, *Uneven Encounters: Making Race and Nation in Brazil and the United States*. Durham: Duke University Press, 2009; ver também: R. Stam; E. Shoat, *Race in translation: Culture Wars Around the Postcolonial Atlantic*. Nova York e Londres: New York University Press, 2012.

2 B. Anderson, *Comunidades imaginadas: reflexões sobre a origem e a difusão do nacionalismo*. São Paulo: Companhia das Letras, 2008.

Referências bibliográficas e fontes consultadas

Livros

ALBUQUERQUE, Wlamyra R. de. *O jogo da dissimulação: abolição e cidadania negra no Brasil*. São Paulo: Companhia das Letras, 2009.

ALLEN, William G. "The American Prejudice Against Color: An Authentic Narrative, Showing How Easily The Nation Go Into An Uproar", in _____. *A Refugee From American Despotism*. London: W. and F.G. Cash, 1853.

ALLEN, William G. London. *The Black Abolitionists Papers*. v. 1, dez. 1853, in RIPLEY, Peter (ed.). *The British Isles, 1830-1865*. Chapel Hill and London: The University of South Carolina Press, 1985.

ANDERSON, Benedict. *Comunidades imaginadas: reflexões sobre a origem e a difusão do nacionalismo*. São Paulo: Companhia das Letras, 2008.

AZEVEDO, Célia Maria Marinho de. "O abolicionismo transatlântico e a memória do paraíso racial brasileiro", in *Estudos Afro-Asiáticos*, n. 30, p. 151-62, dez. 1996.

_____. *Abolicionismo: Estados Unidos e Brasil, uma história comparada (séc.XIX)*. São Paulo: Annablume, 2003.

_____. *Maçonaria, anti-racismo e cidadania: uma história de lutas e debates transnacionais*. São Paulo: Annablume, 2010.

BAY, Mia. *The White Image in the Black Mind: African-American Ideas About White People, 1830-1925*. Nova York; Oxford: Oxford University Press, 2000.

BENDER, Thomas. *A Nation Among Nations: America's Place in World History*. Nova York: Hill and Wang, 2006.

BERLIN, Ira et al. *Free At Least: A Documentary History of Slavery, Freedom and the Civil War*. Nova Jersey: The Blue & Grey Press, 1997.

BLASSINGAME, John W. (ed.). *The Frederick Douglass Papers. Series One: Speeches, Debates and Interviews* vol. 3, 1855-63. New Haven; Londres: Yale University Press, 1985.

BRADLEY, Josephine Boyd; LESLIE, Kent Anderson. "White Pain Polen: An Elite Birracial Daughter's Quandary", in HODES, Martha (ed.). *Sex, Love and Race: Crossing Boundaries in North American History*. Nova York: New York University Press, 1999, p. 213-234.

BRITO, Luciana da Cruz. *Sob o rigor da lei: africanos e africanas na legislação baiana (1830-1841)*. Dissertação de Mestrado. Instituto de Filosofia e Ciências Humanas, Unicamp, Campinas, 2009.

BURIN, Eric. *Slavery and the Peculiar Solution: A History Of The American Colonization Society*. Gainesville, Florida: University Press of Florida, 2005.

BURMEISTER, Hermann. *The Black Man: The Comparative Anatomy And Psychology Of The African Negro*. Trad. Julius Friendlander e Robert Tomes. Nova York: William C. Bryant & Co. Printers, 1853.

CARDOSO, Sergio. "O olhar viajante", in NOVAES, Adauto. *O olhar*. São Paulo: Companhia das Letras, 1993.

CAMPBELL, John. *Negro-Mania: Being An Examination of the Falsely Assumed Equality of the Various Races of Men, Demonstrated By the Investigation of Champollion, Wilkinson, Rosselini, Van Amringe, Gliddon, Young etc.* Philadelphia: Campbell and Power, 1851.

CASHIN, Joan E. *A Family Venture: Men And Woman On The Southern Frontier*. Baltimore and London: The John Hopkins University Press, 1991.

CHALHOUB, Sidney. *Visões da liberdade: uma história das últimas décadas da escravidão na Corte*. São Paulo: Companhia das Letras, 1990.

CITELI, Maria Teresa. "As desmedidas da Vênus Negra: gênero e raça na História da Ciência", in *Novos Estudos CEPRAP*, n. 61, p. 163-175, nov. 2001.

COLLINS, Patricia Hill. *Black Feminist Thought: Knowledge, Consciousness, And The Politics Of Empowerment*. 2. ed. Nova York e Londres: Routledge, 2000. Cap. 4.

CORNELLIUS-DIALLO, Alexandra. *"More Approximate to the Animal": African Resistance And The Scientific War Against Black Humanity In Mid-Nineteenth Century America*. Tese (Doutorado). Washington University, St. Louis, 2006.

CROLY, David Goodman; WAKEMAN, George. *Miscegenation: the Theory of the Blending of Races Applied to The American White Man and Negro*. Nova York: H. Dexter and Hamilton, 1864.

CUNHA, Manuela Carneiro da. *Negros, estrangeiros: os escravos libertos e sua volta à África*. 2. ed. São Paulo: Companhia das Letras, 2012.

DANN, Martin E. *The Black Press, 1827-1890: the Quest for National Identity*. Nova York: Capricorn Books, 1972.

DAVIS, Angela. *Women, Race and Class*. Nova York: First Vintage Books; Random House, 1983.

DAVIS, David Brion. *Inhuman Bondage: the Rise and Fall of Slavery in the New World*. Oxford; Nova York: Oxford University Press, 2006.

DAWSEY, Cyrus B.; DAWSEY, James M. *The Confederados: Old South Immigrants in Brazil*. Alabama: The University of Alabama Press, 1995.

DEGLER, Carl N. *Neither Black nor White: Slavery and Race Relations in Brazil and the United States*. Nova York: The MacMilllan Company, 1971.

DEWBURY, Adam. "The American School and Scientific Racism in Early American Anthropology", in *Histories of Anthropology Annual*, v. 3, p. 121-124, 2007.

DOUGLASS, Frederick. *The Narrative of Life of Frederick Douglass: an American Slave, Written by Himself*. Nova York: Signet Classic, 2005.

DRESCHER, Seymour. "The Ending of Slave Trade and the Evolution of European Scientific Racism", in *Social Science History*, v. 14, n. 3, p. 415-199, 1990.

DU BOIS, W. E. B. *The Souls of Black Folks*. Nova York: Barnes and Noble Classics, 2003.

DUNN, Balard S. *Brazil, the Home for Southerners*. Nova York: George B. Richardson, 1866.

ERNEST, John. *A Nation Within a Nation: Organizing African-American Communities Before the Civil War*. Ivan R. Dee: Chicago, 2011.

ESPLIN, Emron Lee. *Racial Mixture and Civil War: the Histories of the U.S. South and Mexico in the Novels of William Faulkner and Carlos Fuentes*. Michigan State University. Tese (Doutorado), 2008.

EWBANK, Thomas. *Life in Brazil; or, a Journal of a Visit to The Land of the Cocoa and the Palm*. Nova York: Harper and Brothers, 1856.

FAUSTO-STERLING, Anne. "Gender, Race and Nation: the Comparative Anatomy of "Hottentot" Women in Europe, 1815-1817", in TERRY, Jennifer; URLA, Jacqueline. *Deviant Bodies: Critical Perspectives on Difference in Science and Popular Culture*. Bloomington: Indiana University Press, 1995, p. 19-48.

FIELDS, Barbara J. "Ideology and Race in American History", in KOUSSER, J. Morgan; MCPHERSON, James M. (ed.). *Region, Race, and Reconstruction: Essays in Honor of C. Vann Woodward*. Nova York; Oxford: Oxford University Press, 1982, p. 143-177.

FINKELMAN, Paul. "The significance and persistence of pro-slavery thought", in MINTZ, Steven; STAUFFER, John (eds.), *The problem of evil: slavery, freedom and the ambiguities of American Reform*. Massachusetts: University of Massachusetts Press, 2007, p. 95-114.

FONER, Eric. *Politics and Ideology in the Age of the Civil War*. United States: Oxford University Press, 1980.

_____. *A Short History of Reconstruction, 1863-1877*. Nova York: Harper & Row Publishers, 1990.

_____. *The Fiery Trial: Abraham Lincoln and American Slavery*. Nova York: W.W. Norton & Company, 2010.

FREDRICKSON, George M. *The Black Image in the White Mind: the Debate on Afro-American Character and Destiny, 1817-1914*. Nova York: Harper and Row Publishers, 1971.

_____. *The Arrogance of Race: Historical Perspectives on Slavery, Racism and Social Inequality*. Hanover, NH: Wesleyan University Press, 1988.

FREYRE, Gilberto. *Casa-Grande & Senzala: formação da família brasileira sob o regime da economia patriarcal*. 51. ed. São Paulo: Global, 2006.

GERBI, Antonello. *O novo mundo: história de uma polêmica (1750-1900)*. São Paulo: Companhia das Letras, 1996.

GLYMPH, Tavoglia. *Out of the House of Bondage: the Transformation of the Plantation Household*. Nova York: Cambridge University Press, 2008.

GOMES, Flávio dos Santos. "Agassiz e as 'raças puras' africanas na Cidade Atlântica", in MACHADO, Maria Helena; HUBER, Sasha. *(T)Races of Louis Agassiz: Photography, Body and Science, Yesterday and Today/Rastros e raças de Louis Agassiz: fotografia, corpo e ciência ontem e hoje*. São Paulo: Capacete, 2010.

GOMEZ, Michael A. *Reversing Sail: A History of African Diaspora*. Nova York: Cambridge University Press, 2005.

GOULD, Stephen Jay. *The Mismeasure of Man*. Nova York: W. W. Norton & Company, 1996.

GRIGGS, William Clark. *The Elusive Eden: Frank McMullan's Confederate Colony in Brazil*. Austin, Texas: University of Texas Press, 1987.

GRINBERG, Keila. *O fiador dos brasileiros: cidadania, escravidão e direito civil no tempo de Antônio Pereira Rebouças*. Rio de Janeiro: Civilização Brasileira, 2002.

GUTERL, Matthew Pratt. *American Mediterranean: Southern Slaveholders in the Age of Emancipation*. Cambridge e Londres: Harvard University Press, 2008.

HAHN, Steven. *The Political Words of Slavery and Freedom*. Cambridge e Londres: Harvard University Press, 2009.

HARRIS, Leslie M. "From Abolitionists Amalgamators to Rulers of Five Points; the Discourse of Inter-Racial Sex and Reform in Antebellum New York City", in HODES, Martha (ed.). *Sex, Love and Race: Crossing Boundaries in North American History*. Nova York: New York University Press, 1999, p. 191-212.

HARTER, Eugene C. *The Lost Colony of the Confederacy*. Texas: Texas A&M University Press, 2000.

HIRALDO, Carlos. *Segregated Miscegenation: on the Treatment of Racial Hybridity in the U.S. and Latin American Literacy Traditions*. Nova York; Londres: Routledge, 2003.

HODES, Martha. *White Woman, Black Man: Illicit Sex in the 19th Century South*. New Haven; Londres: Yale University Press, 1997.

_____ (ed.). *Sex, Love and Race: Crossing Boundaries in North American History*. Nova York: New York University Press, 1999.

_____. *The Sea Captain's wife: A True Story of Love, Race, and War in the Nineteenth Century*. Nova York e Londres: W. W. Norton, & Company, Inc., 2006.

HOLT, Thomas. "Slavery and Freedom in the Atlantic World: Reflections on the Diasporan Framework", in HINE, Darlene Clark e MCLEAOD, Jacqueline (ed.). *Crossing Boundaries: Comparative History of Black People in Diaspora*. Bloomington & Indianapolis: Indiana University Press, 2000.

_____. *Children of Fire: A History of African-Americans*. Nova York: Hill and Wang, 2010.

HORNE, Gerald. *O Sul mais distante: os Estados Unidos, o Brasil e o tráfico de escravos africanos*. São Paulo: Compahia das Letras, 2010.

HORSMAN, Reginald. *Race and Manifest Destiny: the Origins of American Racial Anglo-Saxionism*. Cambridge: Harvard University Press, 1981.

HUTTON, Frankie. *The Early Black Press in America (1827 to 1860)*. Westport--Connecticut; Londres: Greenwood Press, 1997.

JOHNSON, James Weldon. *Along This Way* [1933]. Nova York: 1973.

JOHNSON, Rossiter e BROWN, John Howard (ed.). *The Twentieth Century Biographical Dictionary of Notable Americans*. Boston: The Biographical Society, 1904. v. IX.

JUNQUEIRA, Mary Anne. "Charles Wilkes, a U.S. Exploring Expedition e a busca dos Estados Unidos da América por um lugar no mundo (1838-1842)", in *Tempo*, v. 13, n. 25, 2008.

_____. *Em tempos de paz: a circum-navegação científica da U. S. Exploring Expedition (1838-1842)*. Tese (Livre-docência). Universidade de São Paulo, São Paulo, 2012.

KIDDER, D. P.; FLETCHER, J. C. *Brazil and the Brazilians, Portrayed in Historical and Descriptive Sketches*. Philadelphia: Childs and Peterson, 1857.

KINNEY, James. *Amalgamation!: Race, Sex, and the Rethoric tn the Nineteenth-Century American Novel*. Praeger, 1985, p. 106-109.

LEMIRE, Elise. *"Miscegenation": Making Race in America*. Filadélfia: University of Pennsylvania Press, 2002.

LEVINE, Robert (ed.). *Martin Delany: A Documentary Reader*. Carolina do Norte: The University of North Carolina Press, 2003.

LINDQVIST, Sven. *The Skull Measurer's Mistake: and Other Portraits of Men and Women Who Spoke Out Against Racism*. Nova York: The New Press, 1997.

LONG, Alecia P. *The Great Southern Babylon: Sex, Race, and Respectability in Nova Orleans 1865-1920*. Louisiana State University Press, 2005.

LUKES, Steven. "Bases para a interpretação de Durkheim", in COHN, Gabriel. *Sociologia: para ler os clássicos*. Rio de Janeiro: LTC, 1977.

LUZ, Nícia Vilela. *A Amazônia para os negros americanos: origens de uma controvérsia internacional*. Rio de Janeiro: Saga, 1968.

MACHADO, Maria Helena P. T. *Brasil a vapor: raça, ciência e viagem no Século XIX*. Tese (Livre-docência). Departamento de História, Universidade de São Paulo, São Paulo, 2005.

_____ (ed.). *Brazil Through the Eyes of William James: Letters, Diaries and Drawings, 1865-1866*. Cambridge: Harvard University Press, 2006.

_____. *O plano e o pânico: os movimentos sociais na década da abolição*. 2. ed. São Paulo: Edusp, 2010.

_____. "Os rastros de Agassiz nas raças do Brasil: a formação da Coleção Fotográfica Brasileira", in HUBER, Sasha. *(T)Races of Louis Agassiz: photography, body and science, yesterday and today/Rastros e raças de Louis Agassiz: fotografia, corpo e ciência ontem e hoje*. São Paulo: Capacete, 2010.

MANNING, Chandra. *What This Cruel War Was Over: Soldiers, Slavery, and the Civil War*. Nova York: Random House, 2007.

MARQUESE, Rafael Bivar. *Feitores do corpo, missionários da mente: senhores, letrados e o controle de escravos nas Américas, 1660-1860*. São Paulo: Companhia das Letras, 2004.

MATA, Iacy Maia. *Conspirações da "raça de cor": escravidão, liberdade e tensões raciais em Santiago de Cuba (1864-1881)*. Tese (Doutorado). Instituto de Filosofia e Ciências Humanas, Universidade Estadual de Campinas, Unicamp, Campinas, 2012.

MATTOS, Hebe. "Racialização e cidadania no Império do Brasil", in CARVALHO, José Murilo de e NEVES, Lúcia Maria B. P. (Org.). *Repensando o Brasil no Oitocentos: cidadania, política e liberdade*. Rio de Janeiro: Civilização Brasileira, 2009.

MCCLINTOCK, Anne. *Imperial Leather: Race, Gender and Sexuality in the Colonial Contest*. Nova York e Londres: Routlege, 1995.

McPHERSON, James M. *The Struggle For Equality: Abolitionists and the Negro in the Civil War and Reconstruction*. Nova Jersey: Princeton University Press, 1964.

_____. "A Brief for Equality: Abolitionist Reply to the Racist Myth, 1860-1865", in DUBERMAN, Martin (ed.). *The Anti-Slavery Vanguard*: New Essays on the Abolitionists. Princeton, Nova Jersey: Princeton University Press, 1965.

MONTEIRO, John M. "As mãos manchadas do Sr. Hunnewell", in MACHADO, Maria Helena; HUBER, Sasha. *(T)Races of Louis Agassiz: Photography, Body and Science, Yesterday and today/Rastros e raças de Louis Agassiz: fotografia, corpo e ciência ontem e hoje*. São Paulo: Capacete, 2010.

SCHWARCZ, Lilia Moritz. *O espetáculo das raças: cientistas, instituições e questão racial no Brasil 1870-1930*. São Paulo: Companhia das Letras, 1993.

MORTON, Samuel George. *Crania Americana: Or A Comparative View of the Skulls of Various Aboriginal Nations of North and South America to Which Is Prefixed An Essay on the Varieties of Human Species*. Philadelphia: J. Dobson, Chestnut Street; London: Simpkin, Marchall & Co, 1839.

NASH, Gary. "The Hidden History of Mestizo America", in HODES, Martha (ed.). *Sex, Love and Race: Crossing Boundaries In North American History*. Nova York: New York University Press, 1999, p. 10-32.

NWANKWO, Ifeoma Kiddoe. *Black Cosmopolitanism: Racial Consciousness and Transnational Identity in the Nineteenth-Century Americas*. Philadelphia, Pennsylvania: University of Pennsylvania Press, 2005, p. 51-53; 114-116.

OLIVEIRA, Betty Antunes. *Movimento de passageiros norte-americanos no Porto do Rio de Janeiro, 1865-1890: uma contribuição para a história da imigração norte-americana no Brasil*. Rio de Janeiro: Edição da autora, 1981.

PAINTER, Nell Irvin. *The History of White People*. Nova York; Londres: W. W. Norton Company, 2010.

PAULIN, Diana Rebekkah. *Imperfect Unions: Staging Miscegenation in U.S.; Drama and Fiction*. Minneapolis: University of Minnesota Press, 2012.

PHILBRICK, Nathaniel. "Sea of glory: America's Voyage of Discovery", in *The U. S. Exploring Expedition, 1838-1842*. Nova York: Penguim Books, 2003.

PRATT, Mary Louise. *Imperial Eyes: Travel Writing and Transculturation*. Nova York: Routledge, 1992.

PRIDE, Armistead. *A History of the Black Press*. Washington-DC: Howard University Press, 1997.

QUARLES, Benjamin. *The Negro in the American Revolution*. Chapel Hill: University of North Carolina Press, 1961.

_____. *Black Abolitionists*. Nova York: Oxford University Press, 1969.

RAEL, Patrick. *Black Identity & Black Protest in the Antebellum North*. Chapel Hill; London: The University of North Carolina Press, 2002.

_____. "A Common Nature, A United Destiny: African American Responses to Racial Science from Revolution to Civil War", in MCCARTHY, Timothy Patrick; STAUFFER, John. *Prophets of Protest: Reconsidering the History of American Abolitionism*. Nova York; London: The New Press, 2006.

RETAMAR, Roberto Fernández. "Caliban: Notes Toward A Discussion of Culture in Our America", in _____. *Caliban and Other Essays*. Trad. Edward Baker. Minneapolis: University of Minnesota Press, 1989.

RHEAUME, Ernest R. *South Goes South: American Perspectives on Southern Immigrants to Brazil*. Senior Honors Projects, Paper 16, 2006.

ROGERS, Molly. *Delia's Tears: Race, Science, and Photography in the Nineteenth-century America*. New Haven-London: Yale University Press, 2010.

ROLLE, Andrew F. *The Lost Cause: the Confederate Exodus to Mexico*. Norman; Londres: University of Oklahoma Press, 1992.

ROTHMAN, Joshua. *Notorious in the Neighborhood: Sex and Families Across the Color Line in Virginia, 1787-1867*. Chapel Hill & London: The University of South Carolina Press, 2003.

RUGEMER, Edward Bartlett. *The Problem of Emancipation: The Caribbean Roots of the American Civil War*. Baton Rouge: Louisiana State University Press, 2008.

SAMPAIO, Maria Clara S. Carneiro. *Fronteiras negras ao Sul: a proposta dos Estados Unidos de colonizar a Amazônia brasileira com afro-descendentes norte-americanos na década de 1860*. Dissertação de Mestrado. Faculdade de Filosofia Letras e Ciências Humanas, Universidade de São Paulo, São Paulo, 2008.

_____. *Não diga que não somos brancos: os projetos de colonização do Governo Lincoln na perspectiva do Caribe, América Latina e Brasil*. Tese (Doutorado). Faculdade de Filosofia Letras e Ciências Humanas, Universidade de São Paulo, São Paulo, 2014.

_____. "Negros sonhos: os projetos de colonização de afro-americanos no Brasil e na América Central durante a Guerra de Secessão", in MACHADO, Maria Helena P. T.; CASTILHO, Celso. *Tornando-se livre: agentes históricos e lutas sociais no processo de abolição*. São Paulo, Edusp, 2018.

SCHWARCZ, Lilia Moritz. *O Espetáculo das Raças: cientistas, instituições e questão racial no Brasil 1870-1930*. São Paulo: Companhia das Letras, 1993.

SEXTON, Jared. *Amalgamation Schemes: Antiblackness and the Critique of Multiculturalism*. Minneapolis, London: University of Minnesota Press, 2008.

SIEGEL, Micol. "Beyond Compare: Comparative Method After the Transnational Turn", in *Radical History Review*, n. 91, p. 62-90, 2005.

_____. *Uneven Encounters: Making Race and Nation in Brazil and the United States*. Durham: Duke University Press, 2009.

SODRÉ, Nelson Werneck. *História da Imprensa no Brasil*. 4. ed. Rio de Janeiro: Mauad, 1999.

STAM, Robert; SHOAT, Ella. *Race in Translation: Culture Wars Around the Postcolonial Atlantic*. Nova York; Londres: New York University Press, 2012.

STANTON, William. *The Leopard's Spots: Scientific Attitudes Toward Race in America 1815-1859*. Chicago: University of Chicago Press, 1960.

STEPAN, Nancy Leys. *Picturing Tropical Nature*. London: Reaktion Books, 2001.

_____; GILMAN, Sander L. "Appropriating the Idioms of Science: the Rejection of Scientific Racism", in Harding, Sandra. *The "Racial" Economy of the Science: Toward A Democratic Future*. Bloomington; Indianapolis: Indiana University Press, 1993.

STERN, Julia. "Spanish Masquerade and the Drama of Racial Identity in Uncle Tom's Cabin", in Ginsberg, Elaine (ed.). *Passing and the Fictions of Identity*. Durham: Duke University Press, 1996.

TENZER, Lawrence R. *The Forgotten Cause of the Civil War: A New Look At the Slavery Issue*. Nova Jersey: Scholar's Publishing House, 1997.

WAGNER, Roy. *A invenção da cultura*. São Paulo: Cosac Naify, 2010.

WEINSTEIN, Barbara. "Slavery, Citizenship and National Identity in Brazil and The United States South", in DOYLE, Don e PAMPLONA, Marco Antonio (ed.). *Nationalism in the New World*. Athens: University of Georgia Press, 2006, p. 248-271.

WILLIAMSON, Joel. *New People: Miscegenation and Mulattoes in the United States*. Nova York: The Free Press, 1980.

WYATT EVANS, C. "The Lincoln-Obama Moment", in BROWN, Thomas J. (ed.). *Remixing The Civil War: Meditations on the Sesquicentennial*. Maryland: The John Hopkins University Press, 2011.

Artigos, livros e panfletos

"A Continental Race", *The Christian Recorder*, 28 out. 1886.

"A Creole Beauty: the Scion of an English Family Narrowly Escapes Miscegenation", *The State*, Columbia-Carolina do Sul, 1892.

"A Trip to Dixie: the Confederates in Brazil", *Chicago Tribune*, 31 ago. 1866.

"Address to the Colored People of the United States", *The North Star*, 10 ago. 1849.

"Amalgamation", *Cincinnati Daily Gazette*, 23 ago. 1870.

"Amalgamation Advocated", *The Daily Picayune*, 14 jun. 1863.

"Bishop Pierce's Attack Upon the Colored People of the United States", *The Christian Recorder*. Rev. B. W. Roberts, 23 ago. 1883.

"Brazil and the African Slave Trade", *The Louisville Daily Journal*, 18 maio 1849.

"Disgusting Case: A White Girl Elopes With A Negro", *Memphis Daily Appeal*, 11 jan. 1859.

"Effects of the Mixture of Races", *Medical News*, set. 1870.

"Emancipation in Brazil", *New York Evangelist*, 26 out. 1871, p. 6.

"Equality of the Races, Haitian and British Experiments: the Dogma of the Natural Mental Equality of the Black and White Races Considered", *De Bow's Review: Agricultural, Comercial Industrial Progress and Resources*, Nova Orleans, jul. 1858, p. 27.

"Frederick Douglass on the War", *The New York Times*, fev. 1862, p. 8.

"Free negroes in Haiti", *De Bow's Review: Agricultural, Comercial Industrial Progress and Resources*, Nova Orleans, nov. 1859, p. 526.

"Inhabitants of the United States", *The American Quartely Register and Magazine*, maio 1848.

"Intellectual Faculties of the Negro", *The Liberator*, 10 abr. 1840.

"Intellectual Faculties of the Negro", *The Colored American*, 22 ago. 1840.

"Miscegenation at the North", *The Charleston Mercury*, 12 abr. 1864.

"Mixture of Races", in *The New York Observer and Chronicle*, 20 fev. 1868.

"Mixture of Races", *Georgia Weekly Telegraph*, set. 1868.

"Paternity and Destiny of the Negro Race", *The New York Herald*, 17 ago. 1862.

"Should the Negro Stay?", *The Washington Post*, 5 maio 1888.

"Slavery: Its Constitutional Status, and its Influence on Society and the Colored Race", *De Bow's Review: Agricultural, Comercial Industrial Progress and Resources*, Nova Orleans, maio 1856.

"The African Character", *The Christian Recorder*, 30 ago. 1862.

"The Brain of the Negro", *Frederick Douglass' Paper*, 19 nov. 1852.

"The Colored Creole", *Circular*, 14 nov. 1861.

"The Free Negro Rule: Free Negroes in Trinidad, British Guiana, the French Colonies, the Danish Colonies, the Mauritius, Peru, Cuba, México, Nova-Scotia, Canada, Panamá, London, Sierra Leone And Libéria", *De Bow's Review: Agricultural, Comercial Industrial Progress and Resources*, Nova Orleans, abr. 1860, p. 440.

"The Increase of Negroes", *The National Era*, 20 out. 1859.

"The Mixed Human Races", *Appleton's Journal of Literature, Science and Art*, 3 dez. 1870.

"The Monopoly of the Negro", *Douglass'Monthly*, jan. 1863.

"The Negro in America", *The Old Guard*, 4 dez. 1866.

"The Negro-mania", *De Bow's Review: Agricultural, Comercial Industrial Progress and Resources*,, XIII, Nova Orleans, 5 maio 1852.

"The Self-educated Negro", *Friend's Inteligencer*, 23 abr. 1864.

"The Divine Legation of Thomas Jefferson: Are All Men Created Free? Are All Men Created White?", *De Bow's Review: Agricultural, Comercial Industrial Progress and Resources*, Nova Orleans, maio/jun. 1861, p. 521.

"What Is To Be Done With the Negroes and What With the Abolitionists?", *The New York Herald*, ago. 1862.

AGASSIZ, Louis. "The Diversity of Origin of Human Races", *Christian Examiner*.

CAMPBELL, John. "Equality of the Races: negromania", *De Bow's Review: Agricultural, Comercial Industrial Progress and Resources*, dez. 1851.

CARPENTER, Frank de Yeaux. "Race in Brazil", in *Lippincott's Magazine of Popular Literature and Science*, jan. 1881.

CODMAN, John. "Brazil and Her Emperor", in *The Galaxy. A Magazine of Entertaining Reading*, jun. 1876.

COLFAX, Richard. *Evidence Against The Views Of The Abolicionists, Consisting Of Physical And Moral Proofs Of The Natural Inferiority Of The Negroes*. Nova York: James T. M. Bleakley, 1830.

DE BOW, James. "Art. VI: the Earth and Man", in *De Bow's Review of the Southern and Western States, Devoted to Commerce Agriculture and industrial progress and resource*, mar. 1851.

DEWBURY, Adam. "The American School and Scientific Racism in Early American Anthropology", *Histories of Anthropology Annual*, v. 3, p. 121-124, 2007.

DOVE, Mary Isabella. "On the Importance of Education", in *The Christian Recorder*, 1 mar. 1862.

DRESCHER, Seymour. "The Ending of Slave Trade and the Evolution of European Scientific Racism", *Social Science History*, v. 14, n. 3, p. 415-199, 1990.

ELBERT, Sarah. "An Inter-Racial Love Story in Fact and Fiction: William and Mary Kings Allen's Marriage and Louisa May Alcott's Tale, 'M.L'", *History Workshop Journal*, n. 53, p. 17-42, 2002.

FISHER, Sidney George. *The Laws of Race, As Connected With Slavery*. Philadelphia: Willis P. Hazard, 724, Chestnut Street, 1860.

GARDINER, Dorrance. "The Mulatto Hybrid", in *The Boston Medical and Surgical Journal*, v. XXIV, 30 ago. 1843, p. 81.

GASTON JR., James McFadden. *A Pathfinder of Yesterday: James McFadden Gaston, Patriot, Explorer, Scientist (1868-1946)*, p. 25, folder 18-20. *Coleção James McFadden Gaston Papers 1852-1946*. The Southern Historical Collection, University of North Carolina.

_____. *Hunting A Home in Brazil: the Agricultural Sources and Other Characteristics of the Country and Also the Manners and Customs of the Inhabitants*. Philadelphia: King and Baird Printers, 1867.

GARDINER, Charles A. "The Future of the Negro", in *The North American Review*, jul. 1884.

GROSS, Ariela. "Litigating Whiteness: Trials of Racial Determinations in the Nineteenth Century South", *The Yale Law Journal*, v. 108, n. 1, p. 158-159, out. 1998.

GILMAN, Sander L. "Black Bodies, White Bodies: Toward an Iconography of Female Sexuality in the Late Nineteenth-Century Art, Medicine, and Literature", *Critical Inquiry*, v. 12, n. 1, "Race, Writing and Difference", p. 204-242, out. 1985.

GOULD. "The Great Physiologist of Heidelberg: Friedrich Tiedemann, Brief Article", in *Natural History*, jul. 1999.

HILL, Lawrence. "The Confederate Exodus to Latin America", *The Southwestern Historical Quartely*, v. 39, n. 3, p. 161-199, jan. 1936.

HUNT, Sanford B. "The Negro As A Soldier", in *Anthropological Review*, v. 7, n. 24, p. 40-54, jan. 1869.

J. L. P. "Colored Talent and Eloquence", in *The Liberator*, 29 jan. 1864.

J. R. H. "Slavery in Brazil: the Past and the Future", in *De Bow's Review: Agricultural, Comercial Industrial Progress and Resources*, Nova Orleans, 1860, p. 478.

JUNQUEIRA, Mary Anne. "Em nome da raça anglo-saxônica: imagens sobre as Américas no relato de viagem da circunavegação científica da U. S. Exploring Expedition (1838-1842)", *Revista dos Estudios del ISHIR*. Argentina, n. 8, 2014.

_____. "Charles Wilkes, a U.S. Exploring Expedition e a busca dos Estados Unidos da América por um lugar no mundo (1838-1842)", *Tempo*, v. 13, n. 25, 2008.

KAPLAN, Sidney. "The Miscegenation Issue in the Election of 1864", *The Journal of Negro History*, v. 34, n. 3, p. 274-343, jul. 1949.

LITWACK, Leon. "The Abolitionist Dilemma: the Antislavery Movement and the Northern Negro", *New England Quartely*, n. 34, p. 50-73, mar. 1961.

MACHADO, Maria Helena P. T. "Race and Visual Representation: Louis Agassiz and Hermann Burmeinster", Seminário "Race and Citizenship In The Americas, Now and Then". Nova Jersey, Princeton University, 22-23 fev. 2013, p. 11-15.

NOTT, Josiah C. "Caucasian and Negro Races", in *The Boston Medical and Surgical Journal*, 24 abr. 1844, p. 244.

_____. "Unity of Human Race", in *The Southern Quartely Review*, jan. 1846.

_____. "Geographical Distribution of Animals and the Race of Man", in Gliddon, George. *Types of Mankind: Or Ethnological Researches Based Upon the Ancient Monuments, Paintings, Sculptures and Crania of Races and Upon Their Natural, Geographical, Philological and Biblical History*. 7. ed. Philadelphia: Lippincott, Grambo & Co., 1855. p. 70-73.

PICKERING, Charles. *The Races of Man and Their Geographical Distribution*. London: H.G. Bohon, York Street, Covent Garden, 1848.

READE, John. "The Intermingling of Races", in *The Popular Science Monthly*, 1 jan. 1887.

REDPATH, James. "Milder Type of Slavery in Brazil", *New York Tribune*, 31 mar. 1866.

RUFFIN, Edmund. "Consequences of Abolition Agitation", in *De Bow's Review: Agricultural, Comercial Industrial progress and resources*, Nova Orleans, dez. 1857.

SIMMONS, Charles Willis. "Racist Americans in a Multirracial Society: Confederate Exiles in Brazil", *The Journal of Negro History*, v. 67, n. 1, 1982.

SINHA, Manisha. "To 'Cast Just Obliquy' on the Opressors: Black Radicalism in the Age of Revolution", *The William and Mary Quartely*. Third Series, v. 64, n. 1, p. 149-160, jan. 2007.

SOMMERVILLE, Diane Miller. "Moonlight, Magnolias and Brigadoom; Or, 'Almost Like Being In Love': Mastery and Sexual Exploitation in Eugene D. Genovese's Plantation South", *Radical History Review*, n. 88, p. 68-82, 2004.

STEIN, Barbara H. "O Brasil visto de Selma, Alabama, 1867: Um levantamento bibliográfico", *Revista do Instituto de Estudos Brasileiros*, n. 3, p. 47-63, 1968.

STEWARD, Charles Samuel. *Brazil and La Plata: the Personal Record of a Cruise.* Nova York: G. P. Putman & Co, 1856.

The New American Dictionary of the English Language. Nova York: World Manufacturing CO, 1882.

TOPLIN, Robert Brent. "Between Black and White: Attitudes Toward Southern Mulattoes, 1830-1861", *The Journal of Southern History*, v. 45, n. 2, p. 185-200, maio 1979.

TIEDEMANN, Friedrich. "On The Brain of the Negro, Compared With That of the European and the Ourang-Outang", in *Foreign Quartely Review*, n. 47, out. 1839.

VAN EVRIE, John H. *Negroes and Negro Slavery: the First, An Inferior Race, The Later, its Normal Condition*. Baltimore: John D. Toy Printer, 1853.

WALKER, David. *Walker's Appeal in Four Articles: Together With A Preamble to the Colored Citizens of the World, But in Particular and Very Expressly to Those of the United States of America*. 3. ed. Boston: David Walker, 1830.

WALTERS, Ronald G. "The Erotic South: Civilization and Sexuality in the American Abolitionism", *American Quartely*, v. 25, n. 2, p. 177-201, maio 1973.

WILKES, Charles. *Narrative of the United States Exploring Expedition during the years of 1838, 1839, 1840, 1842, 1842*. Nova York: G. P. Putman & Co. 1856. v. I.

Discursos

DOUGLASS, Frederick. "The Meaning of the July Fourth for the Negro". Disponível em: <http://www.historyisaweapon.com/defcon1/douglassjuly4.html>. Acesso em 13 set. 2023.

_____. "The Present and the Future of the Colored Race in America". *Douglass' Monthly*. Discurso proferido na Igreja dos Puritanos, Nova York, jun. 1863.

WARD, Samuel R. "Origin, History and Hopes of the Negro Race". *Frederick Douglass Paper*, 27 jan. 1854. Discurso proferido na Cheltenham Literary and Philosophical Institution.

Cartas

Anna Gunter para William Gunter. Botafogo, Rio de Janeiro, 21 set. 1866, in *Gunter and Poellnitz Family Papers*. The Southern Historical Collection, University of North Carolina Libraries.

Charles Gunter para William Gunter. Rio de Janeiro, 21 ago. 1865, in *Gunter and Poellnitz Family Papers*. The Southern Historical Collection, University of North Carolina Libraries.

Charles Gunter para William Gunter. Rio de Janeiro, 23 ago. 1865, in *Gunter and Poellnitz Family Papers*. The Southern Historical Collection, University of North Carolina Libraries.

Charles Gunter para William Gunter. Rio de Janeiro, 21 dez. 1865, in *Gunter and Poellnitz Family Papers*. The Southern Historical Collection, University of North Carolina Libraries.

Cyrus H. McCormick para J. Marshall McCue, 24 abr. 1867, in *J. Marshall McCue Papers*. The Southern Historical Collection. University of North Carolina, Chapel Hill.

George Barnsley para Julia. Rio de Janeiro, 2 fev. 1873, in *George Scarborough Barnsley Papers, 1837-1918*. The Southern Historical Collection, Davis Library, University of North Carolina, Chapel Hill.

George Barnsley para Julia. Rio de Janeiro, 14 set. 1879, in *George Scarborough Barnsley Papers, 1837-1918*. The Southern Historical Collection, Davis Library, University of North Carolina, Chapel Hill.

George Barnsley para Julia. Rio de Janeiro, 14 set. 1879, in *George Scarborough Barnsley Papers, 1837-1918*. The Southern Historical Collection, Davis Library, University of North Carolina, Chapel Hill.

George Barnsley para Julia. Rezende, Rio de Janeiro, 2 abr. 1880, in *George Scarborough Barnsley Papers, 1837-1918*. The Southern Historical Collection, Davis Library, University of North Carolina, Chapel Hill.

George Barnsley para Julia. Barra Mansa, Rio de Janeiro, 3 maio 1881, in *George Scarborough Barnsley Papers, 1837-1918*. The Southern Historical Collection, Davis Library, University of North Carolina, Chapel Hill.

George Barnsley para Julia. Rio de Janeiro, 1882, in *George Scarborough Barnsley Papers, 1837-1918*. The Southern Historical Collection, Davis Library, University of North Carolina, Chapel Hill.

George Barnsley para Julia. Rio de Janeiro, 23 jan. 1883, in *George Scarborough Barnsley Papers, 1837-1918*. The Southern Historical Collection, Davis Library, University of North Carolina, Chapel Hill.

George Barnsley para Julia. Rio de Janeiro, 27 fev. 1883, in *George Scarborough Barnsley Papers, 1837-1918*. The Southern Historical Collection, Davis Library, University of North Carolina, Chapel Hill.

George Barnsley para Julia. Rio de Janeiro, 5 mar. 1883 e 25 maio 1883, in *George Scarborough Barnsley Papers, 1837-1918*. The Southern Historical Collection, Davis Library, University of North Carolina, Chapel Hill.

George Barnsley para Julia. Rio de Janeiro, 25 maio 1883, in *George Scarborough Barnsley Papers, 1837-1918*. The Southern Historical Collection, Davis Library, University of North Carolina, Chapel Hill.

George Barnsley para Julia. Botucatu, São Paulo, 12 set. 1883, in *George Scarborough Barnsley Papers, 1837-1918*. The Southern Historical Collection, Davis Library, University of North Carolina, Chapel Hill.

George Barnsley para Julia. Pirassununga, São Paulo, 1 jan. 1887, in *George Scarborough Barnsley Papers, 1837-1918*. The Southern Historical Collection, Davis Library, University of North Carolina, Chapel Hill.

Henry Gunter para William Gunter. Rio de Janeiro, 24 ago. 1865, in *Gunter and Poellnitz Family Papers*. The Southern Historical Collection, University of North Carolina Libraries.

Harris Gunter para William Gunter. Rio de Janeiro, 14 set. 1865, in *Gunter and Poellnitz Family Papers*. The Southern Historical Collection, University of North Carolina Libraries.

Harris Gunter para William Gunter, Rio de Janeiro, nov. 1866, in *Gunter and Poellnitz Family Papers*. The Southern Historical Collection, University of North Carolina Libraries.

Harris Gunter para William Gunter. Rio de Janeiro, 6 nov. 1866, in *Gunter and Poellnitz Family Papers*. The Southern Historical Collection, University of North Carolina Libraries.

Harris Gunter para William Gunter, Rio de Janeiro, 20 dez. 1866, in *Gunter and Poellnitz Family Papers*. The Southern Historical Collection, University of North Carolina Libraries.

J. Marshall McCue para Cyrus H. McCormick, 11 abr. 1867, in *J. Marshall McCue Papers*. The Southern Historical Collection, University of North Carolina, Chapel Hill.

J. Marshall McCue para Cyrus H. McCormick, 22 jun. 1867, in *J. Marshall McCue Papers*. The Southern Historical Collection, University of North Carolina, Chapel Hill.

James Alexander Thomas para Charlotte, 6 dez. 1866, in *James Alexander Thomas Papers, 1866-1906*. South Caroliniana Library, University of South Carolina.

James Alexander Thomas para Charlotte, 23 dez. 1866, in *James Alexander Thomas Papers, 1866-1906*. South Caroliniana Library, University of South Carolina.

James McFadden Gaston para sua esposa, Susan Greening Brumby, 25 dez. 1865, in GASTON JR., James McFadden. *A Pathfinder of Yesterday: James McFadden Gaston, Patriot, Explorer, Scientist (1868-1946). Coleção James Mcfadden Gaston Papers 1852-1946*, folder 18-20. The Southern Historical Collection, University of North Carolina.

James Peter Baltzell para George Barnsley, 1866, in *George Scarborough Barnsley Papers, 1837-1918*. The Southern Historical Collection, Davis Library, University of North Carolina, Chapel Hill.

Julia Schwartz para George Barnsley, dez. 1874, in *George Scarborough Barnsley Papers, 1837-1918*. Southern Historical Collection, Davis Library, University of North Carolina, Chapel Hill.

Robert Augustus Toombs para John Cabell Breckinridge, 30 abr. 1867, in *Hargrett Manuscripts*, University of Georgia Libraries.

Russel McCord para Mary Eliza McCord, 28 mar. 1868, in *The Cheves Family Papers*. South Caroliniana Library, University of South Carolina.

Susan M. Gaston para Katie. Campinas, São Paulo, 11 fev. 1882. *Coleção James Mcfadden Gaston Papers 1852-1946*. The Southern Historical Collection, University of North Carolina.

MORTON, Samuel G. *Notes on Hybridity: Second Letter to the Editors of the Charleston Medical Journal*, v. I, 1851.

William G. Allen para Frederick Douglass, 10 jun. 1852, in *Frederick Douglass Paper*.

William G. Allen para Frederick Douglass, 13 ago. 1852, in *Frederick Douglass Paper*.

Diários

Diário de James McFadden Gaston Junior, dias 18/23 set. 1882. *Coleção James McFadden Gaston Papers 1852-1946*, The Southern Historical Collection, University of North Carolina. Microfilme, rolo 3.

Diário de James McFadden Gaston Jr, 1 nov. 1882; 8 nov. 1882; 27 nov. 1882; 23 dez. 1882, pp. 102-112 in *Journals and Notebooks of James McFadden Gaston (1868-1946)*. *Coleção James McFadden Gaston Papers*, folder 26-27. The Southern Historical Collection, University of North Carolina Libraries.

Diário de Viagem ao Brasil. 12 nov. 1865, in *Coleção James McFadden Gaston Papers*, folder 23-24. The Southern Historical Collection, University of North Carolina Libraries.

Jornais e revistas

Ballou's Dollar Monthly Magazine, jun. 1858.
Douglass' Monthly, out. 1862.
New York Evangelist. Letters from Brazil, v. IX.
Saturday Evening Post, 4 abr. 1868.
The Colored American, 22 ago. 1840.
The Colored American, 23 jun. 1838.
The Colored American, 5 set. 1840.
The Frederick Douglass Paper, 19 fev. 1852.
The Louisville Daily Journal, 27 nov. 1865.
The National Era, jan. 1852
The New York Herald. ago, 1862.
The North Star, 13 jul. 1849.
The Washington Post, 30 maio 1877.

Bibliotecas

Bobst Library, Universidade de Nova York – Nova York, NY
Connecticut State Library – Hartford, Connecticut
Library of Congress – Washington-DC
New York Public Library – Nova York, NY
New York Historical Society – Nova York, NY
Schomburg Center for research in Black Culture – Nova York, NY
The Watkinson Library – Trinity College, Hartford Connecticut
Widener Library, Universidade de Harvard – Cambridge, Massachusetts

Créditos das imagens

Figura 1 » S. G. Morton, *Crania Americana: or a Comparative View of the Skulls of Various Aboriginal Nations of North and South America to which is Prefixed an Essay on the Varieties of Human Species*. Filadélfia: J. Dobson, Chestnut Street; Londres: Simpkin, Marchall & Co., 1839. As conclusões de Morton sobre os povos indígenas americanos influenciariam os estudos futuros de cientistas latino-americanos, como o brasileiro João Batista Lacerda, que, no início do século XX, seguindo a tendência de Morton, reafirmaria a condição dos Botocudos como um grupo inferior, em um estágio de infância da humanidade. Ver: L. M. Schwarcz, "Previsões são sempre traiçoeiras: João Batista Lacerda e seu Brasil branco", in *História, Ciências, Saúde: Manguinhos*, Rio de Janeiro, v. 18, n. 1, jan-mar. 2011, p. 225-242.

Figura 2 » Joseph T. Zealy, daguerreótipo montado em estojo, homem negro, nu até a cintura, vista frontal e lateral. 1850. Cortesia do the Peabody Museum of Archaeology and Ethnology, Harvard University, 35-5-10/53037 e 35-5-10/53038. Disponível em <https://collections.peabody.harvard.edu/objects/details/82212?ctx=34bb1cefcdeb67 2ed258d2d8eed970d6655a551b&idx=0>. Acesso em 18 set. 2023.

Figuras 3 e 4 » C. Wilkes, *Narrative of the United States Exploring Expedition During the Years of 1838, 1839, 1840, 1842, 1842*, v. 1. Nova York: G. P. Putman & Co. 1856, p. 45.

Figura 5 » Todas as imagens, de autoria de Alfred Thomas Agate, estão disponíveis em *Narrative of the United States Exploring Expedition*. Elas também podem ser encontradas no acervo digital da Smithsorian Library, na coleção correspondente à U.S. Exploring Expedition.

Figura 6 » S. R. Ward. *Autobiography of a fugitive negro: his labours in the United States, Canada and England*. Toronto: John Snow, 1855.

Figura 7 » Walter Hunnewell, fotografia de mulher sentada. 1865. Cortesia do Peabody Museum of Archaeology and Ethnology, Harvard University, 2004.1.436.1.16. Disponível em <https://collections.peabody.harvard.edu/objects/details/460366?ctx= 0afa9710e805886165e53bec7255b484e3616f31&idx=21>. Acesso em 18 set. 2023.

Figura 8 » *The Miscegenation Ball: Lincoln Campaign Headquarters*. Nova York, set. 1864. Library of Congress: Prints and Photograph Division. Disponível em ‹http://www.loc.gov/pictures/item/2008661682/›. Acesso em 19 ago. 2013.

Figura 9 » Panfleto de autoria de L. Seaman.

Figura 10 » Jornal *Gazeta da Tarde*, 25 de abril de 1883.

Figura 11 » Frederick Douglass, National Portrait Gallery, Smithsonian Institution, 1856. Cortesia de um doador anônimo. Disponível em ‹https://www.si.edu/object/frederick-douglass%3Anpg_NPG.74.75›. Acesso em 22 set. 2023.

Figura 12 » James Cowler Prichard, *The Natural History of Man: Comprising Inquiries Into the Modifying Influence of Physical and Moral Agencies on the Different Tribes of the Human Family*. Nova York: H. Bailliere Publisher, 1855.

Figura 13 » Johann Von Spix; Karl Von Martius, *Atlas Zur Reise in Brasilien*. Brasil, 1823-1831.

Figura 14 » Rosetta Douglass Sprague, "Anna Murray Douglass: My Mother as I Recall Her", in *The Journal of Negro History*, vol. 8, 1923.

Figura 15 » Mayer, Merkel & Ottmann, charge. National Park Service, 1884. Disponível em ‹https://commons.wikimedia.org/wiki/File:Cartoon_attacking_Frederick_and_Helen_Douglass.png›. Acesso em 18 set. 2023.

Este livro foi editado pela Bazar do Tempo, na cidade de
São Sebastião do Rio de Janeiro, em setembro de 2023.
Ele foi composto com as tipografias Eames Century Mode
e Freight Text Pro, e impresso em papel Pólen Bold 70 g/m²,
na gráfica Rotaplan.